CODE MANUEL

DE

LA PRESSE

Contenant :

Le texte de la nouvelle loi,
article par article, la législation antérieure
le résumé de la discussion au Parlement,
le commentaire d'après les documents officiels, la doctrine
et la jurisprudence,
un appendice comprenant les principaux textes abrogés ou maintenus;
une table alphabétique et analytique,

Par MM.

ALBERT FAIVRE | **Edmond BENOIT-LÉVY**

Avocat à la cour d'appel de Paris, | Avocat à la cour d'appel de Paris,
Directeur du cabinet | Rédacteur en chef
du Préfet de la Seine. | du Courrier des Tribunaux.

PRÉCÉDÉ D'UNE LETTRE-PRÉFACE

PAR

M. Charles FLOQUET

Préfet de la Seine.

3e ÉDITION

REVUE ET AUGMENTÉE DE LA CIRCULAIRE MINISTÉRIELLE ANNOTÉE

PARIS

A. COTILLON & Cie, IMPRIMEURS-ÉDITEURS,

LIBRAIRES DU CONSEIL D'ÉTAT

24, rue Soufflot, 24

1882

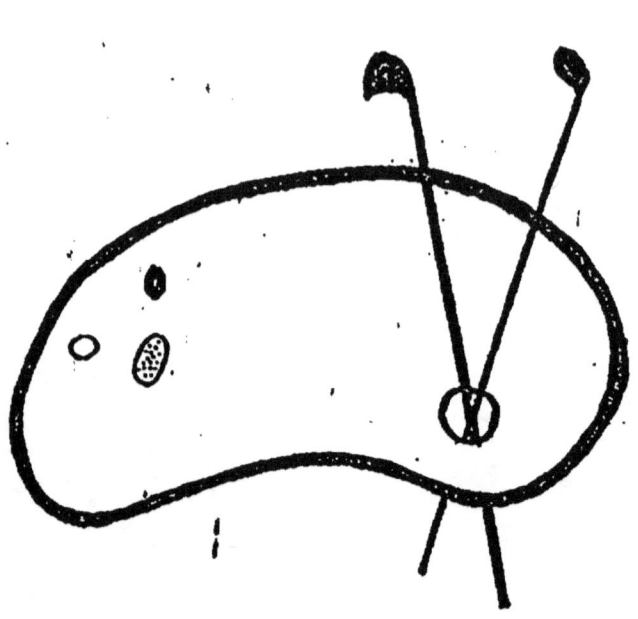

FIN D'UNE SERIE DE DOCUMENTS
EN COULEUR

CODE MANUEL

DE

LA PRESSE

CODE MANUEL

DE

LA PRESSE

Contenant :

Le texte de la nouvelle loi;
article par article, la législation antérieure,
le résumé de la discussion au Parlement,
le commentaire d'après les documents officiels, la doctrine
et la jurisprudence,
un appendice comprenant les principaux textes abrégés ou maintenus;
une table alphabétique et analytique,

PAR MM.

ALBERT FAIVRE	Edmond BENOIT-LÉVY
Avocat à la cour d'appel de Paris, Directeur du cabinet du Préfet de la Seine.	Avocat à la cour d'appel de Paris, Rédacteur en chef du *Courrier des Tribunaux*.

PRÉCÉDÉ D'UNE LETTRE-PRÉFACE

PAR

M. Charles FLOQUET

Préfet de la Seine.

8e ÉDITION

REVUE ET AUGMENTÉE DE LA CIRCULAIRE MINISTÉRIELLE ANNOTÉE

PARIS

A. COTILLON & Cie, IMPRIMEURS-ÉDITEURS,

LIBRAIRES DU CONSEIL D'ÉTAT

24, rue Soufflot, 24

1882

EXPLICATION DES ABRÉVIATIONS.

Art............. Article.

Arg. Cass........} Argument tiré d'un arrêt de la Cour de cassation.

Arg.............} Argument tiré de la discussion judiciaire dont la date suit.

B. cr........... *Bulletin criminel de la Cour de cassation.*

Cass............ Cour de cassation.

Ch. réunies...... Chambres réunies.

Courrier trib...... *Courrier des tribunaux.*

Dalloz, *Presse*, nº 8.|
Dalloz, nº 8......|
D. nº 8..........} Dalloz, *Répertoire alphabétique de jurispru-*
V. D. *Presse*, nº 8.| *dence* au mot *Presse*, nº 8.
V. D. nº 8.......|

D. 50, 2, 32.....{ Dalloz, *Répertoire périodique*, année 1850,
V. D. 50, 2, 32...{ deuxième partie, page 32.

Gaz. trib........ *Gazette des tribunaux.*

J. P.............{ Voir *Journal du Palais*, 3e édition, où tous les arrêts sont rapportés à leur date jusqu'en 1837.

J. P. 45, 2, 203...{ *Journal du Palais*, année 1845, deuxième partie, page 203.

P. 9............ Page 9.

S.-1866, 1, 30....{ Sirey, *Recueil périodique des arrêts*, année 1866, première partie, page 30.

V. art. 9......... Voir article 9.

LETTRE - PREFACE.

A Monsieur ALBERT FAIVRE, avocat à la Cour de Paris

Mon cher Confrère,

Vous me demandez mon avis au sujet du travail que vous avez entrepris, vous et notre confrère Benoit-Lévy sur la nouvelle loi de la Presse.

Je pense que vous avez eu une excellente idée et que vous l'avez excellemment mise en œuvre.

Je n'ai point à distribuer ici l'éloge ou le blâme au législateur, mais il est au moins cer-

1

tain qu'en substituant un Code unique à la série
des lois accumulées, par les gouvernements qui
se sont succédés depuis 1789, contre la liberté
de l'imprimerie, de la librairie et de la circulation des écrits, c'est-à-dire contre la liberté de
la Presse, la loi de 1881 a réalisé un progrès
immense et depuis longtemps attendu.

En éclairant de toutes les lumières tirées de
l'histoire, des débats législatifs et des interpré-
tations juridiques, ce monument désormais
unique de notre droit en matière de presse,
vous rendez un grand service.

Je voudrais ne pas dire un grand service aux
juges; j'espère, en effet, que, selon la tradition
des pays libres, on s'abstiendra désormais de
traduire les écrivains devant les tribunaux, et
qu'on laissera se rouiller dans l'arsenal les dernières armes que les dernières timidités du
Parlement n'ont pas osé briser. Mais vous aurez
rendu service à tous ceux qui se servent de la

presse en les guidant dans le dédale des formalités et des précautions qu'ils doivent observer pour être, à tout événement, en toute
sécurité.

Vous aurez surtout, j'en ai la confiance, préparé un affranchissement nouveau et peut-être
définitif.

Armé de votre livre, le législateur n'aura
plus à se livrer aux longues recherches, aux
interminables investigations dans les brous-
sailles compliquées du passé. D'un seul coup
d'œil, il verra l'ensemble de la législation exis-
tante, les raisons invoquées pour ou contre
toutes les dispositions de cette législation, tous
les précédents en un mot. Il n'aura plus à user
son ardeur réformatrice dans les lentes prépara-
tions d'une Commission et, délivré de la tutelle
un peu méticuleuse des juristes, il verra lui-
même sans pouvoir se tromper ou être trompé
ce qui reste à retrancher de l'œuvre d'aujour-

d'hui pour que l'idéal de la République soit atteint, c'est-à-dire la complète liberté de la Presse.

CHARLES FLOQUET.

Paris, le 28 juillet 1881.

INTRODUCTION.

Les publicistes savent, presque tous par expérience, quelle confusion a régné jusqu'à ce jour dans la législation relative à la Presse et aux délits de la parole. Il serait donc fastidieux de citer ici tous les documents législatifs parmi lesquels le jurisconsulte le plus perspicace et le plus compétent distinguait à peine les lois abrogées des lois en vigueur. Un chiffre seul fera nettement saisir la situation à laquelle remédie la loi nouvelle : au moment de sa promulgation, il n'existait pas moins de 42 lois comprenant 325 articles.

La conséquence naturelle de cette multiplicité de textes, se contredisant l'un l'autre, était que ceux-là mêmes qui avaient le plus d'intérêt à les connaître, parce qu'à tout instant ils étaient exposés à les enfreindre, ne pouvaient se guider à travers ce dédale.

La loi nouvelle fait table rase de cette législation surannée. A ce seul point de vue déjà, la Presse serait ingrate, si elle n'accueillait avec bienveillance l'œuvre du Parlement.

A ces lois éparses, diverses d'origine et de but, la nouvelle loi substitue une codification simple et complète dans laquelle les intéressés reconnaîtront aisément quels sont leurs droits et quels sont leur devoirs.

Si simple que soit le nouveau texte, nous avons pensé qu'il était utile de l'entourer de toutes les explications nécessaires pour saisir la pensée du législateur, même lorsqu'elle paraît clairement exprimée.

Nous avons donné d'abord le texte intégral de la loi sans intercalation, pensant qu'il était nécessaire de le lire dans son ensemble pour en bien saisir l'esprit général.

Reprenant ensuite la loi, article par article, nous avons divisé notre travail en trois parties :

1º *Législation antérieure,* — dont l'exposé succinct permet de saisir plus rapidement les modifications introroduites par la loi de 1881.

2º *Historique.* — *Commentaire,* — contenant le résumé de la discussion que chaque disposition a provoquée au sein des Chambres et des Commissions et l'explication de tous les termes qui en sont susceptibles.

3º *Jurisprudence et doctrine,* — sous ce titre nous rapportons les principales décisions judiciaires, circulaires ministérielles et opinions des auteurs de traités sur la matière. On aura ainsi un véritable commentaire officiel et pour ainsi dire vivant de la loi. Cette partie était indispensable dans un ouvrage pratique comme nous espérons que le sera celui-ci.

Nous avons pensé être agréables à nos lecteurs en reproduisant en appendice les principaux textes maintenus par la présente loi et en donnant l'indication des principaux délits supprimés.

Enfin nous avons donné tout particulièrement nos soins à la confection complète d'une table alphabétique et analytique des matières qui, si elle répond à notre attente, facilitera singulièrement les recherches.

Afin de donner à notre ouvrage l'autorité nécessaire, nous avons largement puisé dans tous les documents officiels, et plus spécialement dans le savant et très-remarquable rapport présenté, au nom de la commission de la Chambre, par l'honorable M. Lisbonne.

Quant aux modifications apportées par le Sénat, il va sans dire que nous avons eu également recours au rapport de l'honorable M. Pelletan.

Les deux commissions du Parlement, les orateurs qui ont pris part à la discussion, ont tour à tour proclamé leur intention de faire une œuvre libérale. Chaque fois qu'un texte nous a paru douteux, nous nous sommes conformés à la pensée initiale du législateur en résolvant la question dans le sens de la liberté.

En publiant cet ouvrage, nous ne désirons qu'une chose : faire œuvre utile. Nous serions assez récompensés si les explications dont nous avons fait suivre les textes, évitaient à un seul journaliste l'application d'une seule des clauses pénales qu'ils renferment.

Nous ne trouvons pas parfaite la loi nouvelle, et sur cer-

tains points, trop nombreux, elle nous paraît bien rigoureuse. On peut craindre aussi que quelques articles se prê-
tent trop aisément à une interprétation arbitraire. Quoi
qu'il en soit, il serait souverainement injuste de ne pas
reconnaître que cette loi réalise un progrès considérable
vers la liberté.

Afin de ne pas laisser de doute sur nos sentiments à cet
égard, et aussi pour rendre hommage à son attitude fran-
chement libérale pendant la discussion, nous avons prié
l'honorable M. Charles Floquet, de nous faire l'honneur
d'agréer l'hommage de ce modeste travail. Nous avons
pensé que nous ne pouvions le dédier à un plus digne. Il a
su, en effet, mériter cet éloge d'un des adversaires les
plus acharnés de la République (1) : : « Vous avez com-
« battu, plus que personne ici, pour la liberté, et c'est
« un honneur qui vous appartient ! »

(1) Séance de la Chambre des députés du 17 février 1881.

LOI DU 29 JUILLET 1881

LA LIBERTÉ DE LA PRESSE.

———————

CHAPITRE V.

DES POURSUITES ET DE LA RÉPRESSION.

1er.   Des personnes responsables des crimes et délits commis
       par la voie de la presse (art. 42 à 46).

2.   De la procédure { *A* Cour d'assises (art 47 à 59).
                          B Police correctionnelle et simple po-
                             lice (art. 60).
                          C Pourvois en cassation (art. 61 et
                             62).

3.   Récidives, circonstances atténuantes, prescription (art. 63
       à 65).

       Dispositions transitoires (art. 66 à 70).

CHAPITRE Ier.

DE L'IMPRIMERIE ET DE LA LIBRAIRIE.

Article 1er. — L'imprimerie et la librairie sont libres.

Art. 2. — Tout imprimé rendu public, à l'exception des
ouvrages dits de ville ou bilboquets, portera l'indication du
nom et du domicile de l'imprimeur, à peine, contre celui-ci,
d'une amende de 5 à 15 francs.

La peine de l'emprisonnement pourra être prononcée si,
dans les douze mois précédents, l'imprimeur a été condamné pour contravention de même nature.

Art. 3. — Au moment de la publication de tout imprimé,
il en sera fait, par l'imprimeur, sous peine d'une amende
de 16 à 300 francs un dépôt de deux exemplaires, destinés
aux collections nationales.

Ce dépôt sera fait au ministère de l'intérieur pour Paris ;
à la préfecture, pour les chefs-lieux de département ; à la
sous-préfecture, pour les chefs-lieux d'arrondissement ; et
pour les autres villes à la mairie.

L'acte de dépôt mentionnera le titre de l'imprimé et le
chiffre du tirage.

Sont exceptés de cette disposition les bulletins de vote, les circulaires commerciales ou industrielles et les ouvrages dits de ville ou bilboquets.

Art. 4. — Les dispositions qui précèdent sont applicables à tous les genres d'imprimés ou de reproductions destinés à être publiés.

Toutefois, le dépôt prescrit par l'article précédent sera de trois exemplaires pour les estampes, la musique et en général les reproductions autres que les imprimés.

CHAPITRE II.

DE LA PRESSE PÉRIODIQUE.

§ 1er. — *Du droit de publication, de la gérance, de la déclaration et du dépôt au parquet.*

Art. 5. — Tout journal ou écrit périodique peut être publié, sans autorisation préalable et sans dépôt de cautionnement, après la déclaration prescrite par l'article 7.

Art. 6. — Tout journal ou écrit périodique aura un gérant.

Le gérant devra être Français, majeur, avoir la jouissance de ses droits civils, et n'être privé de ses droits civiques par aucune condamnation judiciaire.

Art. 7. — Avant la publication de tout journal ou écrit périodique, il sera fait, au parquet du procureur de la République, une déclaration contenant :

1° Le titre du journal ou écrit périodique et son mode de publication ;

2° Le nom et la demeure du gérant ;

3° L'indication de l'imprimerie où il doit être imprimé ;

Toute mutation dans les conditions ci-dessus énumérées sera déclarée dans les cinq jours qui suivront.

Art. 8. — Les déclarations seront faites par écrit, sur papier timbré, et signées des gérants. Il en sera donné récépissé.

Art. 9. — En cas de contravention aux dispositions prescrites par les articles 6, 7, 8, le propriétaire, le gérant, ou à défaut l'imprimeur, seront punis d'une amende de 50 fr. à 500 fr.

Le journal ou écrit périodique ne pourra continuer sa publication qu'après avoir rempli les formalités ci-dessus prescrites, à peine si la publication irrégulière continue d'une amende de 100 francs, prononcée solidairement contre les mêmes personnes, pour chaque numéro publié à partir du jour de la prononciation du jugement de condamnation, si ce jugment est contradictoire, et du troisième jour qui suivra sa notification, s'il a été rendu par défaut; et ce, nonobstant opposition ou appel, si l'exécution provisoire est ordonnée.

Le condamné, même par défaut, peut interjeter appel. Il sera statué par la Cour dans le délai de trois jours.

Art. 10. — Au moment de la publication de chaque feuille ou livraison du journal ou écrit périodique, il sera remis au parquet du procureur de la République, ou à la mairie, dans les villes où il n'y a pas de tribunal de première instance, deux exemplaires signés du gérant.

Pareil dépôt sera fait au ministère de l'intérieur, pour Paris et le département de la Seine; et pour les autres départements, à la préfecture, à la sous-préfecture, ou à la mairie, dans les villes qui ne sont ni chefs-lieux de département, ni chefs-lieux d'arrondissement.

Chacun de ces dépôts sera effectué sous peine de 50 fr. d'amende contre le gérant.

Art. 11. — Le nom du gérant sera imprimé au bas de tous les exemplaires, à peine, contre l'imprimeur, de 16 francs à 100 francs d'amende par chaque numéro publié en contravention de la présente disposition.

§ 2. — Des rectifications.

Art. 12. — Le gérant sera tenu d'insérer gratuitement, en tête du plus prochain numéro du journal ou écrit périodique, toutes les rectifications qui lui seront adressées par un dépositaire de l'autorité publique, au sujet des actes de sa fonction, qui auront été inexactement rapportés par ledit journal ou écrit périodique.

Toutefois ces rectifications ne dépasseront pas le double de l'article auquel elles répondront.

En cas de contravention, le gérant sera puni d'une amende de 100 à 1,000 francs.

Art. 13. — Le gérant sera tenu d'insérer, dans les trois jours de leur réception ou dans le plus prochain numéro, s'il n'en était pas publié avant l'expiration des trois jours, les réponses de toute personne nommée ou désignée dans un journal ou écrit périodique, sous peine d'une amende de 50 à 500 fr., sans préjudice des autres peines et dommages-intérêts auxquels l'article pourrait donner lieu.

Cette insertion devra être faite à la même place et en mêmes caractères que l'article qui l'aura provoquée.

Elle sera gratuite, lorsque les réponses ne dépasseront pas le double de la longueur dudit article. Si elles le dépassent, le prix d'insertion sera dû pour le surplus seulement. Il sera calculé au prix des annonces judiciaires.

§ 3. — *Des journaux ou écrits périodiques étrangers.*

Art. 14. — La circulation en France des journaux ou écrits périodiques publiés à l'étranger ne pourra être interdite que par une décision spéciale délibérée en conseil des ministres.

La circulation d'un numéro peut être interdite par une décision du ministre de l'intérieur.

La mise en vente ou la distribution, faite sciemment au mépris de l'interdiction, sera punie d'une amende de 50 fr. à 500 francs.

CHAPITRE III.

DE L'AFFICHAGE, DU COLPORTAGE ET DE LA VENTE SUR LA VOIE PUBLIQUE.

§ 1er. — *De l'affichage.*

Art. 15. — Dans chaque commune, le maire désignera,

2

par arrêté, les lieux exclusivement destinés à recevoir les affiches des lois et autres actes de l'autorité publique.

Il est interdit d'y placarder des affiches particulières.

Les affiches des actes émanés de l'autorité seront seules imprimées sur papier blanc.

Toute contravention aux dispositions du présent article sera punie des peines portées en l'article 2.

Art. 16. — Les professions de foi, circulaires et affiches électorales pourront être placardées, à l'exception des emplacements réservés par l'article précédent, sur tous les édifices publics autres que les édifices consacrés aux cultes, et particulièrement aux abords des salles de scrutin.

Art. 17. — Ceux qui auront enlevé, déchiré, recouvert ou altéré, par un procédé quelconque, de manière à les travestir ou à les rendre illisibles, des affiches apposées par ordre de l'administration dans les emplacements à ce réservés, seront punis d'une amende de 5 fr. à 15 fr.

Si le fait a été commis par un fonctionnaire ou un agent de l'autorité publique, la peine sera d'une amende de 16 fr. à 100 francs, et d'un emprisonnement de six jours à un mois, ou de l'une de ces deux peines seulement.

Seront punis d'une amende de 5 fr. à 15 francs, ceux qui auront enlevé, déchiré, recouvert ou altéré par un procédé quelconque, de manière à les travestir ou à les rendre illisibles, des affiches électorales émanant de simples particuliers, apposées ailleurs que sur les propriétés de ceux qui auront commis cette lacération ou altération.

La peine sera d'une amende de 16 à 100 francs et d'un emprisonnement de six jours à un mois ou de l'une de ces deux peines seulement, si le fait a été commis par un fonctionnaire ou agent de l'autorité publique, à moins que les affiches n'aient été apposées dans les emplacements réservés par l'article 15.

§ 2.—*Du colportage et de la vente sur la voie publique.*

Art. 18. — Quiconque voudra exercer la profession de colporteur ou de distributeur sur la voie publique ou en tout autre lieu public ou privé, de livres, écrits, brochures, journaux, dessins, gravures, lithographies et photographies, sera tenu d'en faire la déclaration à la préfecture du département où il a son domicile.

Toutefois, en ce qui concerne les journaux et autres feuilles périodiques, la déclaration pourra être faite soit à la mairie de la commune dans laquelle doit se faire la distribution, soit à la sous-préfecture. Dans ce dernier cas, la déclaration produira son effet pour toutes les communes de l'arrondissement.

Art. 19. — La déclaration contiendra les nom, prénoms, profession, domicile, âge et lieu de naissance du déclarant.

Il sera délivré immédiatement et sans frais au déclarant un récépissé de sa déclaration.

Art. 20. — La distribution et le colportage accidentels ne sont assujettis à aucune déclaration.

Art. 21. — L'exercice de la profession de colporteur ou de distributeur sans déclaration préalable, la fausseté de la déclaration, le défaut de présentation à toute réquisition du récépissé constituent des contraventions.

Les contrevenants seront punis d'une amende de 5 fr. à 15 francs et pourront l'être, en outre, d'un emprisonnement d'un à cinq jours.

En cas de récidive ou de déclaration mensongère, l'emprisonnement sera nécessairement prononcé.

Art. 22. — Les colporteurs et distributeurs pourront être poursuivis conformément au droit commun, s'ils ont sciemment colporté ou distribué des livres, écrits, brochures, journaux, dessins, gravures, lithographies et photographies, présentant un caractère délictueux sans préjudice des cas prévus à l'article 42.

CHAPITRE IV.

DES CRIMES ET DÉLITS COMMIS PAR LA VOIE DE LA PRESSE OU PAR TOUT AUTRE MOYEN DE PUBLICATION.

§ 1er. — *Provocation aux crimes et délits.*

Art. 23. — Seront punis comme complices d'une action qualifiée crime ou délit ceux qui, soit par des discours, cris ou menaces proférés dans des lieux ou réunions publics, soit par des écrits, des imprimés vendus ou distribués, mis en vente ou exposés dans des lieux ou réunions publics, soit par des placards ou affiches exposés aux regards du public, auront directement provoqué l'auteur ou les auteurs à commettre la dite action, si la provocation a été suivie d'effet.

Cette disposition sera également applicable lorsque la provocation n'aura été suivie que d'une tentative de crime prévue par l'article 2 du Code pénal.

Art. 24. — Ceux qui, par les moyens énoncés en l'article précédent, auront directement provoqué à commettre les crimes de meurtre, de pillage et d'incendie, ou l'un des crimes contre la sûreté de l'Etat prévus par les articles 75 et suivants jusques et y compris l'article 101 du Code pénal, seront punis, dans le cas où cette provocation n'aurait pas été suivie d'effet, de trois mois à deux ans d'emprisonnement et de 100 fr. à 3,000 fr. d'amende.

Tous cris ou chants séditieux proférés dans des lieux ou réunions publics seront punis d'un emprisonnement de six jours à un mois et d'une amende de 16 fr. à 500 fr., ou de l'une de ces deux peines seulement.

Art. 25. — Toute provocation par l'un des moyens énoncés en l'article 23, adressée à des militaires des armées de terre ou de mer, dans le but de les détourner de leurs devoirs militaires et de l'obéissance qu'ils doivent à leurs chefs dans tout ce qu'ils leur commandent pour l'exécution des lois et règlements militaires, sera punie d'un emprisonnement d'un à six mois et d'une amende de 16 à 100 francs.

§ 2. — *Délits contre la chose publique.*

Art. 26. — L'offense au Président de la République par l'un des moyens énoncés dans l'article 23 et dans l'article 28 est punie d'un emprisonnement de trois mois à un an et d'une amende de 100 francs à 3,000 francs, ou de l'une de ces deux peines seulement.

Art. 27. — La publication ou reproduction de nouvelles fausses, de pièces fabriquées, falsifiées ou mensongèrement attribuées à des tiers sera punie d'un emprisonnement d'un mois à un an et d'une amende de 50 francs à 1,000 francs, ou de l'une de ces deux peines seulement, lorsque la publication ou reproduction aura troublé la paix publique, et qu'elle aura été faite de mauvaise foi.

Art. 28. — L'outrage aux bonnes mœurs, commis par l'un des moyens énoncés en l'article 23, sera puni d'un emprisonnement d'un mois à deux ans et d'une amende de 16 fr. à 2,000 francs.

Les mêmes peines seront applicables à la mise en vente, à la distribution ou à l'exposition des dessins, gravures, peintures, emblèmes ou images obscènes. Les exemplaires de ces dessins, gravures, peintures, emblèmes ou images obscènes exposés aux regards du public, mis en vente, colportés ou distribués, seront saisis.

§ 3. — *Délits contre les personnes.*

Art. 29. — Toute allégation ou imputation d'un fait qui porte atteinte à l'honneur ou à la considération de la personne ou du corps auquel le fait est imputé est une diffamation.

Toute expression outrageante, terme de mépris ou invective, qui ne renferme l'imputation d'aucun fait est une injure.

Art. 30. — La diffamation commise par l'un des moyens

énoncés en l'article 23 et en l'article 28, envers les cours, les tribunaux, les armées de terre ou de mer, les corps constitués et les administrations publiques, sera punie d'un emprisonnement de huit jours à un an et d'une amende de 100 fr. à 3,000 fr., ou de l'une de ces deux peines seulement.

Art. 31. — Sera punie de la même peine la diffamation commise par les mêmes moyens, à raison de leurs fonctions ou de leur qualité, envers un ou plusieurs membres du ministère, un ou plusieurs membres de l'une ou de l'autre Chambre, un fonctionnaire public, un dépositaire ou agent de l'autorité publique, un ministre de l'un des cultes salariés par l'État, un citoyen chargé d'un service ou d'un mandat public temporaire ou permanent, un juré ou un témoin, à raison de sa déposition.

Art. 32. — La diffamation, commise envers les particuliers par l'un des moyens énoncés en l'article 23 et en l'article 28, sera punie d'un emprisonnement de cinq jours à six mois et d'une amende de 20 fr. à 2,000 fr., ou de l'une de ces deux peines seulement.

Art. 33. — L'injure commise par les mêmes moyens envers les corps ou les personnes désignés par les art. 30 et 31 de la présente loi, sera punie d'un emprisonnement de six jours à trois mois et d'une amende de 18 fr. à 500 francs, ou de l'une de ces deux peines seulement.

L'injure commise de la même manière envers les particuliers, lorsqu'elle n'aura pas été précédée de la provocation, sera punie d'un emprisonnement de cinq jours à deux mois et d'une amende de 16 fr. à 300 fr., ou de l'une de ces deux peines seulement.

Si l'injure n'est pas publique, elle ne sera punie que de la peine prévue par l'article 471 du Code pénal.

Art. 34. — Les articles 29, 30 et 31 ne seront applicables aux diffamations ou injures dirigées contre la mémoire des morts, que dans les cas où les auteurs de ces diffamations ou injures auraient eu l'intention de porter atteinte à l'honneur ou à la considération des héritiers vivants.

Ceux-ci pourront toujours user du droit de réponse prévu par l'article 13.

Art. 35. — La vérité du fait diffamatoire, mais seulement quand il est relatif aux fonctions, pourra être établie par les voies ordinaires, dans le cas d'imputations contre les corps constitués, les armées de terre ou de mer, les administrations publiques, et contre toutes les personnes énumérées dans l'article 31.

La vérité des imputations diffamatoires et injurieuses pourra être également établie contre les directeurs ou administrateurs de toute entreprise industrielle, commerciale ou financière, faisant publiquement appel à l'épargne ou au crédit.

Dans les cas prévus aux deux paragraphes précédents la preuve contraire est réservée. Si la preuve du fait diffamatoire est rapportée, le prévenu sera renvoyé des fins de la plainte.

Dans toute autre circonstance et envers toute autre personne non qualifiée, lorsque le fait imputé est l'objet de poursuites commencées à la requête du ministère public, ou d'une plainte de la part du prévenu, il sera, durant l'instruction qui devra avoir lieu, sursis à la poursuite et au jugement du délit de diffamation.

§ 4. — *Délits contre les chefs d'États et agents diplomatiques étrangers.*

Art. 36. — L'offense commise publiquement envers les chefs d'États étrangers sera punie d'un emprisonnement de trois mois à un an et d'une amende de 100 fr. à 3,000 fr., ou de l'une de ces deux peines seulement.

Art. 37. — L'outrage commis publiquement envers les ambassadeurs et ministres plénipotentiaires, envoyés, chargés d'affaires ou autres agents diplomatiques accrédités près du gouvernement de la République, sera puni d'un emprisonnement de 8 jours à un an et d'une amende de

50 fr. à 2,000 fr., ou de l'une de ces deux peines seulement.

§ 5. — *Publications interdites, immunités de la défense.*

Art. 38. — Il est interdit de publier les actes d'accusation et tous autres actes de procédure criminelle ou correctionnelle avant qu'ils aient été lu en audience publique, et ce, sous peine d'une amende de 50 à 1,000 fr.

Art. 39. — Il est interdit de rendre compte des procès en diffamation où la preuve des faits diffamatoires n'est pas autorisée. La plainte seule pourra être publiée par le plaignant. Dans toute affaire civile, les cours et tribunaux pourront interdire le compte-rendu du procès. Ces interdictions ne s'appliqueront pas aux jugements qui pourront toujours être publiés.

Il est également interdit de rendre compte des délibérations intérieures, soit des jurys, soit des cours et tribunaux.

Toute infraction à ces dispositions sera punie d'une amende de 100 fr. à 2,000 fr.

Art. 40.—Il est interdit d'ouvrir ou d'annoncer publiquement des souscriptions ayant pour objet d'indemniser des amendes, frais et dommages-intérêts prononcés par des condamnations judiciaires, en matière criminelle et correctionnelle, sous peine d'un emprisonnement de huit jours à six mois et d'une amende de 100 fr. à 1,000 fr., ou de l'une de ces deux peines seulement.

Art. 41. — Ne donneront ouverture à aucune action les discours tenus dans le sein de l'une des deux Chambres, ainsi que les rapports ou toutes autres pièces imprimées par l'ordre de l'une des deux Chambres.

Ne donnera lieu à aucune action le compte-rendu des séances publiques des deux Chambres, fait de bonne foi dans les journaux.

Ne donneront lieu à aucune action en diffamation, injure ou outrage ni le compte-rendu fidèle fait de bonne foi des débats judiciaires, ni les discours prononcés ou les écrits produits devant les tribunaux.

Pourront néanmoins les juges, saisis de la cause et statuant sur le fond, prononcer la suppression des discours injurieux, outrageants ou diffamatoires, et condamner qui il appartiendra à des dommages-intérêts. Les juges pourront aussi, dans le même cas, faire des injonctions aux avocats et officiers ministériels et même les suspendre de leurs fonctions. La durée de cette suspension ne pourra excéder deux mois, et six mois en cas de récidive dans l'année.

Pourront toutefois les faits diffamatoires étrangers à la cause donner ouverture, soit à l'action publique, soit à l'action civile des parties, lorsque ces actions leur auront été réservées par les tribunaux et, dans tous les cas, à l'action civile des tiers.

CHAPITRE V.

DES POURSUITES ET DE LA RÉPRESSION.

§ 1er. — *Des personnes responsables des crimes et délits commis par la voie de la presse.*

Art. 42. — Seront passibles, comme auteurs principaux, des peines qui constituent la répression des crimes et délits commis par la voie de la presse, dans l'ordre ci-après, savoir : 1º les gérants ou éditeurs, quelles que soient leurs professions ou leurs dénominations ; 2º à leur défaut, les auteurs ; 3º à défaut des auteurs, les imprimeurs ; 4º à défaut des imprimeurs, les vendeurs, distributeurs ou afficheurs.

Art. 43. — Lorsque les gérants ou les éditeurs seront en cause, les auteurs seront poursuivis comme complices.

Pourront l'être au même titre et dans tous les cas, toutes personnes auxquelles l'article 60 du Code pénal pourrait s'appliquer. Ledit article ne pourra s'appliquer aux imprimeurs pour faits d'impression, sauf dans le cas et les conditions prévus par l'article 6 de la loi du 7 juin 1848 sur les attroupements.

Art. 44. — Les propriétaires des journaux ou écrits périodiques sont responsables des condamnations pécuniaires prononcées au profit des tiers contre les personnes désignées dans les deux articles précédents, conformément aux dispositions des articles 1382, 1383, 1384 du Code civil.

Art. 45. — Les crimes et délits prévus par la présente loi seront déférés à la Cour d'assises.

Sont exceptés et déférés aux tribunaux de police correctionnelle les délits et infractions prévus par les articles 3, 4, 9, 10, 11, 12, 13, 14, 17, paragraphes 2 et 4; 28 paragraphe 2; 32, 33, paragraphe 2; 38, 39 et 40 de la présente loi.

Sont encore exceptées et renvoyées devant les tribunaux de simple police les contraventions prévues par les articles 2, 15, 17, paragraphes 1 et 3, 21 et 33, paragraphe 3 de la présente loi.

Art. 46. — L'action civile résultant des délits de diffamation prévus et punis par les articles 30 et 31 ne pourra, sauf dans le cas de décès de l'auteur du fait incriminé ou d'amnistie, être poursuivie séparément de l'action publique.

§ 2. — De la procédure.

— COUR D'ASSISES.

Art. 47. — La poursuite des crimes et délits commis par la voie de la presse ou par tout autre moyen de publication aura lieu d'office et à la requête du ministère public, sous les modifications suivantes :

1° Dans le cas d'injure ou de diffamation envers les cours, tribunaux et autres corps indiqués en l'article 30, la poursuite n'aura lieu que sur une délibération prise par eux en assemblée générale, et requérant les poursuites, ou si le corps n'a pas d'assemblée générale, sur la plainte du chef du corps ou du ministre duquel ce corps relève ;

2° Dans le cas d'injure ou de diffamation envers un ou plusieurs membres de l'une ou de l'autre Chambre, la poursuite n'aura lieu que sur la plainte de la personne ou des personnes intéressées :

3° Dans le cas d'injure ou de diffamation envers les fonctionnaires publics, les dépositaires ou agents de l'autorité publique autres que les ministres, envers les ministres des cultes salariés par l'Etat et les citoyens chargés d'un service ou d'un mandat public, la poursuite aura lieu, soit sur leur plainte, soit d'office, sur la plainte du ministre dont ils relèvent.

4° Dans le cas de diffamation envers un juré, ou un témoin, délit prévu par l'article 31, la poursuite n'aura lieu que sur la plainte du juré ou du témoin qui se prétendra diffamé ;

5° Dans le cas d'offense envers les chefs d'Etat ou d'outrage envers les agents diplomatiques étrangers, la poursuite aura lieu soit à leur requête, soit d'office sur leur demande adressée au ministre des affaires étrangères et par celui-ci au ministre de la justice ;

6° Dans les cas prévus par les paragraphes 3 et 4 du présent article le droit de citation directe devant la cour d'assises appartiendra à la partie lésée.

Sur sa requête, le président de la cour d'assises fixera les jours et heures auxquels l'affaire sera appelée.

Art. 48. — Si le ministère public requiert une information, il sera tenu dans son réquisitoire d'articuler et de qualifier les provocations, outrages, diffamations et injures à raison desquels la poursuite est intentée, avec indication des textes dont l'application est demandée à peine de nullité du réquisitoire de ladite poursuite.

Art. 49. — Immédiatement après le réquisitoire, le juge d'instruction pourra, mais seulement en cas d'omission du dépôt prescrit par les articles 3 et 10 ci-dessus, ordonner la saisie de quatre exemplaires de l'écrit, du journal ou du dessin incriminé. Cette disposition ne déroge en rien à ce qui est prescrit par l'article 28 de la présente loi.

Si le prévenu est domicilié en France, il ne pourra être arrêté préventivement, sauf en cas de crime.

En cas de condamnation, l'arrêt pourra ordonner la

saisie et la suppression ou la destruction de tous les exemplaires qui seraient mis en vente, distribués ou exposés aux regards du public.

Toutefois, la suppression ou la destruction pourra ne s'appliquer qu'à certaines parties des exemplaires saisis.

Art. 50. — La citation contiendra l'indication précise des écrits, des imprimés, placards, dessins, gravures, peintures, médailles, emblèmes, des discours ou propos publiquement proférés qui seront l'objet de la poursuite, ainsi que de la qualification des faits. Elle indiquera les textes de la loi invoquée à l'appui de la demande.

Si la citation est à la requête du plaignant, elle portera, en outre, copie de l'ordonnance du président ; elle contiendra élection de domicile dans la ville où siège la cour d'assises et sera notifiée tant au prévenu qu'au ministère public.

Toutes ces formalités seront observées à peine de nullité de la poursuite.

Art. 51. — Le délai entre la citation et la comparution en cour d'assises sera de cinq jours francs, outre un jour par cinq myriamètres de distance.

Art. 52. — En matière de diffamation, ce délai sera de douze jours, outre un jour par cinq myriamètres.

Quand le prévenu voudra être admis à prouver la vérité des faits diffamatoires, conformément aux dispositions de l'article 35 de la présente loi, il devra dans les cinq jours qui suivront la notification de la citation, faire signifier au ministère public près la cour d'assises ou au plaignant au domicile par lui élu, suivant qu'il est assigné à la requête de l'un ou de l'autre :

1º Les faits articulés et qualifiés dans la citation, desquels il entend prouver la vérité ;

2º La copie des pièces ;

3e Les noms, professions et demeures des témoins par lesquels il entend faire sa preuve. Cette signification contiendra élection de domicile près la cour d'assises, le tout à peine d'être déchu du droit de faire la preuve.

Art. 53. — Dans les cinq jours suivants, le plaignant ou le ministère public, suivant les cas, sera tenu de faire signifier au prévenu, au domicile par lui élu, la copie des pièces et les noms, professions et demeures des témoins par lesquels il entend faire la preuve contraire, sous peine d'être déchu de son droit.

Art. 54. — Toute demande en renvoi, pour quelque cause que ce soit, tout incident sur la procédure suivie, devront être présentés avant l'appel des jurés, à peine de forclusion.

Art. 55. — Si le prévenu a été présent à l'appel des jurés, il ne pourra plus faire défaut, quand bien même il se fût retiré pendant le tirage au sort.

En conséquence, tout arrêt qui interviendra soit sur la forme, soit sur le fond, sera définitif, quand bien même le prévenu se retirerait de l'audience ou refuserait de se défendre. Dans ce cas, il sera procédé avec le concours du jury et comme si le prévenu était présent.

Art. 56. — Si le prévenu ne comparaît pas au jour fixé par la citation, il sera jugé par défaut par la cour d'assises, sans assistance ni intervention des jurés.

La condamnation par défaut sera comme non avenue si, dans les cinq jours de la signification qui en aura été faite au prévenu ou à son domicile, outre un jour par cinq myriamètres, celui-ci forme opposition à l'exécution de l'arrêt et notifie son opposition tant au ministère public qu'au plaignant. Toutefois, si la signification n'a pas été faite à personne ou s'il ne résulte pas d'acte d'exécution de l'arrêt que le prévenu en a eu connaissance, l'opposition sera recevable jusqu'à l'expiration des délais de la prescription de la peine. L'opposition vaudra citation à la première audience utile. Les frais de l'expédition, de la signification de l'arrêt, de l'opposition et de la réassignation pourront être laissés à la charge du prévenu.

Art. 57. — Faute, par le prévenu, de former son opposition dans le délai fixé en l'article 56, et de la signifier aux personnes indiquées dans cet article, ou de comparai-

3

!re par lui-même au jour fixé en l'article précédent, l'opposition sera réputée non avenue, et l'arrêt par défaut sera définitif.

Art. 58. — En cas d'acquittement par le jury, s'il y a partie civile en cause, la cour ne pourra statuer que sur les dommages-intérêts réclamés par le prévenu. Ce dernier devra être renvoyé de la plainte sans dépens ni dommages-intérêts au profit du plaignant.

Art. 59. — Si, au moment où le ministère public ou le plaignant exerce son action, la session de la cour d'assises est terminée, et s'il ne doit pas s'en ouvrir d'autre à une époque rapprochée, il pourra être formé une cour d'assises extraordinaire, par ordonnance motivée du premier président. Cette ordonnance prescrira le tirage au sort des jurés conformément à la loi.

L'article 81 du décret du 6 juillet 1810 sera applicable aux cours d'assises extraordinaires formées en exécution du paragraphe précédent.

B. — POLICE CORRECTIONNELLE ET SIMPLE POLICE.

Art. 60. — La poursuite devant les tribunaux correctionnels et de simple police aura lieu conformément aux dispositions du chapitre II du titre 1er du livre 2 du Code d'instruction criminelle, sauf les modifications suivantes :

1º Dans le cas de diffamation envers les particuliers, prévu par l'article 32, et dans le cas d'injure prévu par l'article 33 paragraphe 2, la poursuite n'aura lieu que sur la plainte de la personne diffamée ou injuriée ;

2º En cas de diffamation ou d'injure pendant la période électorale contre un candidat à une fonction élective, le délai de la citation sera réduit à vingt-quatre heures, outre le délai de distance ;

3º La citation précisera et qualifiera le fait incriminé ; elle indiquera le texte de loi applicable à la poursuite, le tout à peine de nullité de ladite poursuite.

Sont applicables au cas de poursuite et de condamnation les dispositions de l'article 48 de la présente loi.

Le désistement du plaignant arrêtera la poursuite commencée.

C. — POURVOIS EN CASSATION.

Art. 61. — Le droit de se pourvoir en cassation appartiendra au prévenu et à la partie civile, quant aux dispositions relatives à ses intérêts civils. L'un et l'autre seront dispensés de consigner l'amende, et le prévenu de se mettre en état.

Art. 62. — Le pourvoi devra être formé dans les trois jours, au greffe de la cour ou du tribunal qui aura rendu la décision. Dans les vingt-quatre heures qui suivront, les pièces seront envoyées à la Cour de cassation, qui jugera d'urgence dans les dix jours à partir de leur réception.

§ 3. — *Récidives, circonstances atténuantes, prescription.*

Art. 63. — L'aggravation des peines résultant de la récidive ne sera pas applicable aux infractions prévues par la présente loi.

En cas de conviction de plusieurs crimes ou délits prévus par la présente loi, les peines ne se cumuleront pas, et la plus forte sera seule prononcée.

Art. 64. — L'article 463 du Code pénal est applicable dans tous les cas prévus par la présente loi. Lorsqu'il y aura lieu de faire cette application, la peine prononcée ne pourra excéder la moitié de la peine édictée par la loi.

Art. 65. — L'action publique et l'action civile résultant des crimes, délits et contraventions prévus par la présente loi se prescriront après trois mois révolus, à compter du jour où ils auront été commis, ou du jour du dernier acte de poursuites, s'il en a été fait.

Les prescriptions commencées à l'époque de la publication de la présente loi, et pour lesquelles il faudrait encore, suivant les lois existantes, plus de trois mois à compter de la même époque, seront, par ce laps de trois mois, définitivement accomplies.

DISPOSITIONS TRANSITOIRES.

Art. 66. — Les gérants et propriétaires de journaux existant au jour de la promulgation de la présente loi seront tenus de se conformer, dans un délai de quinzaine, aux prescriptions édictées par les articles 7 et 8, sous peine de tomber sous l'application de l'article 9.

Art. 67. — Le montant des cautionnements versés par les journaux ou écrits périodiques, actuellement soumis à cette obligation, sera remboursé à chacun d'eux par le Trésor public dans un délai de trois mois, à partir du jour de la promulgation de la présente loi, sans préjudice des retenues qui pourront être effectuées au profit de l'Etat et des particuliers, pour les condamnations à l'amende et les réparations civiles auxquelles il n'aura pas été autrement satisfait à l'époque du remboursement.

Art. 68.—Sont abrogés les édits, lois, décrets, ordonnances, arrêtés, règlements, déclarations généralement quelconques, relatifs à l'imprimerie, à la librairie, à la presse périodique ou non périodique, au colportage, à l'affichage. à la vente sur la voie publique et aux crimes et délits prévus par les lois sur la presse et les autres moyens de publication, sans que puissent revivre les dispositions abrogées par les lois antérieures.

Est également abrogé le second paragraphe de l'article 31 de la loi du 10 août 1871 sur les Conseils généraux, relatif à l'appréciation de leurs discussions par les journaux.

Art. 69. — La présente loi est applicable à l'Algérie et aux colonies.

Art. 70. —Amnistie est accordée pour tous les crimes et délits commis antérieurement au 16 février 1881, par la voie de la presse ou autres moyens de publication, sauf l'outrage aux bonnes mœurs puni par l'article 28 de la présente loi, et sans préjudice du droit des tiers.

Les amendes non perçues ne seront pas exigées. Les amendes déjà perçues ne seront pas restituées, à l'exception de celles qui ont été payées depuis le 16 février 1881.

Loi du 29 juillet 1881, relative à l'amnistie des crimes et délits de presse.

Article unique. — L'amnistie prévue par la loi sur la liberté de la presse sera appliquée à tous les crimes et délits commis antérieurement au 21 juillet 1881.

CODE DE LA PRESSE

CHAPITRE PREMIER.

De l'imprimerie et de la librairie.

ARTICLE PREMIER.

L'imprimerie et la librairie sont libres.

Législation antérieure. — Un décret du 5 février 1810, art. 5-9 et une loi du 21 octobre 1814, art. 11, subordonnaient l'exercice de la profession d'imprimeur ou de libraire à l'obtention d'une autorisation ou brevet dont la délivrance dépendait du bon plaisir du ministre de l'intérieur. Le nombre des imprimeurs était limité, art. 3 du décret de 1810. Les fondeurs de caractères, clicheurs, fabricants de presses et marchands d'ustensiles d'imprimerie étaient astreints par l'art. 4 du décret du 22 mars 1852, à tenir un livre de police pour y inscrire les ventes par eux effectuées. L'art. 1er du décret du 10 septembre 1870 proclame la liberté de ces professions, mais l'art. 2 exige, de ceux qui veulent l'exercer, une déclaration préalable qui devait être faite au ministre de l'intérieur.

Historique. — **Commentaire.** — Cet article a été adopté sans discussion. Il édicte la liberté absolue sans aucune espèce de restriction. L'article 2 du décret du 10 septembre 1870 qui exigeait une déclaration est abrogé.

L'imprimerie. Il faut comprendre sous ce terme générique les professions similaires qui n'étaient réglementées que parce que l'imprimerie l'était elle-même. Telles sont les professions de fondeurs de caractères, clicheurs, etc.

La librairie. Toute personne peut exercer la profession de libraire sans autorisation ni déclaration. Il faut prendre garde néanmoins de ne pas confondre la profession de colporteur, qui est réglementée par les art. 18 et 19, avec la profession de libraire. Le libraire est essentiellement sédentaire, le colporteur est essentiellement ambulant.

Pour la responsabilité des libraires en cas de vente d'imprimés délictueux, voir les art. 28 et 42.

Jurisprudence et doctrine. — L'imprimeur qui a pris l'engagement d'imprimer un ouvrage peut se refuser à exécuter cet engagement si l'article contient un délit (Dalloz, *Presse*, n° 183. — Chassan, 1, 699).

On ne peut donner d'effet à une obligation dont la cause devient illicite (art. 1131, Code civil).

En sens contraire. L'art. 1134, Code civil, lui impose l'exécution de son engagement; l'inexécution se résoudrait en dommages-intérêts (Seine 16 juillet 1836. — Dalloz, *id.*).

— Avant la loi de 1881, on reconnaissait déjà que les imprimeurs ne pouvaient être contraints à imprimer les ouvrages qu'on leur offre d'imprimer (Angers, 2 janvier 1831, D. 52. 5. 309. — De Grattier, t. I, p. 58) et qu'ils n'avaient même pas besoin de donner les motifs de leur refus (Poitiers 30 déc. 1829, J. P.).

ART. 2.

Tout imprimé rendu public, à l'exception des ouvrages dits de ville ou bilboquets, portera l'indication du nom et du domicile de l'imprimeur, à peine, contre celui-ci, d'une amende de 5 francs à 15 francs.

La peine de l'emprisonnement pourra être prononcée si, dans les douze mois précédents, l'imprimeur a été condamné pour contravention de même nature.

Législation antérieure. — Les art. 15 et 17 de la loi du 21 octobre 1814 imposaient aux imprimeurs, à peine d'une amende de 3,000 fr., l'obligation d'indiquer leur nom et leur demeure sur tous imprimés autres que les bilboquets. L'article 14 exigeait en outre, avant l'impression de tout écrit, le dépôt au ministère de l'intérieur d'une déclaration contenant le titre, le nombre des feuilles, des volumes, des exemplaires et le format; le tout à peine d'une amende de 1,000 ou 2,000 fr.

Historique. — **Commentaire.** — L'exception concernant les ouvrages dits de ville ou bilboquets a été introduite par la Chambre qui a adopté un amendement présenté par M. Lorois. Bien que cette exception ne fût pas énoncée dans le texte de la loi du 21 octobre 1814, de nombreux arrêts avaient décidé que les ouvrages dits de ville ou bilboquets ne devaient pas nécessairement porter l'indication du nom et de la demeure de l'imprimeur. Néanmoins il est préférable que l'exception soit inscrite dans la loi.

Le projet adopté par la Chambre, édictait même pour la première contravention un emprisonnement de un à cinq jours. Il contenait en outre une disposition rendant obligatoire l'emprisonnement dans le cas de récidive. Le Sénat a supprimé l'emprisonnement pour la première contravention, et dans le cas de récidive, il a rendu facultative cette peine corporelle, d'obligatoire qu'elle était.

Tout imprimé. Cette expression doit être prise dans son sens le plus étendu. Elle s'applique à toute espèce d'écrits sans distinction.

A l'exception des ouvrages dits de ville ou bilboquets. Une circulaire ministérielle du 16 juin 1830, définit ainsi les ouvrages dits de ville ou bilboquets : « ..... ceux qui, « imprimés pour le compte de l'administration, ou destinés « à des usages privés, ne sont pas susceptibles d'être répan- « dus dans le commerce. »

Rendu public. Il résulte de ces expressions, que si l'imprimé ne devait pas être rendu public, il serait dispensé de l'indication prescrite par cet article.

Portera l'indication du nom et du domicile de l'imprimeur. La place où doit se trouver cette indication n'est pas désignée. Pour les journaux, l'article 11 exige que la signature du gérant soit au bas. *Le nom,* les prénoms sont nécessaires, s'il y a plusieurs imprimeurs, portant le même nom dans la même ville. *Le domicile,* c'est-à-dire le nom de la ville, de la rue et le numéro de la maison.

A peine contre celui-ci. Il s'agit d'une contravention purement matérielle que la bonne foi ne saurait excuser. Elle est déférée au tribunal de simple police.

Pourra être prononcée. C'est une faculté laissée au magistrat qui pourra ne pas prononcer d'emprisonnement dans le cas de récidive.

A été condamné. Il faut que la première condamnation ait acquis l'autorité de la chose jugée quand se commet la seconde contravention, pour que celle-ci constitue le contrevenant en état de récidive légale.

De même nature. Il faut une condamnation pour un fait identique, c'est-à-dire pour omission du nom ou du domicile ou pour fausse indication, car cette dernière est assimilée pour la répression à la non déclaration.

L'indication exigée par cet article, n'a pas pour but et ne peut avoir pour résultat, de restreindre la liberté de l'imprimerie. L'administration n'ayant plus le droit de saisir l'écrit publié sans cette indication, ne pourra empêcher la perpétration d'un crime ou d'un délit, mais la répression en est assurée dans une certaine mesure contre l'imprimeur.

Jurisprudence et doctrine. — Ne sont pas des bilboquets des écrits, si courts qu'ils soient, qui concernent la politique, la religion et la morale : ces écrits n'en sont que plus dangereux à cause de l'exiguité du volume, de la modicité du prix, et de la grande publicité qu'ils reçoivent (Cass. 3 juin 1826, D. *Presse*, 189).

— Les tribunaux apprécient si l'écrit peut être déclaré bilboquet. (Chassan, I, 524. — Parant, p. 47).

— Est un bilboquet :
La circulaire d'un négociant destinée à faire valoir ses produits; (Cass. 5 juillet 45, J. P. 45, 2, 203).
La consultation signée d'un avocat (Caen 21 août 1826. — Circulaire ci-dessus).
Le mémoire signé d'un avoué (Cass. 21 oct. 1828. — D. *Presse*, 138).
N'est pas un bilboquet :
Une annonce imprimée destinée à faire connaître une découverte (Cass. 3 juin 1836).
Une circulaire destinée à faire un appel de fonds aux actionnaires

et abonnés à un journal, bien que jointe à l'un des numéros de ce journal (Paris, 8 avril 1836, D. *Presse*, 173).

Le placard pour une élection (Caen 29 nov. 1849, D. 50, 2, 32).

Le bulletin de vote (argument tiré du § 4, art. 3 de la loi).

Les circulaires commerciales et industrielles (id.).

Les professions de foi (Cass. 18 déc. 1863, *B. cr.*).

Les affiches annonçant des représentations théâtrales (Cass. 13 juill. 72, *B. cr.*).

Les convocations à réunion politique (Cass. 22 août 1850, *B. cr.*).

Les pétitions aux Chambres insérées ou encartées dans un journal, destinées à en être séparées (Cass. 28 nov. 1850 et 22 fév. 1851, *B. cr.*).

Les recueils de chansons (Cass. 12 déc. 1822, D. *Presse*, 147).

Les œuvres musicales avec texte (D. *Presse*, 149).

Les gravures avec texte (id.).

La réimpression d'une chanson populaire (Cass. 12 déc. 1822, D. *Presse*, 147).

— L'indication du nom-domicile doit se trouver en tête ou à la fin de chaque ouvrage.

Dans les publications par livraisons, le nom-domicile doit figurer sur chaque livraison (Cass. 19 janv. 1848, D. 48, 1, 56).

Lorsque chaque livraison est accompagnée d'une couverture, il suffit que le nom-domicile soit indiqué sur la couverture, pourvu que lorsque l'ouvrage sera complet, il figure sur le corps du volume (V. en ce sens, Chassan, I, 728).

— Il peut y avoir contravention :

Dans le fait d'expédier à l'étranger des livres imprimés en France en langue étrangère sans indication du nom-domicile (Paris 3 fév. 1825, D. *Presse*, 218).

Même si ces livres, imprimés en France pour être exportés ont été saisis à la douane et que les exemplaires déposés portent le nom-domicile de l'imprimeur (Cass. 11 mars 1825).

— La contravention n'existe pas tant qu'aucun exemplaire n'est sorti de l'imprimerie (Cass. 9 nov. 1849, 12 déc. 1844, D. *Presse*, 179).

Lorsque les deux exemplaires déposés ne portent pas le nom-domicile, s'il est établi que les deux imprimés étaient incomplets, ne comprenaient par les dernières pages où se trouvaient l'indication prescrite, et que le dépôt a été ainsi fait par erreur (Paris 28 avril 1853, D. 53, 2, 118).

— La bonne foi n'excuse par cette contravention. (Cass. 21 fév. 1824, 8 avril 1836, 15 sept. 1837, 21 janv. 1854 — D. *Presse*, 173, note 3).

— Il n'y a récidive légale que lorsque la première condamnation est passée en force de chose jugée avant le moment où se commet une seconde contravention (Cass. 18 février 1869).

ART. 3.

Au moment de la publication de tout imprimé, il en sera fait, par l'imprimeur, sous peine d'une amende de 16 francs à 300 francs, un dépôt de deux exemplaires, destinés aux collections nationales.

Ce dépôt sera fait : au ministère de l'intérieur, pour Paris ; à la préfecture, pour les chefs-lieux de département ; à la sous-préfecture, pour les chefs-lieux d'arrondissement ; et, pour les autres villes, à la mairie.

L'acte de dépôt mentionnera le titre de l'imprimé et le chiffre du tirage.

Sont exceptés de cette disposition les bulletins de vote, les circulaires commerciales ou industrielles, et les ouvrages dits de ville ou bilboquets.

Législation antérieure. — Un dépôt de deux exemplaires, au Ministère de l'intérieur, était prescrit par l'art. 14 *in fine* de la loi du 21 octobre 1814 sous peine

4

d'une amende de 1,000 à 2,000 fr. L'article 7 de la loi du 27 juillet 1849 exigeait en outre le dépôt au parquet de deux exemplaires de tous écrits traitant de matières politiques ou d'économie sociale et ayant moins de 10 feuilles d'impression. L'imprimeur devait en outre, aux termes de l'art. 7 indiquer le chiffre du tirage. Le tout sous peine d'une amende de 100 à 500 fr.

Historique. — Commentaire. — Le paragraphe 3 a été introduit dans la loi par le Sénat. Voici comment le rapport (p. 9) justifie cette disposition : « La Commission « a pensé que l'importance du tirage serait, en certains cas, « un motif déterminant de la poursuite; une publication « tirée à quelques exemplaires pourrait ne présenter au- « cun danger, tandis qu'elle pourrait en offrir un si le « tirage était considérable. »

Au moment de la publication. La loi de 1814 et celle de 1849 exigeaient que le dépôt fût fait *avant* la publication. La loi de 1881 ne fixe pas de délai entre le dépôt et la publication. Il en résulte qu'ils peuvent avoir lieu simultanément.

Tout imprimé. Voir art. 2, Historique.

Par l'imprimeur. Une autre personne ne pourrait être poursuivie pour omission de ce dépôt. C'est l'imprimeur qui en est spécialement chargé.

Sous peine d'une amende. Il s'agit d'une contravention purement matérielle que la bonne foi serait impuissante à faire disparaître. La connaissance de cette contravention est de la compétence des tribunaux correctionnels.

Mentionnera le titre de l'imprimé. Cette mention aura pour résultat de fixer le droit de priorité en cas de dépôt de plusieurs ouvrages portant le même titre.

Le chiffre du tirage. Cette indication sauvegardera les droits de l'auteur vis-à-vis de l'éditeur dans le cas où le premier aura vendu à ce dernier une édition à un nombre d'exemplaires déterminé. Sous la législation antérieure l'auteur n'avait aucun moyen de vérifier si ce nombre avait été ou non dépassé. Il faut noter qu'une fausse déclaration serait une contravention.

Sont exceptés. La destination des exemplaires déposés explique et justifie ces exceptions :

Ouvrages dits de ville ou bilboquets. Voir ces mots art. 2.

Jurisprudence et doctrine. — Pour le moment du dépôt, voir sous l'art. 10.

— Ne constitue pas la publication :

Le fait d'envoyer les feuilles chez le brocheur, après le tirage (Chassan, 1, 749. — D. *Presse*, 161). « Rien n'est plus juste, dit Dalloz, puisque les exemplaires à déposer doivent eux-mêmes être brochés pour satisfaire complètement au vœu de la loi. »

Le don de quelques exemplaires à un petit nombre d'amis (de Grattier, 1, 75).

— Constitue la publication :

(Pour un dessin) le fait de se trouver dans le magasin d'un marchand de gravures, même renfermé dans un portefeuille (Bordeaux 24 nov. 1852, D. 52, 5, 440).

En général, même la distribution gratuite (de Grattier, 1, 75).

Le fait pour l'imprimé d'être arrivé chez le libraire (Cass. 21 fév. 24, 8 août 28, D. *Presse*, 162 et 485-4°). Il n'en peut être autrement puisque c'est par l'imprimeur et non par le libraire que doit être effectué le dépôt. La formalité doit donc être remplie avant que l'imprimeur se dessaisisse de l'édition.

— La réimpression d'un article sous un autre format doit être déposée, quoique le journal contenant l'article l'ait déjà été.

Il y a réimpression lorsqu'il y a autre format et autre justification

(Cass. 5 août 1834 (ch. réunies) D. *Presse*, 148 — Cass. 22 nov. 55, D. 56, 2, 268).

— L'imprimeur ne peut s'en remettre, pour le soin de faire le dépôt, à la personne pour laquelle il imprime (Caen 29 nov. 49, J. P. 50, 2, 220).

— Un imprimeur ne peut exiger que son dépôt soit reçu un jour férié (Metz, 31 août 1833, D. *Presse*, 165).

— En cas de refus de recevoir le dépôt, sans qu'il soit justifié d'un empêchement légal, l'imprimeur pourrait passer outre après une mise en demeure infructueuse (de Grattier, 1, 80).

— Un imprimeur peut être acquitté s'il justifie qu'on a refusé de recevoir le dépôt qu'il faisait, sous prétexte qu'il était incomplet, et d'en donner récépissé (Cass. 15 avril 54, B. cr.).

— La bonne foi n'excuse pas la contravention (Chassan, I, 525.-- Montpellier 1er fév. 47, S. 47, 2, 422).

ART. 4.

Les dispositions qui précèdent sont applicables à tous les genres d'imprimés ou de reproductions destinés à être publiés.

Toutefois, le dépôt prescrit par l'article précédent sera de trois exemplaires pour les estampes, la musique et en général les reproductions autres que les imprimés.

Législation antérieure. — Deux ordonnances des 24 octobre 1814 et 8 octobre 1817 assimilent aux imprimés pour la formalité du dépôt les impressions lithographiques, les estampes et les planches gravées. L'article 10 de l'ordonnance de 1814 exigeait le dépôt de cinq épreuves des estampes ou planches gravées. Ce nombre fut réduit à trois par l'article 1er de la loi du 9 janvier 1828.

Historique. — Commentaire. — Le paragraphe 2 de cet article ne figurait pas dans le projet de la Commission, il a été voté par la Chambre sur la proposition de M. le sous-secrétaire d'État de l'Intérieur qui a exposé que l'adoption de cette disposition ne serait point une innovation, mais la consécration de ce qui existe. Voici la destination de ces exemplaires. Pour les estampes, la Bibliothèque nationale reçoit deux exemplaires parce qu'elle fait deux collections. Les estampes sont fréquemment communiquées au public, il faut donc tenir compte de l'usure et constituer une réserve; le troisième exemplaire est envoyé au Ministère de l'instruction publique. Pour la musique, un exemplaire est envoyé à la Bibliothèque nationale, un autre au Ministère de l'instruction publique et le troisième aux archives du Conservatoire de musique.

Les derniers mots du § 2 « et en général les reproductions autres que les imprimés » ont été adoptés par le Sénat sur la proposition de M. Bozérian. Ils n'ajoutent rien au texte primitif, mais ils précisent plus nettement la volonté du législateur.

M. Sourigues, député, avait proposé d'ajouter un troisième paragraphe ainsi conçu :

« Pour tous imprimés, sous quelque forme qu'ils se pro-
« duisent, mais à poids égal avec celui des journaux, le ser-
« vice de la poste sera fait aux mêmes prix et conditions que
« pour ces derniers. »

Il n'a pas été adopté comme s'écartant du cadre de la loi et comme se rattachant à une question purement fiscale.

Les dispositions qui précèdent. Il s'agit de l'indication du nom et de la demeure de l'imprimeur, et du dépôt.

Tous les genres d'imprimés. Sauf bien entendu ceux énumérés dans le dernier paragraphe de l'article 3.

Ou de reproductions. Il faut entendre par là les dessins, les gravures, les photographies, les photogravures, etc.

Destinés à être publiés. S'il s'agit d'un ouvrage non destiné à la publication, *réservé à quelques amis,* le dépôt n'est pas obligatoire.

Les reproductions autres que les imprimés. Voici comment M. Bozérian explique son amendement : « Ainsi, « tout ce qui sera imprimé deva être déposé à deux exem- « plaires ; tout ce qui ne sera pas imprimé devra être déposé « à trois exemplaires. »

CHAPITRE II.

De la presse périodique.

§ Ier. — DU DROIT DE PUBLICATION, DE LA GÉRANCE, DE LA DÉCLARATION ET DU DÉPÔT AU PARQUET.

ART. 5.

Tout journal ou écrit périodique peut être publié, sans autorisation préalable et sans dépôt de cautionnement, après la déclaration prescrite par l'article 7.

Législation antérieure. — L'article 3 du décret du 17 février 1852 inposait aux propriétaires de tous journaux traitant de matières politiques, l'obligation de verser au trésor, avant toute publication, un cautionnement en numéraire dont le chiffre variiat suivant le lieu de la publication entre 50,000 fr. et 7,500 fr. Le cautionnement, supprimé le 10 octobre 1870 fut rétabli par l'art. 3 de la loi du 6 juillet 1871. Il variait entre 24,000 fr, et 6,000 fr. L'autorisation préalable remonte au premier empire; abolie en 1828, elle fut rétablie par le décret dictatorial du 17 février 1852. L'article 1er de la loi du 11 mai 1868 la supprima définitivement. L'art. 22 du décret du 17 février 1852 relatif à la censure ou autorisation nécessaire pour la publication des dessins, gravures, etc., est resté en vigueur jusqu'à ce jour.

Historique. — Commentaire. — Cet article a été adopté sans discussion. Il abroge notamment l'art. 22 du décret du 17 février 1852, relatif à la censure des dessins, etc. La suppression du cautionnement est certainement une des plus heureuses et des plus importantes parmi les nombreuses innovations de cette loi. Désormais on ne pourra plus dire ce qu'on disait sous le régime des lois antérieures : « Si-« lence aux pauvres. »

Une loi du 4 septembre 1871, art. 7, imposait le papier à écrire, imprimer, dessiner de 10 fr. par kilog. ; en outre, le papier employé à l'impression des journaux et autres publications périodiques, assujetties au cautionnement, est soumis à un droit de 20 fr. par 100 kilog.

La loi nouvelle abroge ce dernier paragraphe de l'art. 7 de la loi du 4 septembre 1871, puisqu'aucune publication n'ait désormais assujettie au cautionnement, en laissant subsister, bien entendu, les 10 pour 100 qui frappent la fabrication du papier.

M. le Ministre des Finances s'est conformé à la loi nouvelle, en adressant le 30 juillet une circulaire à ses agents relativement à la suppression de la surtaxe de 20 p. 100.

Ou écrit périodique. C'est celui qui paraît à des époques déterminées.

ART. 6.

Tout journal ou écrit périodique aura un gérant.

Le gérant devra être Français, majeur, avoir la jouissance de ses droits civils, et n'être privé de ses droits civiques par aucune condamnation judiciaire.

Législation antérieure. — L'article 6 de la loi du 18 juillet 1828, exigeait que tout journal eût un gérant. L'article 5 § 2, exigeait qu'il fût du sexe masculin, majeur, français, qu'il eût la jouissance de ses droits civils, qu'il fût propriétaire d'une part dans l'entreprise et du quart au moins du cautionnement. L'article 1er de la loi du 11 mai 1868, exigea que le gérant eût non seulement la jouissance de ses droits civils, mais encore la jouissance de ses droits politiques.

La loi de 1828 n'avait prescrit la désignation d'un gérant que pour les journaux ou écrits périodiques *politiques*. La loi de 1868, § 2, étendit cette prescription à tous les journaux sans distinction.

Historique. — **Commentaire.** — Cet article a été adopté sans discussion.

Tout journal ou écrit périodique. Les jurisconsultes ont discuté longtemps la question de savoir si ces mots s'appliquaient aux journaux non politiques. La jurisprudence et la pratique administrative se sont définitivement rangées du côté de l'affirmative. Pas plus lors de la loi de 1868 que dans la discussion de la présente loi, la question n'a été soulevée.

Aura un gérant. C'est lui qui est le représentant autorisé, la personnification du journal.

Français. Pour savoir comment s'acquiert ou se perd cette qualité, voir les articles 9, 10 et 17 du Code civil.

Majeur. C'est-à-dire être âgé de 21 ans révolus.

Avoir la jouissance. C'est « exercice » qu'il aurait fallu dire pour mieux rendre la pensée du législateur. *La jouissance,* c'est l'aptitude légale à l'acquisition des droits eux-mêmes. Tous les Français ont cette aptitude : qu'ils soie n majeurs ou mineurs, interdits ou non, du sexe féminin ou du sexe masculin. *L'exercice*, c'est la faculté d'accomplirt les actes, de remplir les formalités pour la mise en œuvre de l'aptitude légale qui appartient à tous Français, exemple : les mineurs, les femmes mariées ont la jouissance de leurs droits civils, ils n'en ont pas l'exercice.

Ainsi la femme mariée et le mineur ont, en principe, le droit de vendre leurs immeubles, mais ils ne peuvent exercer ce droit que par l'intermédiaire ou avec le concours d'un tiers. La femme a besoin du concours de son mari, le mineur de celui de son tuteur.

De ses droits civils. Ce sont ceux dont les personnes font usage dans leurs rapports privés avec d'autres personnes. Il s'agit de la totalité des droits civils. Celui qui serait privé de l'exercice d'un seul des droits civils serait incapable d'être gérant. Il est à remarquer que les conditions exigées ci-dessus pouvant être remplies par une femme, il n'est donc plus nécessaire, comme sous la législation antérieure, d'être du sexe masculin pour signer un journal en qualité de gérant. C'est ce que constate d'ailleurs dans les termes suivants le rapport (p. 10) de M. Pelletan : « Cette disposition n'exclut pas les femmes de la « gérance d'un journal. »

Droits civiques. Ils consistent dans la faculté de participer à l'exercice de la puissance publique. Comme le droit de vote, d'éligibilité, etc. Il faut remarquer, comme pour les droits civils, que la loi emploie non le singulier mais le pluriel. Il en résulte qu'il s'agit ici également de la totalité des droits civiques. Celui qui ne serait privé que d'un ou plusieurs de ses droits civiques ne serait pas apte aux fonctions de gérant. Il faut noter également qu'une femme qui aurait subi une condamnation emportant de plein droit privation des droits civiques serait incapable d'être gérant.

L'art. 34 du Code pénal énumère les principaux droits dont les tribunaux peuvent prononcer la déchéance soit à perpétuité, soit pour un temps déterminé.

Par aucune condamnation judiciaire. Cette interdiction est facultative pour le tribunal dans les hypothèses prévues par les art. 91, 123, 388, 401, 405, 406 et 410 du Code pénal. Elle est obligatoire dans les cas prévus par les art. 109, 112, 113, 171, 175, 185, 187, 197 et 335 du même Code. Cette interdiction résulte de plein droit d'une condamnation à une peine afflictive et infamante ou à une peine infamante seulement. Pour la définition de ces mots « afflictive et infamante », voir art. 7 et 8 du Code pénal.

Aucune condition autre que celles ci-dessus n'est exigée pour être gérant. En conséquence est abrogé l'art. 8 de la loi du 11 mai 1868 interdisant à un membre du Parlement d'exercer cette fonction.

Jurisprudence et doctrine. — Un étranger cru français, ne peut, quand sa nationalité est reconnue, exercer les fonctions de gérant (Douai 17 janv. 1848, D. 48, 2, 164).

— Un individu illettré, incapable de surveiller par lui-même la rédaction d'un journal, ne peut être gérant (Angers 7 déc. 1847, D. 47, 2, 215).

Art. 7.

Avant la publication de tout journal ou écrit périodique, il sera fait, au parquet du procureur de la République, une déclaration contenant :

*1° Le titre du journal ou écrit périodique et son
mode de publication ;*

2° Le nom et la demeure du gérant ;

*3° L'indication de l'imprimerie où il doit être
imprimé.*

*Toute mutation dans les conditions ci-dessus
énumérées sera déclarée dans les cinq jours qui
suivront.*

Législation antérieure. — L'article 2 de la loi du
11 mai 1868 exigeait que quiconque voulait publier un
journal, fît à la Préfecture, quinze jours au moins avant la
publication, une déclaration contenant les mêmes indications que ci-dessus, plus l'indication du nom et de la
demeure des propriétaires autres que les commanditaires.
Toute mutation devait être déclarée dans les quinze jours.
L'infraction à ces dispositions était punie par l'article 5 du
décret du 17 février 1852 d'une amende de 100 à
2,000 francs et d'un emprisonnement de un mois à deux
ans. Le journal devait en outre cesser de paraître.

Historique. — Commentaire. — M. de Janzé, député, a proposé sans succès un amendement tendant à ce
que la déclaration continue à être faite à la Préfecture au
lieu d'avoir lieu au Parquet. Il demandait en outre que la
déclaration fût déposée cinq jours avant la publication.
M. de Janzé motivait la première de ces deux propositions
sur ce que la Préfecture a un service tout agencé pour recevoir ces déclarations, tandis qu'il faudrait en créer un

dans les parquets, ainsi qu'un service de centralisation au
ministère de la justice. M. Lelièvre, membre de la Commission, a répondu victorieusement au nom de la Commission
qu'en désignant le Parquet, la Commission avait entendu
soustraire d'une façon absolue la presse au régime administratif. « Dans notre pensée, a-t-il dit textuellement, il ne
« faut pas que l'administration puisse, à un moment
« donné, apporter des entraves à la publication d'un jour-
« nal.

« Si cette déclaration contient des inexactitudes donnant
« ouverture à des contraventions, c'est au ministère pu-
« blic qu'il incombe d'en poursuivre la répression. C'est
« donc à lui seul qu'il appartient de donner connaissance
« de cette déclaration, pour qu'il puisse la contrôler et la
« déférer, s'il y a lieu, aux tribunaux respectifs.

« Voilà, messieurs, la raison qui nous a fait admettre le
« texte du projet, et qui nous décide à repousser celui de
« l'amendement de l'honorable M. de Janzé. » (Séance du
24 janvier).

Le projet de la Commission de la Chambre contenait
une dernière disposition ainsi conçue : « Cette déclaration
sera accompagnée du dépôt des titres de propriété du journal ou écrit périodique. »

En présence de la réprobation générale que cette disposition a rencontrée devant la Chambre, la Commission a déclaré y renoncer.

Le projet voté par la Chambre contenait un paragraphe
ainsi conçu :

« 2° Le nom et la demeure des propriétaires autres que
« les commanditaires ou actionnaires. »

Cette disposition a été supprimée par le Sénat sur la propo-

5

sition de la Commission. Voici d'ailleurs comment le rapport de M. Pelletan (p. 10) explique et justifie ce retranchement :

« La Chambre des députés, en supprimant le cautionne-
« ment, a voulu mettre à la place le cautionnement vivant
« du propriétaire. Votre Commission, cependant, n'a pas
« maintenu l'obligation de déclarer le nom du propriétaire.
« Il serait à craindre que le déclarant ne portât des noms de
« propriétaires apparents et, dans ce cas, le poursuivant
« serait en présence d'une double difficulté, car il aurait à
« prouver non-seulement que la déclaration est fausse, mais
« à démontrer quel est le vrai propriétaire. »

Avant la publication. La loi ne fixant pas de délai entre la publication et le dépôt, celui-ci pourra ne précéder que d'un instant la publication.

Au parquet. Il s'agit du parquet dans le ressort duquel le journal est imprimé. Le parquet lorsqu'il reçoit la déclaration ne peut exiger la preuve de sa sincérité. Il doit se borner à en donner récépissé sauf à poursuivre postérieurement si la déclaration est mensongère. C'est du moins ce qui résulte très-clairement du rapport (p. 34) de M. Lisbonne.

Une déclaration. Cette déclaration est en quelque sorte l'acte de naissance du journal; aussi, la déclaration erronée ou mensongère doit-elle être assimilée pour la répression au défaut de déclaration.

Le titre. Cette expression comprend aussi les sous-titres.

Mode de publication. L'indication des époques auxquelles il doit paraître, du format et du genre de publication, c'est-à dire par exemple si elle est illustrée ou non.

Toute mutation dans les conditions ci-dessus. Le changement de titre ou de sous-titre, le changement dans le mode de publication, le changement de gérant, ou le changement de demeure du gérant, le changement d'imprimeur ou le changement de local de l'imprimerie doivent être déclarés.

Dans les cinq jours. Le délai n'est pas franc, c'est-à-dire que le cinquième jour doit être compris dans le calcul du délai. Si la mutation a eu lieu le 1er, la déclaration doit en être faite le 5 au plus tard.

Les infractions aux dispositions de cet article sont punies des peines portées à l'article 9. Elles sont de la compétence des tribunaux correctionnels.

Jurisprudence et doctrine. — Toute mutation dans les conditions de périodicité doit être déclarée, encore qu'elle ne consisterait que dans la suppression momentanée, pour cause de manque de fonds, de l'un des jours auxquels ce journal devait paraître d'après la déclaration primitive (Cass. 23 juin 1851, D. 51, 1, 170).

— Il ne suffit pas d'indiquer cette suppression dans un avis publié en tête du journal (Chambéry 11 janv. 73, D. 73, 3, 16).

— Une mention de mutation insérée, même à plusieurs reprises, en tête du journal, et que le dépôt porte ainsi à la connaissance de l'administration, ne peut équivaloir à la déclaration expresse et spéciale prescrite par la loi (Lyon, 30 mars 74, id.).

— Lorsqu'une déclaration de mutation a été reconnue inexacte, ou lorsque le gérant a été condamné pour n'avoir pas déclaré une mutation, il n'a pas un nouveau délai de 5 jours pour régulariser sa situation (arg. Cass. 11 juill. 1845, D. 45, 1, 409).

— Une déclaration non sincère ou irrégulière doit être considérée comme n'existant pas (Chassan, 1, 492. — De Grattier, 2, 186).

— Le journal par lequel un gérant prétend en avoir remplacé un autre qu'il publiait précédemment, doit être considéré comme la continuation de celui-ci et non comme un nouveau journal lors-

qu'il a conservé le titre de l'ancien et la série des numéros et des
années bien que l'entreprise soit constituée sur de nouvelles bases
financières (Orléans, 19 nov. 1850, D. 55, 2, 200).

— Il est nécessaire de faire une nouvelle déclaration du moment
que l'édition nouvelle n'est pas la reproduction exacte de la premièrre
sauf les additions que comportent les actes, faits et nouvelles qui
ont pu se produire depuis cette 1re édition. On ne peut introduire
dans les éditions subséquentes des changements touchant la périodicité, l'ordre et la nature des matières, la rédaction des articles, un
autre feuilleton (Privas, 27 juin 1873, *Gaz. trib.* 1er juillet 73).

Avant la publication. — La remise d'exemplaires à une administration chargée du transport constitue la publication qui ne peut
être faite qu'après le dépôt (Cass. 29 janv. 1851, D. 51, 5, 429).

— La publication qu'a reçue un écrit incriminé est suffisamment
constatée lorsqu'elle ressort de l'ensemble des énonciations de
l'arrêt de condamnation (Cass. 20 août 1847, D. 47, 1, 336).

— Une personne qui a fait une déclaration de propriété d'un journal, ne peut se soustraire à des poursuites en justifiant qu'elle n'est que
prête-nom et en nommant le propriétaire véritable (Paris 17 août
43, D. *Presse*, 519-1o).

D'ailleurs, cette personne serait punissable comme complice, la
complicité résultant de sa déclaration mensongère (Seine, 4 juin 42,
D. *Presse*, 241).

ART 8

*Les déclarations seront faites par écrit, sur
papier timbré, et signées des gérants. Il en sera
donné récépissé.*

Législation antérieure. — L'article 7 de la loi du
18 juillet 1828, exigeait déjà que cette déclaration fût faite
par écrit et sur papier timbré. Il devait également en être
donné récépissé.

Historique.—Commentaire.— Le projet de la Commission exigeait que la déclaration fût signée par les pro-
priétaires-fondateurs ou leurs successeurs. M. Ribot, député, a demandé avec succès la suppression de cette disposition inutile, vexatoire, et qui aurait constitué une entrave
à la liberté de la publication. En effet, on peut avoir besoin
de changer d'imprimerie d'un instant à l'autre, soit par
suite d'accidents à la machine, soit pour toute autre cause.
Dans ce cas on va chez l'imprimeur voisin. Aux termes de
l'article précédent, toute mutation doit être déclarée dans
les cinq jours. Si l'un des propriétaires était aux colonies,
et que sa signature fût exigée pour la validité de la déclaration, celle-ci ne pourrait être faite dans les délais impartis par l'article 7.

Il faut noter que la déclaration faite verbalement ou non
signée, équivaut à la non déclaration.

L'infraction à cette disposition constitue une contravention qui est déférée à la police correctionnelle et punie des
peines portées à l'article 9.

Sur papier timbré. Sur une feuille de timbre de dimen-
sion à 0 fr. 60 cent.

Il en sera donné récépissé. Le déclarant pourrait, par
exploit d'huissier, sommer le magistrat de lui délivrer le récépissé. En cas de refus de récépissé, à défaut d'un exploit
d'huissier, la preuve du dépôt pourrait être faite par témoins.

ART. 9.

*En cas de contravention aux dispositions pres-
crites par les articles 6, 7, 8, le propriétaire, le*

*gérant, ou, à défaut, l'imprimeur, seront punis
d'une amende de 50 francs à 500 francs.*

*Le journal ou écrit périodique ne pourra conti-
nuer sa publication qu'après avoir rempli les
formalités ci-dessus prescrites, à peine, si la publication irrégulière continue, d'une amende de
100 francs, prononcée solidairement contre les
mêmes personnes, pour chaque numéro publié à
partir du jour de la prononciation du jugement
de condamnation, si ce jugement est contradictoire, et du troisième jour qui suivra sa notification, s'il a été rendu par défaut ; et ce, nonobstant opposition ou appel, si l'exécution provisoire
est ordonnée.*

*Le condamné, même par défaut, peut interjeter
appel. Il sera statué par la Cour dans le délai de
trois jours.*

Législation antérieure. — L'absence de gérant u
le défaut de déclaration était puni, par l'art. 5 du décret du
17 février 1852, d'une amende de 100 à 2,000fr. par chaque
numéro et d'un emprisonnement de un mois à deux ans.
En outre le journal devait cesser de paraître.

Historique. — **Commentaire.** — Sur la proposition
de M. Cunéo d'Ornano, la Chambre a supprimé le mot
« immédiatement » qui dans le projet de la Commission se
trouvait après ceux-ci : « Le condamné même par défaut
peut... » La proposition de cette suppression reposait sur

ce que d'après M. Cunéo d'Ornano le mot « immédiatement » était inutile. Le compte-rendu *in extenso* constate
de la manière suivante l'adhésion donnée par la Commission à la proposition de M. Cunéo. « *(Au banc de la Com-*
« *mission).* En effet, il est inutile. L'appel est toujours de
« droit. »

En cas de contravention. Il s'agit d'infraction purement
matérielle existant indépendamment de toute idée de mauvaise foi et ne pouvant être excusée par l'erreur, l'ignorance ou la bonne foi.

Le propriétaire. Les commanditaires et actionnaires ne
sont pas des propriétaires dans le sens de cet article.

Ou, à défaut, l'imprimeur. Une contravention aux articles 6, 7 et 8 ne peut être relevée contre l'imprimeur que
si le propriétaire et le gérant sont inconnus. M. Lisbonne
dans son rapport semble dire le contraire, mais en
présence des termes précis de la loi « *ou, à défaut, l'im-*
primeur » il n'y a pas lieu de tenir compte de l'interprétation du rapporteur qui ne peut être que le résultat
d'une erreur. Notre interprétation est confirmée par le § 3
de l'art. 42.

Seront punis. Ces contraventions sont de la compétence
des tribunaux correctionnels.

Ne pourra continuer. En fait la publication pourra
continuer puisque la saisie administrative est supprimée.
En droit chaque publication d'un numéro nouveau constituera une nouvelle contravention.

Les formalités ci-dessus prescrites. Il s'agit : 1° de l'o-
bligation d'avoir un gérant remplissant certaines conditions; 2° de l'obligation du dépôt; d'une déclaration conforme aux art. 7 et 8.

Publication irrégulière. Celle qui n'a pas été précédée de l'accomplissement des formalités ci-dessus.

Prononcée solidairement contre les mêmes personnes. Contre le propriétaire et le gérant. L'imprimeur ne peut être solidaire puisqu'il ne peut être poursuivi que « à défaut » du propriétaire et du gérant; c'est-à-dire si l'un et l'autre sont inconnus.

A partir du jour. La publication parue le jour même, après le jugement, serait délictueuse.

Du troisième jour. Le délai de trois jours est franc. Le jour de la notification ne compte pas ni le jour de l'expiration du délai. Ainsi la notification faite le 1er, la pénalité n'est encourue que pour les publications irrégulières parues le 5 et les jours suivants.

Nonobstant opposition ou appel. C'est une dérogation au droit commun qui veut que l'opposition ou l'appel suspende l'exécution des jugements.

Si l'exécution provisoire est ordonnée. Il résulte de ces expressions que si l'exécution provisoire n'a pas été ordonnée, l'opposition et l'appel suspendent l'exécution, et comme conséquence, la pénalité du § 2 n'est pas encourue.

Il faut conclure de ce qui précède que la pénalité du § 2 ne peut être prononcée que lorsque la publication irrégulière a continué à paraître après que la décision judiciaire avait acquis l'autorité de la chose jugée, sauf le cas où l'exécution provisoire est ordonnée, auquel cas la pénalité du § 2 est encourue *ipso facto* si la publication irrégulière continue à paraître.

Même par défaut. Il pourrait d'abord former opposition. Pour l'opposition le délai est de cinq jours après la signification. Pour l'appel, le délai est de dix jours à compter du jugement s'il est contradictoire, à compter de la signification s'il est par défaut.

Peut interjeter appel. Le projet de la Commission ajoutait « immédiatement, » le législateur ne s'est point aperçu qu'en supprimant ce mot, il laissait le condamné dans le droit commun, c'est-à-dire qu'il ne peut interjeter appel qu'après l'expiration du délai d'opposition. Donc le mot immédiatement n'était pas inutile, il constituait une innovation en faveur de la presse.

Dans le délai de trois jours. Par analogie avec ce qui a été décidé pour la disposition de l'article 296 du Code d'instruction criminelle, il y a lieu de considérer ce délai comme n'étant pas prescrit à peine de nullité.

ART. 10.

Au moment de la publication de chaque feuille ou livraison du journal ou écrit périodique, il sera remis au parquet du procureur de la République, ou à la mairie, dans les villes où il n'y a pas de tribunal de première instance, deux exemplaires signés du gérant.

Pareil dépôt sera fait au Ministère de l'intérieur, pour Paris et le département de la Seine, et, pour les autres départements, à la Préfecture, à la Sous-Préfecture, ou à la Mairie, dans les villes qui ne sont ni chefs-lieux de département, ni chefs-lieux d'arrondissement.

Chacun de ces dépôts sera effectué sous peine de 50 francs d'amende contre le gérant.

Législation antérieure. — L'article 7 de la loi du 11 mai 1868 exigeait au moment de la publication de chaque feuille ou livraison de journal le dépôt à la Préfecture de deux exemplaires signés du gérant. Pareil dépôt devait être fait au parquet. L'article 6 de la loi du 6 juillet 1871 a maintenu ce dépôt en prononçant contre les contrevenants une amende de 300 à 2,000 fr, et l'emprisonnement pendant 6 jours au moins et 6 mois au plus. Le gérant et l'imprimeur étaient responsables.

Historique. — **Commentaire.** — Le second paragraphe résulte de l'admission d'un amendement de M. de Janzé, député, qui a fait remarquer qu'il était indispensable que le gouvernement eut sous la main tous les journaux, non pas bien entendu, pour rechercher s'ils renferment quelque chose de délictueux, mais afin de se tenir au courant des désirs, des vœux et des plaintes de l'opinion publique dont les journaux ne sont que l'écho. Or, supprimer le dépôt à la Préfecture, c'est obliger le gouvernement à prendre des abonnements, c'est-à-dire grever le trésor inutilement, car le dépôt de quatre exemplaires au lieu de deux, constitue une charge insignifiante pour le journal.

Au moment. Le législateur n'exige pas un délai entre le dépôt et la publication, ils peuvent avoir lieu simultanément. Il faut cependant remarquer, que si le dépôt ne doit pas nécessairement avoir lieu avant, il ne doit pas non plus avoir lieu après. Il est donc prudent de le faire avant de commencer la mise en vente ou mieux la publication.

Au parquet. C'est du parquet du lieu où le journal est imprimé qu'il s'agit.

A la mairie. Un des exemplaires déposés devra être

transmis immédiatement au ministère de l'intérieur (Circul. minist. intér., 3 juin 1808).

Signés du gérant. Il s'agit d'une signature manuscrite.

Pareil dépôt. Deux exemplaires signés du gérant. Dans le même temps, c'est-à-dire au moment de la publication.

A la mairie. Si la ville où est imprimé le journal n'est ni un chef-lieu d'arrondissement, ni le siège d'un tribunal de première instance, il y a lieu de déposer à la mairie quatre exemplaires. Le maire en adresse un au ministère de l'intérieur, un au sous-préfet, un au procureur de la République.

Sous peine de. Il s'agit d'une infraction purement matérielle qui ne peut être excusée par l'oubli, l'erreur, l'ignorance ou la bonne foi. La connaissance de cette contravention est de la compétence des tribunaux correctionnels.

Contre le gérant. L'imprimeur ne pourrait être poursuivi pour cette contravention.

Jurisprudence et doctrine. — Le projet de la loi de 1828, portait : *avant* la publication. Le changement fut adopté sur la proposition de Benjamin Constant, qui voulait prévenir les exigences de certains préfets et les entraves qui rendaient le journalisme impossible. Ainsi il en était qui voulaient qu'un exemplaire de chaque journal publié dans leur chef-lieu, leur fût remis la veille de la publication avant midi (V. Duvergier, 1828, p. 227).

— Le dépôt fait le soir quand le journal a paru le matin constitue la contravention (Rouen, 10 fév. 42. D. *Presse,* 377).

— Le dépôt doit être fait en même temps que le premier acte de publication, comme par exemple la remise des numéros à un entrepreneur de distribution (Cass., 29 janvier 51, D. 51, 5, 429. — V. art. 29 au paragraphe jurisprudence, au mot publication).

— Le dépôt d'un numéro ne dispense pas du dépôt de toute autre édition du même numéro qui contiendrait des articles différents, et le gérant ne peut se constituer juge de la gravité de ces changements (Cass. 18 avril 1839, D. *Presse*, 375).

— La publication d'un numéro au bas duquel se trouve, pendant que le gérant subit la prison en cette qualité, la signature d'un individu dont la désignation n'a pas été faite conformément à l'article 7 constitue le fait de publication sans gérant (art. 6) et non le fait de publication de numéro sans signature du gérant (art. 10). —(Arg. Caen 23 janvier 50, D. 52, 2, 250). — *Contrà.* D. *Presse*, 373. — De Grattier, t. 2, p. 359. — Chassan, 1, 886 (2º éd.).

ART. 11.

Le nom du gérant sera imprimé au bas de tous les exemplaires, à peine, contre l'imprimeur, de 16 francs à 100 francs d'amende par chaque numéro publié en contravention de la présente disposition.

Législation antérieure. — L'article 8 de la loi du 18 juillet 1828 exigeait que la signature du gérant fût imprimée au bas de chaque exemplaire à peine de 500 fr. d'amende contre l'imprimeur.

Historique. — Commentaire. — Le projet adopté par la Chambre édictait une amende fixe de 100 fr. Le Sénat, plus libéral en cette occasion, a fixé le minimum à 16 fr. et le maximum à 100 fr. par numéro.

Au bas. C'est-à-dire après les annonces. En effet le gérant est responsable de la totalité du journal sans distinction entre ce qui se trouve à la première ou à la dernière page.

A peine. Il s'agit d'une contravention purement matérielle comme celle ci-dessus et qui est déféré aux tribunaux correctionnels.

Contre l'imprimeur. Le gérant ni le propriétaire ne pourraient être poursuivis pour cette contravention.

§ II. — DES RECTIFICATIONS.

ART. 12.

Le gérant sera tenu d'insérer gratuitement, en tête du plus prochain numéro du journal ou écrit périodique, toutes les rectifications qui lui seront adressées par un dépositaire de l'autorité publique, au sujet des actes de sa fonction, qui auront été inexactement rapportés par ledit journal ou écrit périodique.

Toutefois ces rectifications ne dépasseront pas le double de l'article auquel elles répondront.

En cas de contravention, le gérant sera puni d'une amende de 100 francs à 1,000 francs.

Législation antérieure. — L'article 19 du décret du 17 févier 1852 obligeait tout gérant à insérer gratuitement en tête du journal les documents officiels, relations authentiques, renseignements, réponses et rectifications qui lui étaient adressés par un dépositaire de l'autorité publique. La publication devait avoir lieu dans le plus prochain numéro. Le tout à peine d'une amende de 50 fr. à 1,000 fr. En outre le journal pouvait être suspendu par voie administrative pendant 15 jours.

6

Historique.— Commentaire.— Le projet de la Commission de la Chambre ne fixait pas de limite à l'étendue du droit de rectification. M. Lockroy proposa l'amendement suivant, qui devint le paragraphe 2 de la loi votée par la Chambre :

« Toutefois ces rectifications ne dépasseront pas le triple « de l'article auquel elles répondront. »

Il fit remarquer, à l'appui de sa proposition, que l'administration pourrait : « abuser, comme elle l'a fait autre- « fois, de la faculté qui lui est donnée de répondre aux « journaux qui attaquent ou critiquent ses actes.

« Sous l'Empire, un journaliste très-connu publiait une « brochure de vingt-quatre pages ; sous prétexte de lui en- « voyer un communiqué, l'administration remplit vingt- « deux pages de sa brochure.

« Il pourrait arriver que, s'armant de cet article, l'admi- « nistration, un jour, remplit sept, huit, dix colonnes d'un « journal, sous prétexte de lui répondre.

« M. de Fournès, préfet de la Vendée, dit M. Lockroy, « envoyait chaque jour, pendant la période du 16 mai, au « journal de ce 'épartement, un communiqué de trois ou « quatre colonnes, pour empêcher la polémique de la presse « libérale, et pour entraver la guerre que le journal faisait « au Gouvernement. »

M. Doncieux, préfet de Vaucluse, dit toujours M. Lockroy : « sur un simple mot, une simple phrase d'un jour- « nal du département de Vaucluse, obligea ce journal à pu- « blier un discours qu'il avait prononcé au comice agricole « et qui ne remplit pas moins de deux numéros du journal. »

Le Rapporteur répondit, mais sans convaincre la Chambre, qu'il n'était pas plus possible de limiter par anticipation la longueur d'une réponse, qu'il n'est possible de limiter l'étendue de l'attaque. M. Allain-Targé exprime le désir que « la jurisprudence actuelle du Gouvernement reste en « vigueur, c'est-à-dire qu'aucun dépositaire de l'autorité « publique ne puisse envoyer de communiqué aux jour- « naux sans l'autorisation de ses supérieurs hiérarchiques « et, au besoin, du ministre. »

Le Sénat, plus libéral encore, a réduit au double seulement l'étendue du droit de rectification, afin, dit le rapporteur, d'assimiler le droit du particulier au droit de l'autorité.

Le gérant. Le droit de réponse n'existe donc que pour les journaux et non pour les brochures, livres, ouvrages, etc.

Sera tenu. La cessation de la publication du journal dispenserait naturellement le gérant de l'insertion.

En tête. La loi n'exige pas que l'insertion soit faite en mêmes caractères que l'article, mais ce serait aller contre le vœu du législateur, que d'employer des caractères d'une petitesse dérisoire. L'insertion doit être faite en caractères usités à la première page du journal.

Plus prochain numéro. C'est celui qui suit *immédiatement* la réception de la rectification.

Les rectifications. Dans la pratique on appelle « communiqué » la rectification émanant de l'autorité. Le gérant ne peut être tenu comme sous l'ancienne législation, d'insérer toute espèce de documents. Il faut que le communiqué rectifie un récit erroné contenu dans un numéro précédent.

Dépositaire de l'autorité publique. Le vague de ces expressions oblige de les entendre dans leur sens le plus étendu. Elles comprennent tous les fonctionnaires publics dans le sens juridique de l'expression.

Au sujet des actes de sa fonction. Si donc i s'agissait de faits de la vie privée, ou d'actes en dehors de sa fonction, le dépositaire de l'autorité pourrait user de l'article 13, mais non du droit de rectification que lui accorde l'article 12.

Inexactement rapportés. Le droit de rectification doit être limité au redressement des erreurs de fait commises dans le récit qui motive la rectification. Le communiqué ne pourrait donc pas contenir de polémique, ni même avoir pour objet de démentir une intention, un dessein, un projet, etc., attribués à tort à un dépositaire de l'autorité. On ne pourrait pas davantage faire usage du droit de rectification pour répondre à des déductions, même volontairement fausses tirées d'un fait vrai.

Par ledit journal. Un dépositaire de l'autorité ne pourrait obliger un gérant à insérer une rectification à un récit qu'il n'aurait ni publié ni reproduit dans son journal.

Ne dépasseront pas le double. Même en offrant de payer l'excédant, un dépositaire de l'autorité ne pourrait imposer à un gérant l'insertion d'une rectification dépassant le double.

En cas de contravention. Il faut entendre ici le mot « contravention » dans le sens général d'infraction. Il ne s'agit point en effet d'une contravention purement matérielle, mais d'un délit, c'est-à-dire d'une infraction à la loi commise volontairement et de mauvaise foi.

Le juge pourra donc admettre l'excuse tirée de la bonne foi, soit quant au retard apporté à l'insertion, soit quant au refus d'insertion, motivé, par exemple, sur ce que l'auteur du communiqué aurait excédé le droit que lui confère l'article 12 ou en aurait fait un usage abusif.

Sera puni. Ce délit est déféré aux tribunaux corrrec-tionnels.

Art. 13.

Le gérant sera tenu d'insérer, dans les trois jours de leur réception ou dans le plus prochain numéro, s'il n'en était pas publié avant l'expiration des trois jours, les réponses de toute personne nommée ou désignée dans le journal ou écrit périodique, sous peine d'une amende de 50 à 500 fr., sans préjudice des autres peines et dommages-intérêts auxquels l'article pourrait donner lieu.

Cette insertion devra être faite à la même place et en mêmes caractères que l'article qui l'aura provoquée.

Elle sera gratuite, lorsque les réponses ne dépasseront pas le double de la longueur dudit article. Si elles le dépassent, le prix d'insertion sera dû pour le surplus seulement. Il sera calculé au prix des annonces judiciaires.

Législation antérieure. — Cet article est en substance la reproduction textuelle de l'art. 11 §§ 1 et 3 de la loi du 25 mars 1822 et de l'art. 13 § 2 de la loi du 27 juillet 1849.

Historique. — **Commentaire.** — M. Sourigues, député, a vainement proposé d'accorder à la personne désignée, en cas de retard apporté volontairement à l'insertion de la réponse, une indemnité fixe de 50 fr. pour le premier mille d'exemplaires tirés du journal et 1 fr. par chaque centaine d'exemplaires en plus. Il a proposé en outre d'introduire entre le § 2 et le § 3 la disposition suivante.

« Elle, — l'insertion, — ne pourra être refusée que « dans le cas où la *réponse*, rectification ou *réplique* con- « tiendrait quelque injure ou diffamation à l'égard de tiers, « sauf à reconnaître au journaliste le droit de poursuivre « à son tour l'auteur des injures ou calomnies qui seraient « contenues à son égard dans la réponse ou réplique rendue « publique par son insertion dans le journal en cause. »

Enfin il a proposé toujours sans succès un § 4 ainsi conçu :

« En tout état de cause, si l'article nommant ou désignant « un ou plusieurs individus, sans se borner à discuter ou « critiquer leurs actes, s'attaque à leur personne, le gérant « du journal, au cas où ledit article ne serait pas signé d'un « vrai nom, sera tenu, sous peine d'une amende de 1,000 « à 3,000 fr., d'en faire connaître immédiatement le ré- « dacteur à n'importe lequel des individus mis en cause « ou de ses parents, qui en ferait la demande. »

Sur les observations présentées par M. Cunéo d'Ornano, la Chambre, avec beaucoup de raison, a substitué le mot « réponses » au mot « rectifications » qui figurait dans le projet de la Commission.

M. Cunéo d'Ornano a motivé ainsi sa proposition : « Le « mot rectification semble indiquer que la réponse doit se « borner au redressement d'un fait erroné ; mais il peut y « avoir dans un article autre chose qu'une articulation de « fait, il peut s'y trouver des réflexions, des considérations

« d'ordre purement moral, qui touchent à l'honneur de la
« personne nommée ou désignée.

« Ne faut-il pas alors que cette personne ait droit non
« seulement à une simple rectification de fait, mais à une
« réponse plus générale? C'est pour cela que le mot « ré-
« ponse » de l'ancienne législation me paraît meilleur ; et
« je demande qu'il soit rétabli dans la loi nouvelle.

M. le rapporteur. « La Commission accepte l'amende-
« ment de M. Cunéo d'Ornano. » (Séance du 24 janvier).

La substitution dans cet article du mot « réponse » au
mot « rectification » confirme ce que nous disions dans
l'article précédent, que le droit de rectification doit être
limité au redressement d'un fait erroné.

Au Sénat M. Bozérian avait proposé de remplacer les
neuf premiers mots du § 2 par ceux-ci : « Cette insertion
devra, si la personne le demande, être faite à la même
place. » M. Bozérian faisait remarquer qu'avec l'art. 13
tel qu'il est rédigé, alors même que la personne intéressée
consentirait à ce que l'insertion fût faite à une autre place,
le gérant pourrait néanmoins être poursuivi. Cet amendement fort juste et favorable à la presse a été retiré par son
auteur en présence de l'accueil défavorable qu'il recevait
du Sénat.

Le gérant sera tenu (Voir l'article précédent). En cas de
cessation de la publication, les tribunaux pourraient autoriser l'insertion de la réponse dans un autre journal aux
frais du gérant du journal qui a cessé de paraître.

Dans les trois jours. Le délai n'est pas franc. Le jour
de la réception de la réponse est compté dans le calcul.
Ainsi si la réponse est reçue le 1er, elle doit être insérée au
plus tard le 3.

Dans le plus prochain numéro. La réponse doit être insérée dans le numéro qui suit sa réception. Le délai de trois jours ci-dessus ne peut profiter qu'aux journaux quotidiens.

Les réponses. Il résulte de la substitution de ce mot à celui de « rectification » que le droit du simple particulier est plus étendu que celui du dépositaire de l'autorité, et ne se borne pas seulement au redressement d'un fait erroné.

Ou désigné. Il n'est donc pas nécessaire que l'on ait été désigné nominativement pour qu'on puisse exercer le droit de réponse, il suffit qu'il ne puisse exister de doute sur la personne que l'auteur a voulu viser dans son article. Les héritiers ont le droit de réponse par les faits imputés au *de cujus* (V. art. 34).

Sous peine. Voir dans l'article précédent les mots « En cas de contravention », « sera puni ».

Sans préjudice. Le fait d'avoir usé du droit de réponse ou d'avoir introduit une instance pour contraindre le gérant à l'insertion de la réponse, ne prive pas la personne désignée du droit d'intenter une autre action, par exemple une action pour diffamation ou injure.

Dommages-intérêts. Rien ne s'oppose à ce que les tribunaux accordent des dommages-intérêts si le refus d'insertion a causé un préjudice. Ce que la Chambre a rejeté dans la première proposition de M. Sourigues, c'est la détermination par la loi du taux du dommage, mais non pas le principe de ce dommage pour l'évaluation duquel toute latitude est laissée aux tribunaux.

Le prix d'insertion sera dû. Le gérant a le droit d'exiger la consignation d'une somme équivalente à ce que coûtera l'excédant. Mais à défaut de consignation de cette somme, il devrait insérer la réponse depuis le commencement jusqu'à concurrence du double de la longueur de l'article, le reste de la réponse devant rester sur le *marbre* faute de consignation de somme suffisante.

Au prix des annonces judiciaires. Une loi est en préparation relativement aux annonces judiciaires. Actuellement le prix est de 0 fr. 25 centimes la ligne. Il aurait été préférable de dire que l'excédant serait payé au prix du tarif des annonces du journal. En accordant à la personne désignée le double de la longueur de l'article pour exercer son droit de réponse, cette personne aura dans tous les cas un espace plus que suffisant pour réfuter les allégations mensongères de l'article. Il est à craindre que certaines personnes n'abusent du bon marché du prix de ce qui dépassera le double de la longueur de l'article pour répondre trop longuement dans les colonnes d'un journal important. V. à la table le mot « annonces légales ».

Jurisprudence et doctrine. — La faculté d'insérer la réponse dans les trois jours n'est laissée qu'aux journaux quotidiens; il n'en est pas de même pour les journaux hebdomadaires, bi-hebdomadaires ou mensuels qui pourraient éloigner la réponse à leur gré si, n'étant pas tenus d'insérer la réponse faite la veille de leur publication, sous prétexte qu'ils ont un délai de trois jours, ils ne la donnaient ainsi que la semaine suivante ou le mois prochain (Cass. 9 août 1878, *Gaz. trib.* 8 oct. 1878).

— Le droit de réponse est général et absolu; la personne nommée ou désignée est seule juge de l'opportunité, de la forme et de la teneur de sa réponse (Dijon, 14 juill. 1869).

— Point n'est besoin qu'il ait été porté atteinte à l'honneur et à la considération de la personne, même si elle a été nommée dans une discussion littéraire et n'a pas d'intérêt à répondre (Lyon, 10 janv. 1826, D. *Presse*, 328-1°. — Cass. 11 sept. 1829, *id.*).

— Les fonctionnaires publics et les corps constitués ont le droit de faire insérer leur réponse dans les journaux où ils sont désignés (Cass. 31 déc. 35, D. *Presse* 352. — Chassan, 1, 539).

— La personne désignée ne peut exiger l'insertion de la réponse qu'autant qu'elle y a intérêt et c'est aux tribunaux qu'il appartient d'apprécier cet intérêt (Paris, 20 févr. 1836, D. *Presse*, 329-20. — V. aff. Loyau de Lacy, D. 45, 2, 86).

— Une susceptibilité, un simple intérêt d'amour-propre justifient la réponse ; mais il faut au moins un intérêt de cette nature. Les tribunaux doivent tenir compte de la nature et de la forme de l'attaque, des besoins de la défense et de la légitime susceptibilité de la personne nommée (D. *Presse*, 833, § 2).

— Le droit de réponse n'est pas ouvert à une personne par cela seul qu'il est question d'une situation qui lui est commune avec d'autres personnes, si l'article est conçu d'une façon générale et n'attire pas spécialement l'attention sur elle (Seine, 2 févr. 1870, D. 70, 3, 39).

— Point n'est besoin que la réponse ait lieu à propos de l'article même où l'on a été nommé, si l'on établit une corrélation entre cet article et un autre publié un jour précédent ou suivant (Cass., 1er mars 1838, D. *Presse*, 328-3º).

Les personnes nommées dans un compte-rendu parlementaire (V. art. 41) ne sont pas tenues de prouver la mauvaise foi d'un compte-rendu où elles sont nommées ou désignées, afin d'obtenir l'insertion de leur réponse (Chassan, 1, 932).

— Le seul fait d'être nommé dans un article de critique littéraire à propos d'une pièce représentée, donne droit à réponse (Cass., 29 nov. 1845, Loyau de Lacy contre *Le Constitutionnel*, D. 46, 1, 12).

— L'auteur qui a donné son ouvrage à un journal pour compte-rendu n'est pas admis à répondre, si la critique a été sérieuse et mesurée (Seine, 16 janv. 1847, D. 47, 4, 391).

— Le droit de réponse n'appartient qu'aux personnes nommées ou désignées sans leur consentement ou hors des limites de ce consentement.

Le candidat qui a remis au rédacteur sa profession de foi pour la publier, ne peut exiger l'insertion d'une réponse aux critiques modérées et sérieuses qui ont accompagné la reproduction de ce document et qui ne comportent aucune attaque contre la personne du candidat (Douai, 29 janvier 1878, D. 80, 2, 72).

— La réponse doit être intégralement insérée; son insertion fractionnée ou mutilée est insuffisante, alors que les passages supprimés n'offrent rien de délictueux (Douai, 16 juin 1845, D. 48, 2, 11).

— La réponse doit être insérée d'un seul contexte sans intercalation d'observations critiques ou de réflexions (Amiens, 2 juin 1869, D. 69, 2, 191).

— La faculté qu'a le journaliste de répondre dans son propre journal ne le prive pas du droit de réponse (Rouen, 15 juillet 1870, D. 71, 2, 93. — *Contra*. Seine, 28 juillet 1874, D. 75, 5, 351-352).

— On ne peut répondre à un document officiel inséré dans le *Journal officiel*. On peut répondre, au contraire, aux articles de rédaction privée publiés par ce journal (V. Paris, 5 mars 1874. — *Gazette des Tribunaux*, 6 mars 1874).

—La réponse ne doit contenir rien de contraire à l'honneur du journaliste, ne contenir contre lui aucune allégation offensante, aucune imputation de fait délictueux (Cass., 19 juillet 1873, *Gazette des Tribunaux*, 3 août 1873).

— Le journaliste peut refuser l'insertion de la réponse si elle est injurieuse, contraire aux lois, ou de nature à compromettre les intérêts des tiers et à l'exposer ainsi à de justes réclamations (Dijon, 14 juillet 1869).

Et même quand elle est sans relation directe ou indirecte avec l'article publié. Il appartient aux tribunaux d'apprécier si le refus a une cause légitime (*Id.*).

- Il appartient aux tribunaux d'apprécier si la réponse se renferme dans les limites de la modération et de la convenance (Cass., 19 juillet 1873, D. 77, 1, 67).

— La Cour de cassation peut apprécier le caractère légal de la réponse et décider si l'insertion en était obligatoire (Cass., 19 juillet 1873, D. 77, 1, 67). (Voir sur ce point : Cass., 31 décembre 1857, D. 58, 1, 142; — 21 janvier 1860, D. 60, 1, 104 – 6 janvier 1865, D. 65, 1, 107; —17 mars 1865, D. 65, 5, 308).

— Le journaliste n'est pas juge lui-même de la convenance de l'insertion ; il ne peut être relevé que par les tribunaux de l'obligation de publier la réponse.

Le refus d'insérer peut donner lieu à des dommages-intérêts (Cass., 20 juillet 1854, D. 54, 1, 290).

— On ne peut regarder comme injurieuse pour le journaliste et de nature à motiver le refus d'insertion, une réponse qui renferme des expressions ironiques et malicieuses, de nature même à froisser l'amour-propre, surtout si elles ont été provoquées par la persistance de l'attaque (Rouen, 8 mars 1879, D. 80, 2, 30. — Metz, 23 mai 1850, D. 51, 2, 55. — V. Chassan, 1, 946).

— Le gérant peut se refuser à insérer des développements étrangers à l'article (Riom, 14 janvier 1844, D. 47, 2, 220. — Paris, 12 décembre 1846, D. 47, 2, 221).

— Le texte officiel d'un discours peut être considéré comme une réponse à l'article qui en a fait la critique (Cass., 8 février 1850, D. 50, 1, 69).

— Un candidat peut exiger l'insertion d'une lettre d'électeurs où ses principes sont exposés et sa candidature recommandée, en réponse à un article où on lui prêtait des opinions qu'il ne professe pas (Cass., 19 novembre 1869, D. 70, 1, 142).

— Si, à la suite d'une réponse, le journal publie de nouvelles observations, où le répondant est à nouveau nommé, ce dernier peut de nouveau répondre (Cass., 24 août 1832, D. *Presse*, 331).

Le droit de réponse implique le droit de réplique (Riom, 14 janvier 1844, D. 47, 2, 220).

— L'insertion de la réponse n'empêche pas l'action en diffamation (Cass , 15 février 1834. — D. *Presse*, 353).

— Si le journal disparaît et que la réponse devienne impossible, les tribunaux peuvent ordonner l'affiche aux frais du gérant (Metz, 23 mai 1850, D. 51, 2, 55).

— Le journaliste peut exiger que le coût de la réponse lui soit payé d'avance, quant à ce qui excède le double de l'article provocateur (De Grattier, 2, 352-7°. — D. *Presse*, 351. — *Contra*. Rouen, 13 décembre 1839, D. 47, 4, 390. — Riom, 14 janvier 1844, D. 47, 2, 220. — Paris, 16 mai 1850, D. 51, 5, 430. — Metz, 23 mai 1850, D. 50, 2, 55).

— Le tribunal qui condamne à insérer une réponse ne peut ordonner l'exécution provisoire, même pour cause d'urgence (Orléans, 29 mai 1863, D. 63, 2, 111).

L'auteur de la réponse pourrait demander des dommages-intérêts si la réponse insérée trop tard ne peut plus avoir d'effet.

§ III. — DES JOURNAUX OU ÉCRITS PÉRIODIQUES ÉTRANGERS.

ART. 14.

La circulation en France des journaux ou écrits périodiques publiés à l'étranger ne pourra être interdite que par une décision spéciale délibérée en Conseil des Ministres.

La circulation d'un numéro peut être interdite par une décision du Ministre de l'Intérieur.

La mise en vente ou la distribution, faite sciemment au mépris de l'interdiction, sera punie d'une amende de 50 à 500 francs.

Législation antérieure. — Aux termes de l'article 2 du décret du 17 février 1852 les journaux politiques ou d'économie sociale publiés à l'étranger ne pouvaient circuler en France qu'en vertu de l'autorisation du gouvernement. Les introducteurs ou distributeurs étaient punis d'un emprisonnement de 1 mois à 1 an et d'une amende de 100 fr. à 5,000 fr.

Historique. — Commentaire. — L'article du projet de la Commission de la Chambre était ainsi conçu :

« Les journaux ou écrits périodiques publiés à l'étranger
« pourront circuler en France sans autorisation préalable,

7

« sauf interdiction spéciale de la part du Gouvernement,
« qui sera portée à la connaissance du public, par arrêté
« du ministre de l'intérieur inséré au *Journal officiel.*

« Si leur circulation est interdite par le Gouvernement,
« ceux qui, au mépris de cette introduction, les auront
« sciemment mis en vente ou distribués, seront punis
« d'une amende de 100 fr. à 3,000 fr. »

Cet article a été très vivement attaqué par les véritables partisans de la liberté de la Presse. Nous notons
plus particulièrement les discours de MM. Floquet et
G. Perrin.

Après avoir été adopté en première délibération avec cette
restriction que l'interdiction ne s'appliquerait qu'aux
écrits obscènes il fut rejeté lors de la seconde délibération.

M. Goblet proposa alors de le remplacer par une disposition qui a été adoptée et par suite de l'insistance du ministre de l'intérieur, est devenue le § 1er de l'article.

Les §§ 2 et 3 ont été ajoutés par la Commission du
Sénat. Voici comment le rapporteur motivait l'addition de
ces deux paragraphes (p. 12).

« Une réunion solennelle du Conseil des Ministres,
« pour arrêter à la frontière un numéro de journal, a le
« double inconvénient d'attacher trop d'importance a une
« feuille volante qui peut n'être qu'une ordure ou une
« infamie, et ensuite de la laisser circuler librement en
« attendant que le Conseil des Ministres ait eu le temps
« de délibérer.

« L'article 15 manquait de sanction ; nous avons réparé
« cet oubli par ce paragraphe additionnel :

« *La mise en vente ou la distribution, faite sciem-*

« ment au mépris de l'interdiction, sera punie d'une
« amende de 50 à 500 francs. »

La rédaction de la Commission a été adoptée par le
Sénat sans discussion.

Journaux ou écrits périodiques. La législation antérieure
(art 2, décret 17 février 1852) ne s'appliquait qu'aux
journaux ou écrits périodiques traitant de matières politiques. Le droit conféré par l'art. 14 au Gouvernement
s'applique à tous les journaux ou écrits périodiques,
quelles que soient les matières qu'ils traitent.

Publiés à l'étranger. Le lieu de publication est déterminé par le lieu où le journal s'imprime ordinairement.

Ne pourra être interdite. Il s'agit d'une interdiction
pendant un temps ou un nombre de numéros déterminé.

La circulation d'un numéro. Cette disposition annule
les garanties que donnait le 1er paragraphe. En effet le
ministre de l'intérieur ne pourra pas, comme le conseil des
ministres, interdire la circulation pendant un temps déterminé ou un nombre de numéros déterminé mais il pourra
obtenir indirectement le même résultat en interdisant
chaque numéro par un arrêté spécial pris au moment de
la pub.ication.

Faite sciemment. Il faudra qu'il soit établi que le délinquant connaissait au moment du délit l'existence de l'arrêté d'interdiction.

Sera punie. Ce délit est de la compétence des tribunaux correctionnels.

Jurisprudence et doctrine. — Un journal est étranger
par cela seul que le siège de la publication est à l'étranger, encore
qu'il soit publié en langue française et par des écrivains français
(Paris, 10 déc. 1868, D. 69, 1, 529).

CHAPITRE III.

Do l'affichage, du colportage et de la vente sur la voie publique.

---

§ Ier. — DE L'AFFICHAGE.

ART. 15.

Dans chaque commune, le maire désignera, par arrêté, les lieux exclusivement destinés à recevoir les affiches des lois et autres actes de l'autorité publique.

Il est interdit d'y placarder des affiches particulières.

Les affiches des actes émanés de l'autorité seront seules imprimées sur papier blanc.

Toute contravention aux dispositions du présent article sera punie des peines portées en l'article 2.

Législation antérieure. — Cet article n'est que la reproduction des articles 12 du décret du 22 mai 1791, 1er de la loi du 28 juillet 1791 et 68 de la loi du 28 avril 1816.

Historique. — Commentaire. — L'article 15 a été adopté sans discussion.

Toutes affiches pourront être apposées sans autorisation ni visa, sous la responsabilité de ceux qui en seront les auteurs ou qui les auront placardées et qui ne pourront être poursuivis que si les affiches sont criminelles ou délictueuses.

La matière de l'affichage ne sera soumise qu'aux prescription de la présente loi, qui fait tomber le droit de réglementation que s'étaient arrogé les municipalités.

Les afficheurs n'auront donc plus besoin d'autorisation, — pas plus que les affiches.

V. Sur ce point rapport Lisbonne, p. 48.

Actes de l'autorité publique. Ce sont les affiches portant la signature d'un fonctionnaire de l'ordre administratif, judiciaire ou militaire lorsqu'il agit dans l'exercice de ses fonctions.

Affiches particulières. Celles qui ne concernent que des intérêts privés, alors même qu'il s'agirait d'une collectivité d'individus.

Actes émanés de l'autorité. Une circulaire ministérielle du 24 mai 1866 n'attribue ce caractère au point de vue de la couleur du papier qu'aux actes émanés d'un fonctionnaire agissant comme délégué du pouvoir exécutif.

Ne sont pas comprises dans les actes de l'administration et par conséquent ne peuvent être imprimées sur papier blanc les affiches par lesquelles les curés ou évêques annoncent des prédications, les offices, ou font connaître des mandements.

Contravention. Il s'agit d'une infraction purement matérielle qui ne saurait être excusée par la bonne foi. Elle est de la compétence des tribunaux de simple police.

Art. 16.

Les professions de foi, circulaires et affiches électorales pourront être placardées, à l'exception des emplacements réservés par l'article précédent, sur tous les édifices publics autres que les édifices consacrés aux cultes et particulièrement aux abords des salles de scrutin.

Législation antérieure. — L'article 10 de la loi du 16 juillet 1850 autorisait l'affichage et la distribution, sans autorisation, pendant les vingt jours qui précèdent l'élection, des circulaires et professions de foi signées des candidats.

Historique. — Commentaire. — Les mots « autres que les édifices consacrés aux cultes » ont été introduits par le Sénat sur la proposition de M. Batbie qui a motivé cette modification sur ce que les professions de foi peuvent contenir des atteintes à la religion.

Affiches électorales. Il n'est plus nécessaire que ces affiches portent la signature d'un candidat pour qu'on leur reconnaisse ce caractère.

Autres que les édifices consacrés aux cultes. Les affiches pourraient être apposées sur ces édifices avec l'assentiment de l'autorité municipale et de l'autorité ecclésiastique. L'autorisation donnée par une seule de ces deux autorités serait insuffisante. Il faut le concours des deux.

ART. 17.

Ceux qui auront enlevé, déchiré, recouvert ou altéré par un procédé quelconque, de manière à les travestir ou à les rendre illisibles, des affiches apposées par ordre de l'administration dans les emplacements à ce réservés, seront punis d'une amende de 5 francs à 15 francs.

Si le fait a été commis par un fonctionnaire ou un agent de l'autorité publique, la peine sera d'une amende de 16 francs à 100 francs, et d'un emprisonnement de six jours à un mois, ou de l'une de ces deux peines seulement.

Seront punis d'une amende de 5 fr. à 15 fr. ceux qui auront enlevé, déchiré, recouvert ou altéré par un procédé quelconque, de manière à les travestir ou à les rendre illisibles, des affiches électorales émanant de simples particuliers, apposées ailleurs que sur les propriétés de ceux qui auront commis cette lacération ou altération.

La peine sera d'une amende de 16 à 100 francs et d'un emprisonnement de six jours à un mois ou de l'une de ces deux peines seulement, si le fait a été commis par un fonctionnaire ou agent de l'autorité publique, à moins que les affiches n'aient été apposées dans les emplacements réservés par l'article 15,

Législation antérieure. — L'article 479 du Code pénal punit d'une amende de 1 à 15 fr. ceux qui auront méchamment enlevé ou déchiré les affiches opposées par ordre de l'administration (§ 9).

Historique.—Commentaire. — M. Lorois, député, a proposé sans succès un amendement donnant le droit à tous les locataires d'une maison de s'opposer à l'apposition de telle ou telle affiche sur la maison qu'ils habitent. M. Lelièvre, membre de la Commission, lui a répondu victorieusement que dans une maison à plusieurs locataires il s'en trouverait toujours au moins un à qui les affiches déplairaient et alors l'affichage deviendrait impossible. Les mots « dans les emplacements à ce réservés » ont été ajoutés par la Commission du Sénat afin sans doute de préciser davantage et limiter la contravention. Nous disons sans doute car ni dans le rapport, ni dans la discussion nous ne trouvons de renseignements à cet égard.

Enlevé, déchiré, etc. L'infraction n'existerait pas si l'affiche enlevée, déchirée, etc., avait fait son temps ; c'est-à-dire si l'acte, si l'opération qu'elle a en vue sont tombés dans le domaine des faits accomplis.

Dans les emplacements à ce réservés. Il résulte de cette disposition que la lacération d'affiches apposées par ordre de l'administration, mais en dehors de l'emplacement à ce réservé, ne constituerait pas une contravention.

Seront punis, §§ 1 et 3. Il s'agit d'une contravention purement matérielle non susceptible d'être excusée par l'erreur ou la bonne foi. Elle est déférée au tribunal de simple police.

La peine sera, §§ 2 et 4. Il s'agit d'un véritable délit de la compétence des tribunaux correctionnels.

Affiches électorales. Toutes les affiches apposees pen-
aant la période électorale et se rattachant aux élections.

Sur les propriétés de ceux. Il faut considérer comme
propriétaire, l'usufruitier, le principal locataire, c'est-à-
dire celui qui a loué l'immeuble dans son entier.

§ II. — DU COLPORTAGE ET DE LA VENTE SUR LA VOIE PUBLIQUE.

ART 18.

*Quiconque voudra exercer la profession de col-
porteur ou distributeur sur la voie publique ou en
tout autre lieu public ou privé, de livres, écrits,
brochures, journaux, dessins, gravures, lithographies et photographies, sera tenu d'en faire la
déclaration à la préfecture du département où il
a son domicile.*

*Toutefois, en ce qui concerne les journaux et
autres feuilles périodiques, la déclaration pourra
être faite, soit à la mairie de la commune dans
laquelle doit se faire la distribution, soit à la
sous-préfecture. Dans ce dernier cas, la déclaration produira son effet pour toutes les communes
de l'arrondissement.*

Législation antérieure. — L'article 2 de la loi du
10 décembre 1830 et celle du 10 février 1834, art. 1er;
soumettaient à la nécessité d'une déclaration devant l'au-

torité municipale ceux qui voulaient exercer, même temporairement, les professions d'afficheur, crieur, vendeur
ou distributeur d'écrits, imprimés ou gravés. L'article 6 de
la loi du 27 juillet 1849 subordonnait l'exercice de la profession de distributeur ou colporteur à une autorisation
préalable délivrée par le Préfet.

Les contrevenants pouvaient être punis d'un emprisonnement de 1 mois à 6 mois et d'une amende de 25 fr. à
500 fr.

Historique. — Commentaire. — Le projet de la
Commission de la Chambre exigeait que celui qui voulait
exercer la profession de colporteur fut français et qu'il
n'eut encouru aucune condamnation pouvant entraîner
privation de ses droits civils et politiques. M. Gatineau et
M. Andrieux ont demandé, avec succès, la suppression de
ces dispositions inutiles, vexatoires, anti-libérales et même
dangereuses.

Colporteur. C'est un libraire ambulant.

Sera tenu d'en faire la déclaration. Il va de soi que
c'est avant de commencer l'exercice de cette profession.

La profession d'afficheur est libre et n'est plus astreinte
même à une déclaration.

Soit à la mairie. La déclaration prescrite par cet article peut être faite à la mairie, même dans les 72 communes
du département de la Seine, malgré les prescriptions contraires des lois ou ordonnances antérieures. C'est ainsi
d'ailleurs que l'interprète l'administration de la Seine pour
ce qui concerne les déclarations des réunions publiques.
(Voir séance du conseil municipal de Paris du 4 août 1881).

Art. 19.

La déclaration contiendra les nom, prénoms, profession, domicile, âge et lieu de naissance du déclarant.

Il sera délivré immédiatement et sans frais au déclarant un récépissé de sa déclaration.

Législation antérieure. — L'article 2 de la loi du 10 décembre 1830, exigeait que la déclation contint le nom et le domicile.

Historique. — Commentaire. Le projet de la Commission de la Chambre contenait, en outre de l'article ci-dessus, quatre autres paragraphes ainsi conçus :

« Tout colporteur ou distributeur devra être, en outre, « muni d'un catalogue qui contiendra l'indication des ob- « jets énumérés à l'article premier destinés à la vente. Ce « catalogue sera dressé sur un livret qui sera coté, visé et « paraphé à l'avance par le préfet ou le sous-préfet.

« Pour le colportage et la distribution des journaux dans « une commune, le livret pourra être visé par le maire.

« Le récépissé et le catalogue devront être présentés « par le colporteur, à toute réquisition de l'autorité com- « pétente qui aura toujours le droit de vérifier si les objets « colportés ou distribués sont mentionnés au catalogue.

« Les objets mentionnés au catalogue pourront seuls « être colportés ou distribués. »

M. Naquet a demandé et obtenu la suppression de ces quatre paragraphes en rappelant les abus commis par l'administration du 16 mai.

Il sera délivré immédiatement. Si le maire refusait de délivrer un récépissé, le déclarant ferait constater ce refus par témoins ou par un huissier. Il résulte de l'explication du mot immédiatement que le maire ne pourrait se refuser à délivrer un récépissé sous prétexte que la sincérité de sa déclaration ne serait pas établie.

Sans frais. La déclaration ne doit pas être sur timbre non plus que le récépissé.

Art. 20.

La distribution et le colportage accidentels ne sont assujettis à aucune déclaration.

Législation antérieure. — Les lois du 10 décembre 1830, 10 février 1834 et 27 juillet 1849 soumettaient à leurs prescriptions tous les faits même isolés de colportage.

Historique. — Commentaire. — Cet article a été adopté sans discussion.

Accidentels. Il résulte de cette expression que le délit de colportage est un délit d'habitude. Il faudra donc établir plusieurs faits de colportage à des époques différentes pour qu'une condamnation puisse intervenir.

Jurisprudence et doctrine. — La jurisprudence décidait que le colportage accidentel ne devait pas être distingué du colportage professionnel (Cass. 25 juin 52, D. 52, 1, 190) V. D. *Presse* 424, § 2, 10.

Art. 21.

L'exercice de la profession de colporteur ou de

distributeur sans déclaration préalable, la faus-
seté de la déclaration, le défaut de présentation à
toute réquisition du récépissé, constituent des con-
traventions.

Les contrevenants seront punis d'une amende
de 5 francs à 15 francs et pourront l'être, en outre,
d'un emprisonnement d'un à cinq jours.

En cas de récidive ou de déclaration menson-
gère, l'emprisonnement sera nécessairement pro-
noncé.

Législation antérieure. — La loi du 27 juillet 1849, art. 6, punissait le colportage sans autorisation d'un emprisonnement d'un mois à six mois et d'une amende de 25 fr. à 500 fr.

Historique.—Commentaire. — Le projet de la Commission contenait un dernier paragraphe ainsi conçu . « L'article 463 du Code pénal pourra être appliqué. » M. Drumel a fait remarquer avec raison que cet alinéa était inutile en présence de l'art. 64 qui dispose d'une façon générale que l'art. 463 du Code pénal est applicable dans tous les cas prévus par la présente loi.

Constituent des contraventions. Il s'agit d'une contravention purement matérielle de la compétence du tribunal de simple police.

Jurisprudence et doctrine. — Un arrêt Cass. 11 janv. 1879 (D. 80, 1, 143) avait décidé que l'obligation pour les colporteurs de représenter à tout agent de l'autorité le récépissé de leur déclaration, n'avait aucune sanction.

La loi actuelle prévoit le cas.

ART. 22.

Les colporteurs et distributeurs pourront être poursuivis conformément au droit commun, s'ils ont sciemment colporté ou distribué des livres, écrits, brochures, journaux, dessins, gravures, lithographies et photographies , présentant un caractère délictueux, sans préjudice des cas prévus à l'article 42.

Législation antérieure.—L'article 6 de la loi du 27 juillet 1849 cité à l'art. 18 contenait une disposition ainsi conçue « sans préjudice des poursuites qui pourraient être dirigées pour crimes ou délits soit contre les auteurs ou éditeurs, soit contre les distributeurs ou colporteurs eux-mêmes. »

Historique. — Commentaire. — Le projet de la Commission de la Chambre contenait un alinéa ainsi conçu :
« Les tribunaux pourront prononcer l'interdiction de « l'exercice de la profession de colporteur ou de distributeur « à tout individu condamné en vertu du présent article. »
M. Trarieux en a demandé et obtenu la suppression. Une pareille disposition s'expliquait sous l'ancienne législation, qui permettait la suppression des écrits condamnés. Alors qu'il y avait une loi qui autorisait à suspendre ou à supprimer les journaux qui avaient été l'objet d'une poursuite. Elle serait un anachronisme sous la législation actuelle. Les mots brochures, journaux, etc., ont été ajoutés par le Sénat sur la proposition de la commission.

Pourront être poursuivis. C'est une faculté laissée au ministère public. Les colporteurs ne seront donc pas nécessairement compris dans une poursuite dirigée contre les auteurs des écrits qu'ils colportent.

Sciemment. Il faudra établir que le colporteur connaissait le caractère délictueux de l'ouvrage qu'il distribuait pour qu'une condamnation puisse intervenir.

Cas prévus à l'article 42. Si l'éditeur, l'auteur, l'imprimeur d'un écrit délictueux étaient tous trois inconnus, le colporteur pourrait être poursuivi comme auteur principal.

Jurisprudence et doctrine. — « Si le législateur s'attaque au distributeur, qui n'est qu'un instrument matériel, c'est parce qu'il lui est plus facile de l'atteindre, c'est parce que à l'aide de ce distributeur, on peut remonter jusqu'à l'imprimeur et même jusqu'à l'auteur. » Chauv. et F. Hélie, *Théor. C. p.*, 5, 88 et 89.

CHAPITRE IV.

Des crimes et délits commis par la voie de la presse ou par tout autre moyen de publication.

---

§ Ier. — PROVOCATION AUX CRIMES ET DÉLITS.

ART. 23.

Seront punis comme complices d'une action qualifiée crime ou délit, ceux qui, soit par des discours, cris ou menaces proférés dans des lieux ou réunions publics, soit par des écrits, des imprimés vendus ou distribués, mis en vente ou exposés dans des lieux ou réunions publics, soit par des placards ou affiches exposés aux regards du public, auront directement provoqué l'auteur ou les auteurs à commettre ladite action, si la provocation a été suivie d'effet.

Cette disposition sera également applicable lorsque la provocation n'aura été suivie que d'une tentative de crime prévue par l'article 2 du Code pénal.

Législation antérieure. — L'article 1er de la loi du

17 mai 1819 était ainsi conçu: « Quiconque soit par des
« discours, des cris ou menaces proférés dans des lieux ou
« réunions publics, soit par des écrits, des imprimés,
« des dessins, des gravures, des peintures ou emblèmes
« vendus ou distribués mis en vente ou exposés dans des
« lieux ou réunion publics, soit par des placards et affiches
« exposés aux regards du public aura provoqué l'auteur
« ou les auteurs de toute action qualifiée crime ou délit à la
« commettre sera réputé complice et puni comme tel. »

Historique. — Commentaire. — Cet article a donné
lieu devant la Chambre à une longue et brillante discussion qui n'a pas duré moins de trois séances. Malheureusement le cadre de ce Manuel ne nous permet même pas
de la résumer, mais nous engageons très-vivement nos
lecteurs à se reporter à la discussion dont ils trouveront le
compte-rendu *in extenso* dans les numéros du *Journal
officiel* des 26, 28, 30 janvier.

Nous devons signaler plus particulièrement un très-
remarquable discours de M. Floquet dans lequel ce puis-
sant orateur a vaillamment soutenu la thèse de la liberté la
plus étendue. Il demandait, que sauf en ce qui concerne la
diffamation et les écrits obscènes, la presse fût soumise au
droit commun.

Voici d'ailleurs comment il s'expliquait sur ce qu'il
fallait entendre par ces mots : « Le droit commun, c'est la
« responsabilité de l'art. 1382 au point de vue civil et au
« point de vue criminel, la responsabilité de la complicité
« aux termes de l'art. 60 du Code pénal. »

L'amendement de M. Floquet, énergiquement soutenu,
a été renvoyé à la Commission par une très-forte majorité.
Ce renvoi a eu un effet bienfaisant sur toute la loi. Voici

comment s'est expliqué sur ce point M. le Rapporteur :
(Séance du 29 janvier).

« Votre Commission a mûrement délibéré sur l'amen-
« dement proposé par M. Floquet et plusieurs de ses col-
« lègues, et que vous lui avez renvoyé.

« Elle n'a pas cru devoir l'adopter par la raison que
« cet amendement, en supprimant des délits de droit com-
« mun commis par la voie de la presse et de la parole, au-.
« rait pour résultat de leur créer des immunités spéciales.

« Mais la Commission a pensé qu'elle pouvait, en main-
« tenant le système général sur lequel repose son projet et
« en s'inspirant de votre vote, accentuer le caractère libéral
« de ses dispositions. »

Parmi les plus importantes modifications apportées au
projet à la suite du renvoi à la Commission de l'amendement de M. Floquet, nous signalons :

1° la suppression de l'art. 25, ainsi conçu :

« Si la provocation n'est pas suivie d'effet, son auteur
« sera puni d'un emprisonnement de trois mois à deux ans
« et d'une amende de 100 fr. à 3,000 fr., ou de l'une de
« ces deux peines seulement, lorsque l'action à laquelle il
« aura été provoqué est qualifiée de crime. »

Cet article a été rétabli par le Sénat et est devenu l'article 24 de la loi.

2° La suppression de l'outrage à la République ;

3° la substitution dans l'art. 27 des mots « aura troublé la
paix publique » à ceux-ci qui étaient dans le projet de la
Commission « sera de nature à troubler la paix publique ».

Nous n'avons pas besoin d'insister sur l'importance de
ces modifications.

M. Agniel, membre de la Commission, défendit énergi-

quement l'art. 23, voici d'ailleurs le principal argument
de sa discussion : (Séance du 27 janvier).

« Eh quoi ! messieurs, à un jour déterminé, un homme
« qui tiendra la plume ou qui prendra la parole dans une
« réunion publique, abusant peut-être de l'influence du
« talent, du charme de la séduction, poussera ou ses audi-
« teurs ou ses lecteurs trop crédules à commettre un de ces
« actes dont le caractère criminel est incontestable ; subis-
« sant l'influence de l'écrit ou de la parole, quelques-uns
« de ces lecteurs ou de ces auditeurs égarés iront commettre
« un crime, un attentat, aujourd'hui contre la propriété
« privée, demain contre la tranquillité publique, et il fau-
« drait admettre ce résultat que, tandis que ceux qui n'ont
« commis le crime que sous l'influence de la provocation
« brûlante qui leur était versée, seraient responsables
« devant la justice du pays, celui qui est le véritable auteur,
« celui sans lequel les actes criminels n'auraient pas été
« commis, pourra, se réfugiant dans une abstention pru-
« dente, assister au désastre et à la punition de ceux qui
« n'eurent que le tort de croire ou à sa parole ou à ses
« écrits ! (Applaudissements au centre.) »

L'amendement de M. Floquet fut rejeté, mais celui-ci
avait en partie atteint son but comme il l'explique dans les
paroles suivantes : (Séance du 29 janvier).

« Mon but, lorsque j'ai présenté mon amendement était
« d'établir que la législation de la presse ne devait relever
« que des délits de droit commun. La Commission dans son
« premier rapport avait soutenu qu'elle n'avait maintenu
« dans son projet de loi que des délits de cette nature, c'est-
« à-dire de droit commun. J'ai voulu l'appeler à une déli-
« bération nouvelle. A la suite de cette délibération nou-

« velle, ollo a supprimé un certain nombre de délits qui
« ne lui paraissent pas être des délits de droit commun. En
« conséquence, elle est entrée dans la voie que je lui avais
« indiquée. »

MM. de Marcère et Naquet proposèrent sans plus de succès un amendement ainsi conçu :

« Néanmoins, les pénalités portées contre les provoca-
« teurs, en vertu du présent article, seront réduites à la
« peine de trois mois à cinq ans d'emprisonnement et d'une
« amende de 100 fr. à 5,000 fr. ou à l'une de ces deux
« peines seulement. »

Au Sénat la discussion recommença aussi vive, aussi
brillante qu'à la Chambre. M. Lenoël proposa de remplacer l'article 23 par un amendement ainsi conçu :

« Quiconque, soit par des discours, des cris ou des me-
« naces proférés dans des lieux ou réunions publics; soit
« par des écrits, des imprimés, des dessins, des gravures,
« des peintures ou emblèmes, vendus ou distribués, mis en
« vente ou exposés dans des lieux ou réunions publics,
« soit par des placards ou affiches exposés aux regards du
« public, aura provoqué à commettre une ou plusieurs
« actions qualifiées crime ou délit, sera puni d'après les
« distinctions suivantes :

« Dans le cas où l'action est qualifiée crime, si la pro-
« vocation est suivie d'effet, l'auteur de cette provocation
« sera puni d'un emprisonnement de trois mois à cinq ans
« et d'une amende de 50 fr. à 6,000 fr. Si la provocation
« n'est pas suivie d'effet, l'emprisonnement sera d'un mois
« à deux ans et l'amende de 30 fr. à 4,000 fr.

« Dans le cas où l'action est qualifiée délit, si la provo-
« cation est suivie d'effet, l'auteur de cette provocation

« sera puni d'un emprisonnement de quinze jours à un an.

« Le tout, sauf les cas dans lesquels la loi prononcerait
« une peine moins grave contre l'auteur du délit, laquelle
« sera alors appliquée au provocateur. »

A l'appui de cet amendement M. Lenoël a développé les
considérations suivantes : (Séance du 9 juillet).

« Je crois que le Sénat fera œuvre de bonne législation,
« en supprimant cet article 23, emprunté aux dispositions
« de la loi de 1819 et en reconnaissant que, puisque la
« publicité constitue le délit, c'est un délit spécial qu'on
« peut avoir à atteindre, mais qu'il n'y a pas complicité
« d'un crime dans un article, dans un discours, dans un
« écrit quelconque où on aura eu l'imprudence ou le
« malheur de provoquer à ce crime ou ce délit.

« Et, en effet, voici un écrivain, un orateur, qui, dans
« une réunion publique, où il n'est pas couvert par l'im-
« munité parlementaire, aura eu le malheur, dans un
« moment d'entraînement, d'exciter à la guerre civile, par
« exemple, ou à un crime spécial, que sais-je, à l'assassi-
« nat. Demandez à cet homme au moment où il a fini d'é-
« crire sous l'impression d'un sentiment vif ou ardent, ou
« bien au moment où il a fini de parler, sous l'empire
« de la passion, surexcité par les acclamations, les inter-
« ruptions, par les faits qui se sont passés dans la réu-
« nion, demandez-lui, en lui présentant un fusil : Con-
« sentez-vous à aller faire ce que vous avez dit? Etes-vous
« sûrs qu'il le fera? Non, il ne le fera pas. Et, par cela
« même, le considérer comme le complice du crime,
« c'est là quelque chose d'excessif. Dès lors, il ne reste
« plus qu'un délit, un délit spécial, un délit particu-
« lier.

« C'est ce que je demande au Sénat de vouloir bien re-
« connaître en adoptant mon amendement. »

Cet amendement a été renvoyé à la Commission qui a
maintenu l'article 23 et a proposé un nouvel article concernant la provocation non suivie d'effet, lequel est devenu
l'article 24.

La loi adoptée par Chambre se terminait ainsi : « Tentative de crime ou de délit conformément aux articles 2 et
3 du Code pénal. Le Sénat sur la proposition de la Commission a supprimé les mots « délit.... et art. 3 ».

Seront punis. Le délit prévu par cet article est de la
compétence de la cour d'assises.

Comme complices. La complicité est en général la participation directe ou indirecte avec connaissance de cause à
un fait coupable dont un autre est l'auteur principal. Le provocateur est assimilé au complice. Il est passible des mêmes
pénalités que celles encourues par l'auteur du crime ou
du délit. Comme conséquence un journaliste pourrait être
condamné à mort. Nous croyons utile de rapporter un
passage du discours prononcé par M. Bozérian, sénateur,
(séance du 15 juillet) parce qu'il explique très clairement
quelles sont les conditions nécessaires pour que la poursuite
du délit prévu par cet article puisse avoir lieu.

« Ce n'est pas que je redoute beaucoup cette hypothèse (la
« condamnation à mort d'un journaliste) ; je ne crois pas
« que jamais il arrive qu'un journaliste, si ardent, si cou-
« pable qu'il soit, puisse avoir à redouter la peine de mort.

« Voici pourquoi : c'est qu'il y a dans l'art. 23 un mot
« très rassurant pour les journalistes ou pour ceux qui, à
« défaut de la plume, font usage de la parole; c'est que, pour
« arriver à établir l'égalité dans la peine, il faut démon-

« trer que le journaliste ou le parleur, — car ils sont placés
« sur la même ligne — a provoqué *directement* à un fait
« spécial ; vous voilà, messieurs, rassurés tout d'abord à
« ce point de vue, et si l'on vous dit : mais quoi ! vous allez
« donc atteindre, comme provocation au crime, l'apologie
« de Brutus — ou de tout autre personnage politique de
« l'antiquité ? Vous allez donc frapper d'une peine celui qui
« aura rappelé certains souvenirs historiques, les actes de
« ces grands criminels ou de ces grands politiques ?... Car
« politiques et criminels peuvent quelquefois être rangés
« sur la même ligne. — Vous pourrez répondre : non ! car
« il n'est pas possible d'établir la relation directe de la
« cause à l'effet. Cela suffit à me rassurer.

« Donc, en présence de cette nécessité d'établir la rela-
« tion directe de la cause à l'effet, — ce qui ne sera jamais
« possible, je ne crains pas de le dire, — je n'ai point d'in-
« quiétude sur les conséquences, pour le journaliste ou
« le parleur, de l'aggravation de peine résultant de ce que
« le fait de la provocation est assimilé à la complicité. »

Proférés. Voir ce mot sous l'article 29.

Directement. Il faut la provocation à un acte déterminé.
Il faut qu'il y ait entre le crime ou le délit commis et la
provocation un lien immédiat non douteux.

Le ministère public devra établir non-seulement la provocation directe au crime, mais aussi le lien entre cette
provocation et le crime lui-même. « La provocation, dit
« M. Lisbonne, p. 74 de son rapport, ne sera donc punie
« des peines de la complicité que lorsqu'elle sera *directe*
« *et spéciale,* c'est-à-dire lorsqu'elle consistera dans les
« efforts directs d'un individu pour que d'autres individus
« exécutent un crime déterminé et prévu par la loi pénale. »

« Il faut qu'il y ait provocation, dit M. le Rapporteur,
« (séance du 29 janvier), je ne crois pas avoir à démon-
« trer qu'il n'est pas possible de se méprendre sur le sens
« du mot « provocation ». Il faut en outre que la provoca-
« tion soit directe. Je comprends, messieurs, les scrupules
« qui s'étaient élevés pour frapper la provocation de res-
« ponsabilités pénales lorsqu'on n'aurait pas eu le soin de
« préciser que la provocation devrait être directe, c'est-à-
« dire qu'il y avait une relation incontestable, légalement
« établie, entre le fait de la provocation et le crime ou le
« délit qui en aurait été la conséquence. »

« Vous avez dans votre dernière séance, dit M. Ribot,
« député, (séance du 31 janvier), déclaré que vous puniriez
« comme complice de tout crime ou de tout délit celui qui
« aurait provoqué directement à commettre ce crime ou ce
« délit, et vous n'avez exigé qu'une condition : c'est qu'il
« y ait un lien certain, évident, direct, entre la provocation
« et le crime, ou le délit tenté ou consommé. » (Marques
d'assentiment).

M. Gatineau. On n'exige même pas de lien.

M. Ribot. « Je vous demande pardon. L'art. 24 voté par
« la Chambre n'assimile la provocation au crime lui-même
« qu'à la condition, bien expressément entendue par nous
« et formulée dans le texte même, qu'il y ait un lien appré-
« ciable, direct, certain, entre la provocation et le crime. »
(Très-bien ! très-bien) !

Voir en outre l'extrait ci-dessus du discours de M. Bozérian, sénateur.

Nous avons cru devoir reproduire tous ces extraits afin
de bien démontrer ce qu'il faut entendre par provocation
directe.

Cet article est un des plus dangereux du projet; c'est celui qui se prête le plus à une interprétation arbitraire. Il est donc bon, le cas échéant, que nos confrères du journalisme puissent connaître la véritable définition de ces mots « provocation directe » afin qu'ils puissent éviter les dispositions de l'art. 23.

Si la provocation a été suivie d'effet. Il faut non-seulement que la provocation soit directe, mais encore qu'elle ait été suivie d'effet. Il faut que ceux qui étaient provoqués aient commis l'action à laquelle ils étaient provoqués.

Tentative. Il faut un commencement d'exécution. Il faut en outre que ce commencement d'exécution n'ait été suspendu ou n'ait manqué son effet que par des circonstances indépendantes de la volonté de celui qui avait commencé l'exécution du crime.

Prévue par l'art. 2. Cet article donne la définition légale de la tentative.

L'art. 23 laisse subsister les art. 201 et suivants du Code pénal. C'est ce qui résulte de l'extrait suivant du compte-rendu *in extenso*.

M. Bozérian. «Je demande à faire une observation.

« En dehors des faits de provocation prévus par la loi « actuelle, il en existe un certain nombre encore qui sont « prévus par des dispositions spéciales du Code pénal, je « vais tout à l'heure vous citer les espèces, mais je demande « à la Commission si, dans sa pensée, les articles de la loi « pénale, applicables à ces provocations spéciales, subsis- « tent ou ne subsistent plus.

« Les provocations auxquelles je fais allusion sont celles « dont il est parlé dans les articles 201 et suivants du Code « pénal. Ces articles s trouvent so s la rubrique : « Des

9

« troubles apportés à l'ordre public par les ministres des
« cultes dans l'exercice de leur ministère. »

Le paragraphe 2 de la section est intitulé :« Des criti-
« ques, censures ou provocations dirigées contre l'autorité
« publique, dans un discours pastoral prononcé publique-
« ment. »

Puis vient l'art. 201 : « Je demande à la Commission si
« ces articles subsisteront ou ne subsisteront pas. »

M. NINARD. « Messieurs, la Commission n'a pas entendu
« toucher aux dispositions des art. 201, 202 et 203 du Code
« pénal. Ce sont là des délits spéciaux intéressant une cer-
« taine catégorie de fonctionnaires et, par conséquent, con-
« stitutifs de ce qu'on appelle en droit pénal des abus d'auto-
« rité. Voilà les raisons pour lesquelles la commission ne s'est
« pas préoccupée des dispositions des articles que je viens
« d'indiquer au Sénat. Elle déclare les maintenir et elles
« ne se trouvent pas abrogées par les dispositions contenues
« dans l'art. 23, qui vous est soumis. »

Jurisprudence et doctrine. — On trouvera plus loin sous
l'article 29 toutes les explications utiles sur les différents modes de
publicité prévus par cet article et par l'article 28

ART. 24.

Ceux qui, par les moyens énoncés en l'article
précédent, auront directement provoqué à com-
mettre les crimes de meurtre, de pillage et d'in-
cendie, ou l'un des crimes contre la sûreté de
l'État, prévus par les articles 75 et suivants jusques
et y compris l'article 101 du Code pénal, seront

punis, dans le cas où cette provocation n'aurait pas été suivie d'effet, de trois mois à deux ans d'emprisonnement et de 100 à 3,000 fr. d'amende.

Tous cris ou chants séditieux proférés dans des lieux ou réunions publics seront punis d'un emprisonnement de six jours à un mois et d'une amende de 16 fr. à 500 fr., ou de l'une de ces deux peines seulement.

Législation antérieure. — L'art. 1er de la loi du 27 février 1858, dite de sûreté générale, reproduisant en partie l'art. 1er de la loi du 9 septembre 1835, punissait d'un emprisonnement de 2 à 5 ans et d'une amende de 500 fr. à 10,000 fr. tout individu qui avait provoqué publiquement aux crimes prévus par les art. 86 et 87 du Code pénal, alors même que cette provocation n'avait pas été suivie d'effet. L'article 2 de la loi du 17 mai 1819 punissait d'un emprisonnement de 3 mois à 5 ans et d'une amende de 50 fr. à 6,000 fr. la provocation, non suivie d'effet, à commettre un crime. L'art. 3 de la même loi punissait d'un emprisonnement de 3 jours à 2 ans et d'une amende de 30 fr. à 4,000 la provocation, non suivie d'effet, à commettre un délit.

L'article 8 de la loi du 25 mars 1822 punissait d'un emprisonnement de 6 jours à 2 ans et d'une amende de 16 fr. à 4,000 fr. tous cris séditieux proférés publiquement.

Historique. — **Commentaire.** — Le projet de la Commission de la Chambre contenait un article ainsi conçu :

« Si la provocation n'est pas suivie d'effet, son auteur

« sera puni d'un emprisonnement de 3 mois à 2 ans et d'une
« amende de 100 fr. à 3,000 fr. ou de l'une de ces deux
« peines seulement, lorsque l'action à laquelle il aura été
« provoqué est qualifiée crime. »

Après le renvoi de l'amendement de M. Floquet sur l'article précédent, la Commission supprima l'article relatif à la
provocation non suivie d'effet et ne maitint que la disposition relative au cris séditieux. M. Ribot proposa alors,
mais sans succès un amendement ayant pour but de remplacer l'article suprimé par la disposition suivante :

« Quiconque, soit par des discours proférés dans des
« lieux ou réunions publics, soit par des écrits mis en vente
« ou distribués, soit par des placards ou affiches exposés
« aux regards du public, aura directement provoqué à com-
« mettre un crime puni de la mort, des travaux forcés ou
« de la déportation, sera puni d'un emprisonnement d'un
« mois à un an et d'une amende de 50 fr. à 2,000 fr. sans
« préjudice des dispositions sur la complicité.

« La même peine sera applicable à celui qui, par les
« mêmes moyens, aura provoqué les militaires à la dés-
« obéissance envers leurs chefs. »

MM. Gatineau et Cunéo d'Ornano, députés, ont vainement
demandé la suppression de la disposition relative aux cris
séditieux comme inutile et dangereuse.

« Si le cri séditieux est un véritable appel à la sédition,
« disait M. Cunéo d'Ornano (séance du 1er février), il
« rentre alors dans les dispositions générales que vous
« avez maintenues en matière de provocation ; s'il constitue
« un simple fait de désordre, il peut tomber sous les dispo-
« sitions de nos lois qui prévoient le tapage injurieux.

« J'estime que la Chambre fera une œuvre logique en

« supprimant cet article comme elle a supprimé les dispo-
« sitions précédentes portant sur les délits d'opinion. »

A quoi M. le Rapporteur répondait :

« Les cris séditieux ne peuvent pas être considérés
« comme l'expression de l'opinion. Ce n'est pas l'expres-
« sion de l'opinion ni une discussion ; c'est purement
« et simplement un trouble apporté à la tranquillité pu-
« blique. Le cri séditieux nous a paru avoir une ana-
« logie avec le tapage injurieux, seulement avec le tapage
« aggravé par les commentaires auxquels donne lieu le
« cri séditieux. La Commission maintient donc la dispo-
« sition qu'elle a proposée. »

M. Gatineau insistait plus particulièrement à la séance
du 15 février sur le danger qui résultait de l'impossibilité
de définir les cris séditieux. « Le texte actuel se contente
« de dire que le cri séditieux sera puni, mais il ne l'indique
« pas, il ne le définit pas, il ne le décrit pas, de telle sorte
« que le cri séditieux, qui est un Protée, je le reconnais,
« échappant à l'analyse et à la description, sera le délit le
« plus vague du monde. L'histoire nous montre que le cri
« qui est séditieux à certains moments devient louable à
« une autre époque, et que le cri qui aura été inoffensif
« à une date deviendra, plus tard, séditieux, c'est-à-dire
« dangereux..

« N'avons-nous pas vu, il y a quelques années à peine,
« condamner, comme cri séditieux sous la République, le
« cri de « Vive la République ! N'avons-nous pas vu pour-
« chasser comme cri séditieux, à presque toutes les épo-
« ques de notre histoire le cri de « Vive la liberté ! » N'a-
« vons-nous pas vu, en un mot, selon les dates et les gou-
« vernements, les cris changer de nature et être tantôt

« exécrables, et exécrés, et tantôt louables et dignes de
« l'approbation de tous les honnêtes gens, suivant l'ex-
« pression consacrée? »

Les mots « ou chants » ont été introduits par la Chambre
sur la proposition de M. Trarieux.

Le projet de la Commission de la Chambre prononçait
pour les crix séditieux un emprisonnement de 6 jours à 6
mois. Cette peine a été réduite de 6 jours à 1 mois par l'a-
doption d'un amendement de M. Ribot.

Au Sénat, M. Lenoël a proposé à l'article précédent un
amendement dont une disposition punissait la provocation
non suivie d'effet. Voici comment M. Lenoël, dans la séance
du 9 juillet, motivait cette disposition :

« De ce que le fait auquel on a provoqué n'a pas eu lieu,
« de ce que l'assassinat, l'incendie, la guerre civile aux-
« quels on a provoqué ne se sont pas produits, en résulté-
« t-il qu'il n'y a eu aucun trouble causé à la société, qu'il
« n'y a eu pour elle aucun dommage et qu'on ne puisse
« pas mesurer le dommage? Messieurs, je le comprends
« très bien; si l'incendie auquel il a été provoqué n'a pas
« été allumé, il ne sera pas aussi facile de constater l'im-
« portance des dégâts que si l'incendie a existé, et qu'on
« puisse chiffrer par sous et par deniers la valeur des objets
« incendiés.

« Mais, est-ce à dire qu'il n'y a pas eu trouble causé à
« la société? Est-ce qu'il n'y a pas eu de dommage? »

Cet amendement a été renvoyé à la Commission. A la
suite de ce renvoi, la Commission a maintenu sa rédaction
sur l'article précédent, mais elle a rapporté une disposition
additionnelle qui est devenue l'art. 24. Voici comment
M. Robert de Massy, président de la Commission, expli-

quait, dans la séance du 15 juillet, les motifs qui ont déterminé la Commission :

« Avec cette difficulté qu'on a éprouvée à toutes les épo
« ques de donner une définition claire et nette de la pro
« vocation, n'y a-t-il pas péril quand la provocation n'est
« suivie d'aucun acte coupable, de rentrer dans ces procès
« de tendance, dans ces procès de doctrine, dans ces pro
« cès d'opinion que la loi actuelle a précisément pour
« mission d'empêcher de renaître ? Et vous allez mieux
« sentir comment, quels que soient les caractères avec
« lesquels elle se présente, la provocation qui n'est pas
« suivie d'effet peut se confondre avec ces doctrines, avec
« ces opinions, avec ces tendances que nous entendons
« mettre en dehors de toute action pénale et de toute pour
« suite de la part du ministère public. . . . .

« Quand il n'y a pas eu d'effet produit par le discours
« ou l'article, quand, par conséquent, les intérêts publics
« n'ont été ni troublés ni alarmés, je vous demande si vous
« punissez la provocation non suivie d'effet, et, dans tous
« les cas, si vous ne retombez pas, presque nécessaire
« ment, dans le champ de ces délits différents dont
« personne ne veut plus, et qu'aucun amendement ne
« demande de faire revivre.

« Malgré ces préoccupations, votre Commission, s'in
« clinant devant le vote par lequel le Sénat lui a renvoyé
« l'amendement de l'honorable M. Lenoël, accepte le
« principe d'une répression pour les provocations non
« suivies d'effet. Elle ne va pas, messieurs, jusqu'à
« atteindre la provocation aux délits, ni même celle à tous
« les crimes en général, sans distinction, ni limitation. »

Directement. Voir ce mot à l'article précédent.

Seront punis. Ce délit est de la compétence de la cour d'assises.

Tous cris ou chants séditieux. A défaut de définition donnée par les rapporteurs ou par les orateurs, voici celle que donnait l'art. 5 de la loi du 11 novembre 1815 :

« Sont déclarés séditieux tous cris, tous discours profé-
« rés dans des lieux publics, toutes les fois que, par ces
« cris, ces discours, on aura tenté d'affaiblir, par des ca-
« lomnies et des injures, le respect dû à la personne ou à
« l'autorité du roi, ou à la personne des membres de sa
« famille, ou que l'on aura invoqué le nom de l'usurpa-
« teur ou d'un individu de sa famille... ou de tout autre
« chef de rébellion; toutes les fois que l'on aura, à l'aide de
« ces cris, de ces discours... excité à désobéir au roi et à
« la Charte constitutionnelle. »

Proférés. Voir ce mot sous l'article 29.

Dans les lieux ou réunions publics. Voir pour ces mots l'art. 23. *A contrario*, il n'y aurait pas délit si c'était dans des lieux ou des réunions privés.

Seront punis. Ce délit est de la compétence de la cour d'assises.

Jurisprudence et doctrine. — L'arrêt doit énoncer quel est le crime ou délit qui a été provoqué (Cass., 6 janvier 1821).

— Un cri ne cesse pas d'être séditieux parce qu'il est accompagné d'autres paroles et qu'il n'est que le refrain de couplets (Marseillaise des Charentes. — Cass. 11 mars 81. — *Courrier des Tribunaux*, 17 mars 81).

— Un cri devient séditieux suivant les circonstances où il est proféré. Exemple : « Vive la Révolution sociale » prononcé dans un rassemblement que la police cherchait à dissiper lors de l'arrivée d'une amnistiée (*Gaz. des Tribunaux*, 18 nov. 80).

Art. 25.

Toute provocation par l'un des moyens énoncés en l'art. 23, adressée à des militaires des armées de terre ou de mer, dans le but de les détourner de leurs devoirs militaires et de l'obéissance qu'ils doivent à leurs chefs dans tout ce qu'ils leur commandent pour l'exécution des lois et règlements militaires, sera punie d'un emprisonnement d'un à six mois et d'une amende de 16 fr. à 100 fr.

Législation antérieure. — L'art. 2 de la loi du 27 juillet 1849, punissait d'un emprisonnement d'un mois à deux ans et d'une amende de 25 fr. à 4,000 fr. toute provocation à la désobéissance adressée à des militaires.

Historique. — Commentaire. — M. Goblet, député, a vainement demandé la suppression de cet article en se fondant sur ce que les dispositions contenues dans le Code de justice militaire sur l'embauchage étaient suffisante.

Les mots « dans tout ce qu'ils leur commandent pour l'exécution des lois et règlements militaires » ont été ajoutés par la Chambre sur la proposition de M. Balluc.

Le texte adopté par la Chambre contenait une disposition finale ainsi conçue :

« Sans préjudice des peines plus graves prononcées par « la loi, lorsque le fait constituera une tentative d'embau-« chage ou une provocation à une action qualifiée crime. »

Cette disposition a été supprimée par le Sénat sur la proposition de la Commission. Voici comment M. Pelletan,

dans son rapport, page 15, explique et justifie cette suppression :

« La question de savoir si la provocation par la voie de
« la presse pouvait être considérée comme une tentative
« d'embauchage a été plusieurs fois discutée. La peine de
« cette infraction étant la mort, on s'est demandé si l'ap-
« plication de cette peine à l'auteur d'un article de journal
« ne serait pas en opposition avec la suppression de la
« peine de mort en matière politique. La Commission
« n'avait pas à trancher la question, mais elle n'a rien
« voulu laisser dans l'article dont on pût tirer un argu-
« ment. »

Toute provocation. Directe ou indirecte ; suivie ou non
d'effet. Les premiers mots de l'art. 25 sont généraux et ne
permettent pas de distinguer.

Dans le but. Il faut que l'auteur de la provocation
ait eu l'*intention* de détourner des militaires de leurs
devoirs.

Devoirs militaires. Dans le passage suivant, M. Agniel,
définit assez clairement, au nom de la Commission, ce qu'il
faut entendre dans cet article par « devoirs militaires ».

« Croyez-vous donc que si un usurpateur, dont il m'est
« bien difficile de prévoir la survenance, commettait un
« attentat contre la République, il serait permis à une
« justice quelconque — je laisse en dehors les commis-
« sions mixtes, — de considérer comme coupables de
« violation de l'article 25, ceux qui auraient prêché aux
« soldats, non pas la désobéissance à leurs devoirs, mais le
« refus d'obéissance à des chefs criminels ? Et, si cette
« éventualité se réalisait...

M. GATINEAU. « Et votre texte ? »

M. AGNIEL. « Sans doute, monsieur Gatineau, vous vous
« obstinez à ne pas le lire...

« Le texte de l'article 25, vous l'oubliez constamment,
« punit la provocation adressée aux soldats dans le but de
« les détourner de leurs devoirs militaires, de l'obéissance
« qu'ils doivent à leurs chefs.

« Quels sont ces devoirs, quelle est cette obéissance ? Ni
« l'obéissance, ni les devoirs imposés aux militaires ne
« pourraient aller jusqu'à les contraindre à se faire les com-
« plices d'une violation de la loi constitutionnelle. Et je
« considère, — je vous dis ma pensée très nettement, —
« qu'il n'y aurait pas la moindre transgression de l'arti-
« cle 25, de la part du citoyen qui, pour paralyser un abus
« d'autorité, tenterait par des exhortations de ramener les
« militaires à l'exercice de leurs devoirs, pas plus qu'il n'y
« aurait violation de l'article 91 de la part de ceux qui,
« comme au 2 décembre, les armes à la main, s'opposeraient
« à la destruction de la République. » (Séance du 14 février).

Les mots « devoirs militaires » comprennent non seulement les obligations qu'imposent aux militaires les lois ré-
glementaires, mais celles qui résultent des ordres ou des
consignes qui viennent de leurs chefs hiérarchiques.

L'article 25 laisse subsister les textes du Code de justice
militaire qui punissent l'embauchage et la provocation à la
désertion (art. 208 et 212, Code militaire de l'armée de
terre, 265 et 321, Code militaire de l'armée de mer.

§ II. — DÉLITS CONTRE LA CHOSE PUBLIQUE.

ART. 26.

L'offense au Président de la République par l'un des moyens énoncés dans l'article 23 et dans l'article 28, est punie d'un emprisonnement de trois mois à un an et d'une amende de 100 francs à 3,000 francs ou de l'une de ces deux peines seulement.

Législation antérieure. — L'article 9 de la loi du 17 mai 1819 punissait l'offense envers la personne du Souverain d'un emprisonnement de six mois à cinq ans et d'une amende de 500 fr. à 1,000 fr. Le coupable pouvait, en outre, être interdit de ses droits civiques, civils et de famille mentionnés dans l'art. 42 du Code pénal, pendant une durée égale à son emprisonnement.

L'article 1er du décret du 11 août 1848 punissait d'un emprisonnement de trois mois à cinq ans et d'une amende de 300 fr. à 6,000 fr. toute attaque contre l'autorité de l'Assemblée nationale et les droits et l'autorité que les membres du pouvoir exécutif tenaient du décret de l'Assemblée nationale.

L'article 1er de la loi du 27 juillet 1849 déclare applicables aux attaques contre l'autorité du Président de la République les dispositions de l'article 1er du décret du 11 août 1848.

Historique. — Commentaire. — Le projet de la Commission de la Chambre était ainsi conçu :

« Tout outrage, commis publiquement, d'une manière
« quelconque, envers le Président de la République, sera
« puni d'un emprisonnement de six mois à deux ans et
« d'une amende de 100 francs à 3,000 francs, ou de
« l'une de ces deux peines seulement.

« La même pénalité est applicable à tout outrage com-
« mis par l'un des moyens énoncés en l'article 23, envers
« la République, le Sénat ou la Chambre des Députés. »

MM. Ballue et Lockroy ont demandé la suppression de
cet article à raison notamment de l'impossibilité d'arriver à
une définition rigoureuse du délit d'outrage, lorsque l'outrage s'adresse à la chose publique. Il est à craindre que
l'intention perverse soit toujours supposée, quand il s'agira
d'un journal d'opposition. Les poursuites dégénèreront fa-
talement en procès de tendance.

L'article n'a pas été adopté en première lecture.

A la seconde lecture, M. Marcou proposa un amendement ainsi conçu :

« L'outrage à la République, à la Chambre des députés,
« au Sénat et au Président de la République par l'un des
« moyens énoncés dans l'article 23, est puni d'un empri-
« sonnement de trois mois à un an et d'une amende de
« 100 fr. à 3,000 fr. »

Cet amendement n'a été adopté, qu'en ce qui concerne
l'outrage au Président de la République.

Le Sénat, sur la proposition de sa Commission, a substitué le mot « offense » au mot « outrage ». Voici comment le rapport de M. Pelletan (page 15) explique et
justifie cette substitution :

« L'art. 26 porte le mot *outrage* au lieu du mot *offense*.
« L'offense est le terme consacré et par cela seul qu'il est

10

« exceptionnel, il convient mieux à la situation exception-
« nelle du chef de l'État. »

L'offense. Synonyme d'outrage, terme vague et dont les
limites ont une telle élasticité qu'il est difficile de dire où
l'offense commence et où elle finit.

A défaut de définition donnée par le législateur, nous
rapportons ici ce que dit sur ce sujet M. G. Rousset :

« Outrage, outrager : *Ultrà agere,* aller au-delà, au-delà
de ce qui est convenable ou permis. Ce terme implique
à la fois la reconnaissance du droit de discussion et le
sentiment de ses limites. Le difficile est ici de déterminer
l'étendue de l'un et le tracé des autres. » (Rousset, nº 1500
et 1509).

« Nous avons déjà dit, (nᵒˢ 1498 et 1499) que la loi,
n'ayant pas défini les caractères extérieurs du délit d'outrage, avait, par cela même, abandonné aux juges du fait
le droit souverain de décider si l'attaque déférée à leur
appréciation rentrait, par l'intention et son caractère
offensant, sous la portée légale du mot outrage. Cette
attaque révolte-t-elle ? N'y a-t-il pas de doute à avoir ?
Dépasse-t-elle toutes les bornes, avec l'intention d'outrager ? Si oui, *ultrà agit,* elle rentre évidemment dans les
prévisions de l'art. 8 et constitue un outrage. Si non, c'est
de la véhémence, de la chaleur, de la conviction en mots
trop énergiques, violents même, mais sans délit. » (Rousset,
nº 1509).

« Pour qu'elle puisse tomber sous le coup de la loi, a
« dit M. le Rapporteur de la Commission de la Chambre,
« l'offense devra réunir, dans l'application, les mêmes
« conditions et caractères que l'outrage, tel que le prévoit
« l'art. 20, paragraphe 2, de la loi nouvelle. »

Une circulaire du ministre de la justice en date du 16 août 1849, s'expliquait ainssi sur les mots « offense et outrage » : « Le mot offense comprend, dans sa généralité, « toutes les attaques personnelles, mais il ne porte aucune « atteinte au droit de critique et de simple discussion. Le « droit d'attaquer, de critiquer, d'accuser même est écrit « dans la Constitution ; mais la personne du premier ma- « gistrat de la République ne peut rester exposée aux ou- « trages et aux injures. »

Est punie. Ce délit est de la compétence de la Cour d'assises. Cette juridiction sera un correctif au danger que pourrait faire courir aux journalistes le maintien dans la nouvelle loi d'un délit dont il est impossible de donner une définition exacte.

Jurisprudence et doctrine. — M. de Grattier avait écrit (t. 1, p. 164) : « Le mot offense rend mieux l'idée du législateur, jusqu'alors consacré à la seule divinité, il était une heureuse fiction. »

« Il existe en effet des êtres si haut placés dans l'esprit des hommes (disait la Commission lors de la discussion de la loi du 17 mai 1819, séance du 16 avril) que le trait le plus empoisonné bien que lancé contre eux, ne peut les atteindre ; quoiqu'on publie à leur sujet, peu importe en ce qui les concerne personnellement. Il y a délit, mais il n'y a pas dommage ; il y a un criminel, mais il ne peut y avoir de victimes. « Le mot offense caractérise justement ce genre de délit.

Il y a offense envers le Président de la République dans le fait de dire :

— Qu'il comprend dans un anathème général tout le parti républicain. Il n'aime pas la République, ça lui est permis ; mais lorsqu'on a cette adversion si nettement caractérisée, on n'abuse pas de son poste, on le quitte... (Cahors, 6 octobre 77, *Gaz. trib.* 8 oct. 77).

Tout le monde sait que M. de Mac-Mahon n'est pas un capitulard.

Nul n'a désappris que lorsqu'il s'est emparé d'une bonne position il s'y accroche, et nul n'ignore aussi que lorsqu'il a eu le malheur de s'engager témérairement comme à Reischoffen, ou lorsque la retraite lui est fermée, il passe, comme à Sédan la plume à un autre pour signer la capitulation (Seine, 8 nov. 77, *Gaz. trib.* 9 nov. 77).

— Que la réprobation générale s'attache à son nom (Seine, 1er juin 77, *Gaz. trib.* 2 juin 77).

— Toute menace est une offense (Seine, 10e ch., M. Grattery, président; 11 sept. 77, *Gaz. trib.* 12 sept. 77).

— Il y a offense dans le fait de dire : la dissolution a été prononcée sans prétexte, sans motifs, sans raisons; — qu'il use de son droit de nomination aux emplois publics sans tenir compte des droits acquis ni des légitimes exigences des populations sans tenir compte des intérêts du pays et en procédant avec la dernière violence au bouleversement de tout le personnel administratif; — Quand la France aura fait entendre sa voix souveraine, il faudra *se soumettre ou se démettre* (id).

Art. 27.

La publication ou reproduction de nouvelles fausses, de pièces fabriquées, falsifiées ou mensongèrement attribuées à des tiers, sera punie d'un emprisonnement d'un mois à un an et d'une amende de 50 fr. à 1,000 fr., ou de l'une de ces deux peines seulement, lorsque la publication ou reproduction aura troublé la paix publique et qu'elle aura été faite de mauvaise foi.

Législation antérieure. — Les deux premiers paragraphes de l'art. 15 du décret du 17 février 1852 punissaient la publication de nouvelles fausses, qu'elles fussent ou non de nature à troubler la paix publique, pourvu que cette publication ait été faite de mauvaise foi. Le § 3 de cet article prononçait le maximum de la peine lorsque la nouvelle fausse réunissait la double condition d'être de nature à troubler la paix publique et d'avoir été publiée de mauvaise foi.

Historique. — Commentaire. — Le projet de la Commission de la Chambre portait au lieu de ces mots « aura troublé » ceux-ci « sera de nature ». La substitution de l'une de ces expressions à l'autre a été faite sur la demande de la Commission elle-même, après le renvoi de l'amendement de M. Floquet. MM. Gatineau et de Girardin ont demandé tous deux la suppression des mots « de nouvelles fausses ». Il n'y a plus de nouvelles fausses qui soient durables. Les nouvelles annoncées le matin sont contredites le soir et celles du soir le sont le lendemain matin. En outre, il y a l'agence Havas. « Supposez, a dit M. Gatineau, « (séance du 15 février), n'importe quelle fausse nouvelle « paraissant dans un journal du soir, à l'heure où je parle ; « je ne serai peut-être pas encore descendu de la tribune « que le démenti serait déjà parvenu aux bureaux des jour- « naux. »

Cet article est dangereux. « Il sera toujours facile, quand « on le voudra, — dit *le Temps* dans un article cité à la tri- « bune par M. Gatineau, — de rattacher le moindre petit dé- « sordre qui aura pu se produire dans un temps indéterminé, « sur un point quelconque du territoire, à une nouvelle « donnée, même sous forme hypothétique, par un journal « dont les tendances déplaisent. C'est au public qu'il ap- « partient de se défendre par son discernement contre les « fausses nouvelles, et c'est une habitude qu'il prendra

« vite lorsqu'il saura qu'il n'a plus à compter sur l'autorité
« pour le garantir contre ses trop grandes crédulités. »

Au Sénat, M. Jules Simon a reproduit sans succès l'amendement de MM. Gatineau et de Girardin tendant à la suppression du délit de fausses nouvelles. « J'avoue que pour
« ma part, a dit M. J. Simon, (séance du 11 juillet), j'ai été
« assez étonné de voir maintenir le délit de fausses nou-
« velles, dans une loi qui abandonne tant de lignes de dé-
« fense. On a abandonné beaucoup de délits, et j'en suis
« charmé parce que pour moi, messieurs, je ne connais que
« deux façons d'agir avec la presse : ou bien s'en charger,
« la prendre dans sa main, en devenir responsable ; ou bien
« lui donner la liberté pleine et entière. Nous avons vu
« le premier système, et nous avons déployé contre lui
« tout ce que nous avions d'énergie. Le système mixte,
« intermédiaire, qui n'est pas la liberté absolue, qui n'est
« pas la compression absolue, c'est un système d'une
« efficacité douteuse et d'une justice aussi douteuse que son
« efficacité. . . . .
« Pour qu'on puisse donner une nouvelle, il faut qu'au
« moment où on l'apporte à la rédaction, le directeur du
« journal puisse dire en la regardant : Il y a un degré de
« probabilité suffisant, on peut annoncer cela. Il ne fait pas
« une enquête. Du moment qu'il y a possibilité d'être
« poursuivi pour une nouvelle qui se trouvera être fausse,
« il y a matière, et matière considérable, à inquiétude pour
« les journalistes. »

Publication ou reproduction. Par ces expressions il faut
entendre tous les modes de publications ou reproductions,
même par la parole. Cela résulte clairement de l'incident
suivant : (Séance du 15 février).

M. Paul de Cassagnac. « Monsieur Gatineau, vou-
« lez-vous bien me permettre une interruption?...

M. Gatineau. « Volontiers.

M. Paul de Cassagnac. « Voulez-vous ajouter à votre
« argumentation, qui est excellente, ceci : qu'il est im-
« possible de comprendre que, dans une loi sur la presse,
« il soit question de cris et de chants séditieux. Ce n'est
« plus seulement une loi sur la presse qui nous est pré-
« sentée.

A gauche. « La loi vise les délits de presse et de parole.

M. Agniel, membre de la Commission. « La loi qui est
« en discussion s'occupe, à la fois, des délits commis par
« la voie de la parole et des délits commis par la voie de la
« presse.

M. Gatineau. « Je répondrai à l'honorable collègue,
« auquel j'ai avec empressement accordé l'autorisation de
« m'interrompre, que la loi en discussion porte, en effet,
« ce titre général de loi sur la liberté de la presse, mais
« qu'elle comprend aussi tous les délits de parole, tous les
« délits de langage; ici il ne faut pas s'en rapporter à l'é-
« tiquette mise sur la loi. »

Nouvelles fausses. « La nouvelle, d'après Faustin-Hélie,
est l'annonce, la narration d'un fait; l'appréciation est le
commentaire ou la critique. » C'est là un de ces délits
élastiques qui laissent la porte ouverte à l'arbitraire des
poursuites.

Pièces fabriquées. « On appelle pièces fabriquées, dit
M. Rousset, n° 1357, un écrit dont la fabrication constitue
en elle-même une altération de la vérité. »

Falsifiées. « On appelle pièces falsifiées, dit M. Vente,
Traité des fausses nouvelles, n° 50, une pièce qui vraie, en

elle-même, a été seulement altérée en quelques-unes de ses parties.

Il n'est pas douteux qu'il faut que le publicateur sache que les pièces sont fabriquées ou falsifiées, pour encourir les dispositions de cet article.

Mensongèrement attribuées à des tiers. C'est-à-dire attribuées volontairement, en connaissance de cause, à un autre que son auteur.

Sera puni. Ce délit est de la compétence de la Cour d'assises.

Lorsque. Il faut la réunion de ces deux conditions, ainsi que l'a d'ailleurs expliqué à plusieurs reprises M. Agniel, membre de la Commission :

« Il prévoit et punit la publication et la reproduction de « nouvelles fausses, et en outre la publication et la re- « production de pièces fabriquées, falsifiées ou men- « songèrement attribuées à des tiers. De plus, la punition « n'est encourue qu'à la double condition : 1º que la « publication aura été faite de mauvaise foi ; 2º qu'elle « aura troublé la paix publique. Voulez-vous, messieurs, « qu'il soit permis impunément de lancer dans le public, « de mauvaise foi, des nouvelles fausses qui auraient, je « ne dis pas, été seulement de nature à troubler la paix « publique, mais qui l'auront effectivement troublée ? « Nous ne l'avons pas pensé. » (Séance du 15 février).

Aura troublé. Les tribunaux ont un pouvoir souverain pour décider si la paix publique a été troublée, mais il est nécessaire que le jugement indique en quoi a consisté ce trouble.

Mauvaise foi. C'est-à-dire avec une intention méchante, dans le but de nuire, dans le but de troubler la paix publique.

Jurisprudence et doctrine. — La reproduction d'une nou·
velle fausse ne perd pas son caractère délictueux par cette circonstance que l'article reproduit serait suivi sous forme de réserve
d'une note de l'autorité annonçant l'ouverture d'une enquête sur
les faits allégués ; c'est là seulement une cause d'atténuation (Cass.,
30 janv. 58, D. 58, 1; 870.)

ART. 28.

*L'outrage aux bonnes mœurs commis par l'un
des moyens énoncés en l'article 23, sera puni
d'un emprisonnement de un mois à deux ans, et
d'une amende de 16 francs à 2,000 francs.*

*Les mêmes peines seront applicables à la mise
en vente, à la distribution ou à l'exposition de
dessins, gravures, peintures, emblèmes ou images
obscènes. Les exemplaires de ces dessins, gravures,
peintures, emblèmes ou images obscènes exposés
aux regards du public, mis en vente, colportés ou
distribués, seront saisis.*

Législation antérieure. — L'art. 8 de la loi du 17
mai 1819 punissait l'outrage aux bonnes mœurs d'un em-·
prisonnement de un mois à un an et d'une amende de 16 fr.
à 300 fr.

Historique. — Commentaire. — Le projet de lo
voté par la Chamdre était ainsi conçu :

« L'outrage aux bonnes mœurs commis par l'un des mo-
« yens énoncés en l'article 23, ou par la mise en vente,
« la distribution ou l'exposition de dessins, gravures, pein-·

« tures, emblèmes, images quelconques, sera puni d'un
« emprisonnement de un mois à deux ans et d'une amende
« de 16 francs à 2,000 francs.

« Si l'outrage est commis par des dessins, figures, ima-
« ges ou emblèmes, les exemplaires obscènes exposés aux
« regards du public, mis en vente, colportés ou distribués,
« seront saisis. »

Le mot « *ou* par la mise en vente » a été substitué aux
mots « *et en outre* par la mise en vente » qui figuraient dans le projet de la Commission. Cette substitution a été votée par la Chambre sur la proposition de M.
Lorois, afin qu'on ne puisse pas croire que l'outrage, pour
être puni, devait être commis tout à la fois et par l'un des
moyens énoncés en l'art. 23 et par dessins, gravures, etc.

Les mots « par la mise en vente » ont été ajoutés, sur
la proposition de M. Ribot. Nous croyons devoir, à raison
de l'importance de cette adjonction, donner le compte-
rendu *in extenso* de l'incident (Séance du 1er février).

M. RIBOT. « Je crois qu'il faudrait ajouter après les
« mots dessins, emblèmes ou images, les mots « mis en
« vente, distribués et exposés aux regards du public ». Au-
« trement, on pourrait interpréter l'article en ce sens qu'un
« dessin saisi chez un imprimeur tomberait sous le coup
« de la pénalité prescrite.

M. LE RAPPORTEUR. « C'est en ce sens que l'article est
« rédigé.

M. RIBOT. « Mais non !..... L'article 23 prévoyait tous
« les moyens de publicité, notamment l'écrit et le dessin,
« et il portait qu'ils ne pourraient être mis en vente ou
« distribués ou exposés dans un lieu public. On a fait dis-
« paraître de l'art. 23 les images ou emblèmes ; on les re-

« prend dans l'article actuel, mais il faut ajouter qu'ils ne
« pourront être saisis par la loi que s'ils ont été rendus
« publics de l'une des manières indiquées en l'art. 23, sans
« quoi les tribunaux seront obligés de condamner comme
« obscènes même les dessins qui ne seraient pas mis en
« vente ou distribués ou exposés dans un lieu public.

« C'est là une observation de pure forme qui s'impose,
« à ce qu'il me semble.

M. le rapporteur. « Le deuxième paragraphe de notre
« article donne satisfaction, ce me semble, à l'observation
« de M. Ribot.

M. Cunéo d'Ornano. « Mais non ! il n'a rapport qu'à
« la saisie.

M. le président. « Je ferai observer à M. le rapporteur
« que le second paragraphe ne s'applique qu'à la saisie et
« non pas aux poursuites.

M. le rapporteur. « Vous avez raison, Monsieur le pré-
« sident, c'est pour cela que nous nous bornons à pres-
« crire la saisie qui précède la poursuite.

M. le président. « L'art. 28 se trouverait donc ainsi
« modifié :

« L'outrage aux bonnes mœurs commis par l'un des
« moyens énoncés en l'art. 23, ou par la mise en vente, la
« distribution ou l'exposition de dessins, gravures, pein-
« tures, etc.

M. Ribot « C'est cela ! »

M. Marcou a proposé une disposition additionnelle ainsi
conçue :

« Tout outrage commis par l'un des moyens énoncés
« dans l'article 23, envers la République, sera puni d'un
« emprisonnement de trois mois à un an. »

Cet amendement combattu par MM. Clémenceau, Lockroi et Périn n'a pas été adopté.

Tel qu'il est l'article est encore moins sévère que les législations les plus favorables à la liberté, moins sévère que la législation anglaise, moins sévère que la législation des États-Unis.

« Aujourd'hui, dit M. M. Bertrand, auteur du *Régime « légal de la Presse, en Angleterre*, d'après la loi com-
« mune, la mise en vente ou l'exposition publique d'écrits,
« imprimés, dessins, etc., obscènes est punie de l'amende
« ou de l'emprisonnement, avec travail forcé à la discré-
« tion de la Cour, ou de ces peines réunies »

« Quant à la loi des États-Unis : L'acte du 5 mars 1873
« punit d'un emprisonnement avec travail forcé, de six
« mois à cinq ans, pour chaque délit, ou d'une amende de
« 100 à 2,000 dollars la distribution, la vente, le colportage
« ou l'annonce de toutes publications obscènes, par dessins
« ou impressions. »

Cet article abroge l'art. 287 du Code pénal. C'est ce qui résulte du passage suivant du rapport de M. Lisbonne à la Chambre (page 90) :

« A l'avenir, il n'y aura d'applicables au délit d'outrage
« aux bonnes mœurs que les dispositions qui seront conte-
« nues dans la loi nouvelle, et si l'outrage est commis par
« des dessins, des figures ou des images, il n'y aura de
« saisis, pour être détruits, que les exemplaires qui auront
« été exposés aux regards du public, mis en vente, colpor-
« tés ou distribués. »

M. de Gavardie, sénateur, a proposé sans succès un amendement tendant à réprimer l'outrage à la morale religieuse. M. Pelletan, rapporteur, a combattu cet amendement par les raisonnements suivants (Séance du 11 juillet) :

« M. de Gavardie nous dit que la morale religieuse dé« coule de Dieu, que, sans Dieu, il n'y a pas de morale,
« que la morale disparaît avec la notion de Dieu et la
« croyance à l'immortalité............................

« Ces idées n'appartiennent qu'à la conscience, qu'à
« l'opinion individuelle ; elles ne relèvent pas de la loi pé« nale, et c'est le grand progrès que consacre le projet de
« loi actuel. Il a éliminé tous les délits d'opinion.........

« Vous savez comment la liberté des anciens, qui n'est
« que la pensée humaine, a dû passer à travers une double
« rangée de bûchers depuis le moyen-âge jusqu'à la Ré« volution française.

« C'est ce que nous voulons éviter à l'avenir ; c'est pour
« cela que nous avons éliminé l'outrage à la morale reli« gieuse. Permettez-moi de vous le dire, nous croyons
« beaucoup mieux la défendre que vous ! La morale pu« blique, aussi bien que la morale religieuse est au-dessus
« de toutes les atteintes ; vous l'affaiblissez au lieu de la
« fortifier en croyant que des attaques peuvent en diminuer
« le respect dans les esprits. Mais quoi qu'il en soit, par
« conséquent, nous repoussons l'amendement de M. de
« Gavardie. Nous le repoussons parce qu'il ressuscite un de
« ces délits d'opinion que la loi actuelle a voulu définitive« ment abolir. »

Le Sénat, sur la proposition de M. de Massy, a modifié le
texte adopté par la Chambre. Voici les arguments que
M. de Massy a fait valoir, dans la séance du 16 juillet, à
l'appui de cette modification.

M. Robert de Massy. « Je viens demander au Sénat un

11

« redressement, dans un intérêt de haute moralité, à deux
« dispositions de la loi que n...s avons votée. C'est donc
« une simple observation que j'ai a présenter au Sénat, au
« nom de la Commission.

« Nous avons voté l'article 28 relatif à l'outrage aux
« bonnes mœurs, dans lequel se trouve compris un cas
« particulier d'outrage aux bonnes mœurs, la mise en vente,
« l'exposition des dessins, gravures, emblèmes obscènes ;
« nous avons renvoyé à la juridiction des cours d'assises,
« par l'article 45, tous les outrages aux bonnes mœurs. On
« nous a fait observer, et notre honorable collègue, M. le
« procureur général près la Cour de Paris, me permettra
« d'invoquer son autorité et le désir qu'il a manifesté à la
« Commission, on nous a fait observer qu'il y a presque
« partout, et particulièrement à Paris, tant de délits d'ou-
« trages aux bonnes mœurs par dessins et images obscènes,
« que renvoyer ces cas particuliers devant les assises, c'est
« rendre la répression presque impossible.

« La Commission vous propose donc, dans l'article 28, de
« faire deux paragraphes particuliers : 1° l'outrage aux
« bonnes mœurs, puis, 2° un paragraphe à part pour l'ou-
« trage aux bonnes mœurs par la voie des emblèmes dont
« je vous parlais ; et alors dans l'article sur la compétence,
« l'article 45, la Commission vous manifeste le désir de
« comprendre cet outrage particulier aux bonnes mœurs
« parmi les délits qui sont de la compétence de la police
« correctionnelle.

« Voilà, messieurs, la correction que nous avons l'honneur
« de vous proposer. Ainsi, nous rédigerions en deux para-
« graphes ce qui était en un seul dans l'article 28 ; et à
« l'article 45, paragraphe 2, nous comprendrions le para-

« graphe relatif aux emblèmes obscènes, énoncés en l'arti-
« cle 28, au nombre des cas qui ne vont pas aux assises,
« mais à la police correctionnelle. »

Outrage. Terme vague, tout ce qui choque, tout ce qui
offense. Cela se sent mais ne se définit pas.

Sera puni. Ce délit est de la compétence de la cour
d'assises.

Les mêmes peines seront applicables. Le délit prévu
par le § 2, c'est-à-dire l'outrage aux bonnes mœurs par
dessins, gravures, etc., est de la compétence de la police
correctionnelle.

La mise en vente. Il résulte de l'adoption de la proposition de M. Ribot, que le fait par un libraire d'avoir chez
lui des objets tombant sous l'application de cet article, ne
constitue pas la mise en vente. Nous avons cité plus haut le
passage relatif à cette discussion.

Seront saisis. La saisie n'est qu'une mesure préventive,
le tribunal seul, en cas de condamnation, pourra ordonner
la destruction, ainsi qu'il résulte du passage suivant de la
discussion à la Chambre (Séance du 1er février) :

M. RIBOT. « Pourquoi pas « et détruits ».

M. LE RAPPORTEUR. « La Commission a supposé qu'il
« suffisait de la saisie.

M. DU BODAN. « Pourquoi ?

M. RIBOT. « Qu'est-ce qu'on en fera ?

M. LE RAPPORTEUR. « Rien n'empêchera de les détruire
« après qu'en cas de poursuite et de condamnation, le tri-
« bunal aura ordonné la destruction.................

« M. LE PRÉSIDENT. Personne ne réclame plus l'addition
« du mot « détruits » à la fin du second paragraphe ?

Sur divers bancs. « Non ! non !

M. LE RAPPORTEUR. « Il s'agit d'une saisie préventive, « c'est-à-dire d'une mesure qui précède la décision de justice. La destruction des exemplaires serait prématurée, « si elle était opérée préalablement. Voilà pourquoi nous « avons supprimé le mot « détruits ».

Jurisprudence et doctrine. — Il appartient à la Cour de Cassation de décider si un écrit constitue un outrage aux bonnes mœurs (Cass. 19 juillet 38. — Chassan, I, 315).

— Constitue ce délit le fait :

— D'annoncer l'ouverture d'une maison de débauche (id.— id.— D. *Presse*, 629).

— De tenir des propos obscènes dans la rue à des femmes tenant le même chemin (Paris, 8 juin 67, D. 67, 5, 329).

— La mise en vente, la vente à titre commercial, la distribution gratuite et l'exposition dans un lieu public, de photographies obscènes, constituent le délit d'outrage public aux bonnes mœurs (Angers, 26 mai 1873, D. 74, 2, 63).

— Le seul fait de la détention des clichés de photographies obscènes ne suffit pas pour caractériser la complicité du délit d'outrage aux bonnes mœurs, alors que le prévenu n'a pris aucune part à la vente ou à la distribution des photographies (Cass. 1er mai 1874, D. 75, 1, 235).

— On ne peut considérer comme outrageant les bonnes mœurs des gravures jointes à des ouvrages scientifiques, de médecine ou de physiologie (De Grattier, I, 163).

§ III. — DÉLITS CONTRE LES PERSONNES.

ART. 29.

Toute allégation ou imputation d'un fait qui porte atteinte à l'honneur ou à la considération de la personne ou du corps auquel le fait est imputé, est une diffamation.

Toute expression outrageante, terme de mépris ou invective qui ne renferme l'imputation d'aucun fait est une injure.

Législation antérieure. — Cet article reproduit textuellement l'article 13 de la loi du 17 mai 1819.

Historique. — **Commentaire.** — Cet article a été voté à la Chambre sans la moindre discussion; les délits qu'il définit conservent exactement les mêmes caractères qui lui avaient été donnés par la législation antérieure.

Les définitions données par l'article 29 semblent être à l'abri de tout reproche; on verra pourtant que c'est cet article qui a laissé le plus de latitude à la doctrine et à la jurisprudence; chaque mot, en effet, de cet article a donné lieu aux définitions les plus diverses. Il est à remarquer d'ailleurs que l'on aurait tort de chercher à faire quelquefois des théories de droit là où le plus souvent les tribunaux ne peuvent décider qu'en fait.

A la discussion du Sénat, M. Jules Simon, à propos de l'article 32, proposa une modification dans la définition de la diffamation; il voulait qu'au lieu de la définir par l'imputation d'un fait portant atteinte à la considération ou à l'honneur, on la définit « l'imputation d'un fait puni par la loi «. (Voir sous l'article 32 les raisons développées par M. Jules Simon et le texte de son amendement). Cette innovation fut repoussée.

Allégation ou imputation. Alléguer et imputer ne sont pas synonymes; *alléguer*, c'est annoncer sur la foi d'autrui ou laisser à l'assertion l'ombre du doute ; *imputer*, c'est affirmer. (Rapport de M. Courvoisier, Chambre des députés, loi de 1819).

D'un fait. C'est-à-dire d'une parole aussi bien que d'un acte.

Honneur et considération. L'honneur tient surtout à la probité et à la loyauté (D. 825). D'après Rousset (1622), c'est l'estime de soi. Ces derniers mots définissent mieux ce qui est une atteinte aux principes de conscience innés dans tous les hommes.

La considération, au contraire, est une chose relative et qui n'est pas la même pour tous. On peut porter atteinte à la considération sans toucher à l'honneur. « La considération, disait M. de Serre, s'entend particulièrement de l'estime que chacun peut avoir acquise dans l'état qu'il exerce, estime qui est pour lui une propriété précieuse... On peut être homme d'honneur, n'être pas diffamé comme tel, et l'être par exemple dans les autres qualités morales qui font un bon négociant, un bon avocat, un bon médecin. »

Et M. de Courvoisier ajoutait dans son rapport :

« Tout ce qui touche à la réputation, à la probité, touche à l'honneur, et l'on peut, sans blesser l'honneur, porter atteinte à la considération. — Dire d'un négociant qu'il a éprouvé des pertes, qu'il gère avec inhabileté son négoce, citer un fait à l'appui, c'est laisser son honneur intact, c'est nuire cependant à la considération dont il jouit. »

Jurisprudence et doctrine.—La multiplicité des décisions judiciaires que nous sommes obligés de rapporter sous cet article, nécessite plusieurs divisions; on trouvera les explications utiles sous les paragraphes suivants

A. — Généralités.

B. — Qui peut porter plainte.

C. — Intention de nuire. Bonne foi.

D. — Vente ou mise en vente. Distribution. Exposition.

E. — Profération.

F. — Responsabilité.

G. — Publicité.

H. — Lieux publics.

I. — Réunions publiques.

J. — Cas de diffamation.

K. — Injures.

L. — Outrages.

Nous avons cru devoir joindre à la loi, comme contenant des délits par la voie de la parole, les art. 222 et suivants du Code pénal.

—.A GÉNÉRALITÉS.

· — L'excuse tirée de la provocation n'est pas admise en matière de diffamation; elle est admise, en matière d'injure publique, mais contre les particuliers seulement.

· — La rétractation faite sur le champ fait disparaître le délit (De Grattier, 1, 193. — Chassan, 1, 428. — Dalloz, 1315).

· — Il en est de même de la rémission ou du pardon (Chassan, 1, 431. — Dalloz, 1094).

· — La presse demeure soumise pendant la période électorale aux articles qui protègent les citoyens contre la diffamation (Cass. 10 mai 76, D. 77, 1, 6).

·· — La diffamation commise en France entre étrangers peut être poursuivie en France (Cass. 22 juin. 26, — D., 1130).

— Le prévenu peut être acquitté si le plaignant s'est lui-même vanté des faits diffamatoires (Cass. 18 janv. 81, *Courrier trib.*, 127).

— La diffamation est punissable bien que les faits imputés soient vrais.

B. — QUI PEUT PORTER PLAINTE.

— Dans le cas d'une diffamation dont le vague intentionnel atteint plusieurs personnes (et aucune nominativement), chacune a droit à la réparation du préjudice causé (Cass. 16 août 1879, D. 80, 1, 144).

— Lorsque la diffamation s'adresse à un ensemble d'individus qui ne sont pas nommément désignés il appartient au supérieur hiérarchique, sous l'autorité duquel ils sont réunis, de porter plainte au nom du corps entier (Cass. 16 juin 1832, 17 août 1849, 3 janvier 1861. — Dijon, 25 juin 73).

— Un membre des 363 ne peut attaquer, faute de désignation suffisante, un journal qui injurie et diffame les 363, mais en faisant parmi eux des catégories et des distinctions (aff. Dautresme, Rouen, 7 sept. 77, *Gaz. trib.* 9 sept. 77).

— Un commandant de gendarmerie ne peut porter plainte, au nom de l'armée, du délit de diffamation commis contre elle (Paris, 8 déc. 1874, D. 76, 2, 21).

— Est souveraine l'appréciation d'un arrêt, qui décide que le plaignant était suffisamment désigné (Cass. 3 février 1877, D. 77, 1, 281).

— La femme peut porter plainte sans l'autorisation maritale (De Grattier, 1, 843. — Nous sommes également de cet avis. Noter que *porter plainte* n'est pas *ester en justice*. — *Contra.* Dalloz, 1089).

— Il n'est plus possible de porter plainte une fois qu'une transaction civile est intervenue (D. 1094. — Grellet-Dumazeau, 2, 148).

— Un père peut porter plainte lorsque sa fille a été diffamée (Montpellier, 12 nov. 55, D. 56, 2, 141).

— Une congrégation religieuse bien que non autorisée a qualité pour porter plainte (Angers, 24 mars 42, D. 1122).

— Quand le plaignant est une *société civile*, l'action ne peut s'exercer que par les membres agissant en leur nom personnel et non par le directeur (Cass. 21 juill. 54, D. 55, 1, 41).

— Si c'est une *société anonyme*, le directeur peut valablement exercer l'action (id.).

— L'article de journal qui renferme des imputations diffamatoires dirigées contre le clergé en général et appliquées spécialement par l'auteur au clergé d'un diocèse déterminé, contient un délit de diffa-. mation susceptible d'être déféré aux tribunaux par l'évêque de ce diocèse (Cass. 13 nov. 74, D. 75, 1, 281-283).

— Le clergé des paroisses n'étant ni un corps constitué, ni un être collectif créé et reconnu par la loi, les curés, bien qu'ils en soient les chefs au point de vue de la discipline ecclésiastique, ne sauraient en être les représentants légaux (Toulouse 23 juillet 1881, *Courrier trib.* 7 août).

— Par suite ils sont irrecevables à intenter une action en diffamation au nom de leur clergé (id).

— Les outrages ou injures adressés soit à une profession, soit à une classe entière de citoyens, ne peuvent donner lieu à aucune action en diffamation. En conséquence, les membres du clergé d'une paroisse, alors qu'ils ne sont pas particulièrement atteints, ne peuvent poursuivre en justice la réparation d'imputations diffamatoires prononcées contre le clergé en général (id).

— Le bâtonnier est recevable à se porter partie civile au nom de l'ordre (Chambéry, 20 juill. 72, D. 73, 2-9).

C. — INTENTION DE NUIRE. — BONNE FOI.

— Le principe que nul ne peut être condamné comme coupable d'un délit s'il n'est pas déclaré qu'il a agi avec l'intention de nuire est applicable aux délits de diffamation et d'injure publique (V. Dalloz, n° 875).

— Par ces mots « intention de nuire », il ne faut pas entendre exclusivement le dessein de causer à autrui un dommage plus ou moins immédiat soit dans sa fortune, soit dans son honneur ou dans sa considération. L'intention de nuire doit être envisagée dans un sens plus moral, plus indépendant du préjudice qui peut en résulter et de la personne qui doit en souffrir. C'est un fait de *conscience* que le droit romain appelait invariablemen *dolus* et que ses interprètes ont exprimé par *animus injuriandi*, c'est-à-dire l'esprit de dénigrement, de malice, de méchanceté, le désir de satisfaire une mauvaise passion, un ressentiment. Cette distinction est importante et ne doit jamais être perdue de vue (Grellet-Dumazeau, 1, 148).

— L'intention de nuire est une circonstance essentielle sans laquelle le délit n'existe pas (Cass. 21 avril 64).

— L'appréciation de l'intention de nuire et de la mauvais foi appartient exclusivement aux juges du fait (id.).

— Leur appréciation échappe à la la censure de la Cour de cassation.

— Il y a toujours présomption de mauvaise foi. — Il y a toujours présomption de l'intention de nuire.

C'est au prévenu à établir qu'il a agi de bonne foi (Cass. 18 mars 1881, *Courrier des tribunaux*, n° 79).

— L'arrêt doit contenir les motifs qui ont fait écarter la mauvaise foi ou l'intention de nuire (Cass. 26 nov. 1864, 18 nov. 75, 18 mars 21; Chassan, 1, 25; Parant, p. 86).

— L'intention de nuire résulte suffisamment de la déclaration de culpabilité (Cass. 18 juillet 51, 20 juill. 55, 4 août 65).

— Lorsque le publicateur était par la nature de ses fonctions obligé de révéler les faits, c'est au plaignant à prouver la mauvaise foi de l'imputation et l'intention de nuire (Cass. 27 juin 51. — D. *Presse*, 887).

— Il n'y a pas diffamation dans le fait par une personne à qui on demande des renseignements sur un domestique qu'elle avait à son service, de dire ce qu'elle en sait (Chassan, 1, 388. — Trib. Lyon, 8 mars 81, *Courrier des tribunaux*, n° 126).

— Les juges doivent examiner avec soin les délits par parole ou par écrit commis pendant la période électorale. Le prévenu n'est pas punissable, lorsque ce n'est pas l'intention de nuire qui l'a guidé, mais le désir d'éclairer les électeurs et de repousser des attaques (Cour Besançon, 2 avril 81, *Courrier des tribunaux*, n° 112).

— L'électeur qui demande à faire consigner au procès-verbal un fait qui par sa nature, peut faire influer sur la validité de l'élection peut être renvoyé de la plainte s'il y a bonne foi (Cass. 29 août 46).

— L'intention coupable peut ne pas exister quand le comité (électoral) des prévenus, vivement attaqué, a répondu en se servant des expressions même employées contre lui, et que l'unique mobile a été l'intérêt de la défense et l'intention de contredire les adversaires sans les diffamer (Cass. 10 nov. 76, D. 77, 1, 44).

— Un journaliste peut être acquitté lorsque, poursuivi pour avoir rangé un candidat dans un parti extrême qui n'est pas le sien, il démontre sa bonne foi, et surtout si ses exagérations de langage n'atteignent pas la considération politique du candidat (Angers 10 avril 76, D. 77, 2, 84).

— Peut être considéré comme diffamatoire l'article de journal qui, ne se renfermant pas dans l'examen littéraire des œuvres d'un auteur, contient des atteintes graves à sa personne (Cass., 29 nov. 45. — Chassan, 1, 382. — Voir aff. du journal L'art, Seine 28 juillet 81).

— Le jugement, même injuste et passionné, porté sur la personne, le talent, la capacité d'un candidat électoral, ne constitue pas une diffamation ni une injure, si l'on ne s'est pas servi d'expressions injurieuses et méprisantes et si l'on ne s'est pas attaqué à sa vie privée (Chassan, t. I, p. 373).

— Un historien peut rendre compte de faits de nature à porter atteinte à l'honneur et à la considération d'un citoyen, si ces faits sont constatés ou divulgués dans des documents publics et se rattachent à l'histoire du pays et si le compte-rendu est fait avec mesure et convenance (Chassan, t. I, p. 375).

— Celui qui, sur la foi de procès-verbaux dressés par des dépositaires de l'autorité publique, annonce les faits constatés par ces procès-verbaux contre plusieurs personnes, peut être acquitté si cette publication n'a pas été faite avec l'intention de nuire, alors même que ces personnes seraient plus tard renvoyées des poursuites (Chassan, 1, 379. — de Grattier, 1, 183. — D. Presse, 848).

— Le libraire qui vend un livre délictueux peut être acquitté s'il n'a pas agi sciemment (Cass., 26 août 37).

— L'éditeur qui réimprime un livre délictueux peut être acquitté s'il a été induit en erreur par l'absence de poursuites lors de la publication de la 1re édition (Paris 15 janv. 25).

— On peut pour démontrer l'intention du rédacteur, rapprocher l'article poursuivi d'autres articles publiés par le même rédacteur (Cass., 25 nov. 31).

D. — VENTE OU MISE EN VENTE, DISTRIBUTION, EXPOSITION.

— La mise en vente d'un seul exemplaire suffit pour qu'il y ait publication ou distribution (Cass., 15 nov. 37, J. P. 38, 1, 282. — Chassan, p. 40 et 44. — de Grattier, I, 125).

— Le dépôt fait conformément à l'art. 3 n'établit pas la publication (arg. Cass., 8 sept. 24, 18 sept. 29. — *Contra*. Orléans, 7 juillet 38, J. P. 38, 2, 199).

— La remise confidentielle à une seule personne d'un écrit délictueux n'est pas un fait de publication, alors que cet écrit n'a reçu aucune publicité par le fait de cette personne (Cass., 11 mai 54, *B. cr.*).

— Le rédacteur d'un écrit ne peut être réputé que complice si ce n'est pas par son fait que la publication a eu lieu (Seine 29 mars 55).

— Le distributeur d'un écrit délictueux ne peut exciper du défaut de poursuites contre l'auteur de l'écrit (Colmar 20 nov. 23).

— La mention sur les registres d'un libraire qu'il a vendu des livres délictueux ne suffit pas à établir le délit résultant de cette vente (Paris 14 janv. 1830, D. 965 et 1295, 20).

E. — PROFÉRATION.

— Lors de la discussion de la loi de 1819, le projet de la Commission des Députés portait « quiconque soit par des discours *tenus*, soit par des cris ou menaces proférés ».

M. Jacquinot de Pampelune déposa un amendement tendant à supprimer le mot *tenus*, en sorte que le mot *proférés* se rapportât aux *discours*.

« Le mot *proférés*, dit-il comporte une idée de publicité beaucoup plus étendue que l'expression *tenus*... »

Le ministre de la justice répondit immédiatement que le mot *proférés* exprimait mieux que les discours auraient été *tenus publiquement* et donna son approbation à l'amendement.

— Le mot *proférés* embrasse les propos tenus dans un lieu public sur le ton de la conversation ordinaire et n'excepte que ceux dits à voix basse ou à titre confidentiel (Cass. 26 novembre, 64, *B. cr.*).

— Le mot *proférés* signifie que les propos ont dû être tenus à

hauto voix et de manière à être ou pouvoir être entendus simultanément d'un plus ou moins grand nombre de personnes (Cass. 1872,
D. 74, 1, 398).

F. — RESPONSABILITÉ.

— Le gérant qui reçoit de son directeur mandat de publier un
article délictueux, ne peut se retourner contre celui-ci afin d'être
indemnisé de ses condamnations personnelles. Ce mandat n'est pas
licite, et l'auteur d'un délit est seul à en subir les conséquences.
(Seine 7 avril 81, *Courrier des Tribunaux*, n° 92).

— Le directeur politique et le secrétaire de la rédaction no peuvent être poursuivis que si leur coopération est prouvée (Rennes
27 mars 78, D. 80, 2, 68-69).

— Celui qui n'aurait été que le propogateur et non l'inventeur de
la diffamation, n'en est pas moins responsable, alors même qu'il dé-
signerait celui dont il tient le fait imputé ou qu'il établirait que le
fait est de notoriété générale (Cass. 26 fév. 76, D. 77, 1, 186).

— Le maire ou le conseiller sur l'initiative duquel le Conseil
municipal a pris une délibération contre un habitant, est à bon
droit poursuivi comme responsable de la diffamation qu'elle contient, alors qu'il en avait préparé les motifs à l'avance et en avait
ainsi fait son œuvre personnelle (Dijon 3 juillet, 72, D. 77, 5, 353).

G. — PUBLICITÉ.

— La loi se borne à dire que l'imputation proférée dans un *lieu
public* sera répréhensible. Elle n'ajoute pas: il faut que, dans ce
lieu public, il y ait du public.

Cependant, à la publicité résultant du seul fait que le lieu est
public, la Cour suprême, revenant sur son ancienne jurisprudence,
exige qu'on ajoute la publicité résultant de la présence du public.

C'est aussi l'opinion de Dalloz (*Presse*, 309, 385).

« La cour régulatrice reconnaît aujourd'hui, avec beaucoup de
raison ce nous semble, que la publicité ne résulte pas nécessairement de la nature du lieu dans lequel le délit a été commis, car
ce lieu, bien que public par sa nature, pouvait être désert au moment de la réalisation du délit, et dans ce cas il était juste de reconnaître que le caractère de la publicité manquait. »

12

« Cette opinion, dit M. Grellet-Dumazeau, ne nous paraît pas devoir être adoptée. En droit, tout discours proféré dans un lieu public ou une réunion publique, constitue un délit : la loi n'exige pas que le discours ait été proféré *en public ou devant le public*. Le discours a-t-il été proféré? Le lieu est-il public? Ce sont-là les seules questions à examiner. En matière de délits commis par voie de publication, le lieu est public, bien qu'il ne s'y trouve pas d'assistants, de même qu'en matière de vol la maison est *habitée* quoiqu'elle soit dégarnie momentanément de tous ses habitants. »

Nous n'avons pas à nous prononcer dans la question, qui sera le plus souvent une question de fait. On remarquera cependant qu'il n'est pas possible de dire à quel nombre de personnes commence le chiffre nécessaire à constituer la publicité.

— Il n'y a pas de délit de diffamation sans publicité (Voir au D. nombreux arrêts).

— La diffamation sans publicité devient une contravention passible de l'art. 471 du Code pénal (Cass. 26 fév. 75, D. 77, 1, 186).

— La circonstance de publicité doit, à peine de nullité, être constatée dans le jugement (Cass. 7 janvier 1826, D. 871, 4°).

— La loi ne déterminant pas les caractères de la publicité a laissé aux tribunaux le soin d'apprécier les faits desquels elle peut résulter (nombreux arrêts).

— La Cour de Cassation peut rechercher si la publicité ressort des circonstances relatées dans l'arrêt (Cass. 26 nov. 1864, *B. cr.*).

— Peu importe que l'imputation ait reçu une publicité effective, il faut que la publicité résulte des moyens mentionnés dans les articles de la loi (arg. Riom 13 nov. 67, J. P. 68, 564).

— C'est avec dessein que la loi dit « lieux ou réunions publics », car un lieu peut être public sans qu'il y ait réunion publique, et réciproquement une réunion peut être publique hors d'un lieu public (de Grattier, I, 119).

— Un lieu est public toutes les fois qu'il est ouvert et accessible aux citoyens, soit d'une façon absolue, soit à certaines conditions (id.).

— Dans un lieu public de sa nature, il y a toujours ou réunion ou passage de citoyens, et conséquemment toujours aussi présomption nécessaire et légale de la publicité de l'imputation (Cass. 26 mars, 1813, J. P. — *Contra* D. 865).

— Les lieux sont publics par leur nature ou par leur destination. La publicité des premiers est absolue et indépendante des personnes qui s'y trouvent; la publicité des seconds n'existe que quand ils sont accessibles au public (Angers, 4 janvier 1824, J. P. — Chassan, t. I, p. 48).

— Il n'y a point publicité lorsque indépendamment du plaignant et du prévenu, il n'y avait, au moment où l'imputation a été proférée, qu'une troisième personne qui n'a pu entendre, à raison de son éloignement (Cass. 30 juillet 52, *B. Cr.* — Dall. *Presse* n° 614).

— Des propos tenus à haute voix sur une place publique peuvent n'avoir pas le caractère de publicité, lorsque les deux interlocuteurs étaient seuls et que personne ne passait à proximité (Cass. 29 décembre 65, *B. cr.*).

— Il n'est pas nécessaire que l'imputation ait été entendue, il suffit qu'elle ait été proférée dans un lieu public de manière à être entendue de quiconque serait survenu (Parant, p. 88. — Chassan, I, 48. — *Contra.* D. 865).

— Il n'est pas nécessaire que le diffamateur soit placé dans un lieu public pour que le discours soit réputé avoir été proféré dans un lieu public (Cass. 1832).

— Les propos diffamatoires, même tenus dans un lieu privé, et, par exemple, dans une cour fermée, doivent être considérés comme ayant le caractère de publicité prescrit par la loi, et, dès lors, sont punissables, lorsque d'une part, ces propos arrivent et sont portés dans un lieu public où ils vont frapper les oreilles des personnes qui s'y trouvent, et que d'autre part, l'indi..du auquel ils sont imputés avait la volonté d'être entendu au dehors (Chassan, 1, 52, D. 866, arg. Orléans, 14 juin 69, D. 69, 2, 187).

— Des propos tenus par un particulier dans sa maison, lorsqu'il n'y a pas de témoin, n'ont pas une publicité suffisante pour constituer une diffamation, quoiqu'ils aient été entendus au-dehors (Bourges, 8 mars 22, J. P.).

— Il n'y a pas publicité dans l'imputation adressée à un juge de paix pendant une opération de bornage faite en plein champ devant le greffier, les experts et l'adversaire (Chassan, 1, 52).

-- Des paroles prononcées au sein du conseil municipal ne sont pas publiques (Cass., 23 nov. 91, D. 71, 1, 355).

— Ne sont pas publiques des imputations insérées dans une requête adressée à un syndic contre un juge-commissaire lorsqu'elle n'a pas été distribuée (D. *Presse*, 869).

— La publicité peut résulter de la communication de l'écrit à plusieurs personnes séparément, dans un but de publicité (Cass. 23 mars 44, *B. cr.*).

— Même si cette communication est faite clandestinement (Cass. 17 août 1839, *B. cr.* — Contra. Paris, 6 mars 44, J. P. 2, 81).

— Ou sous forme confidentielle (Chassan, 1, 44. — De Grattier, 1, 126).

— L'envoi d'une carte postale contenant une imputation diffamatoire, est exclusif de la publicité, si la carte a été remise directement au domicile du plaignant, même s'il était à craindre qu'elle ne fût remise au concierge (Montpellier, 2 février 76, D. 78, 3, 7. Rouen, 24 juillet 73, D. 74, 2, 28).

— Elle peut acquérir le caractère de publicité si elle est adressée au destinataire dans un lieu public (Seine 2 juillet 73, D. 74, 3, 79.— Seine 17 août 1877, *Gaz. trib.* 18 août 78).

— La publicité nécessaire résulte de lettres missives adressées à plusieurs personnes, surtout lorsque ces dernières sont autorisées à leur donner de la publicité (Cass. 29 juill. 58, *B. cr.*, D. *Presse*, 868).

— La diffamation insérée dans une pétition adressée à la Chambre des députés est publique lorsque le Rapport la divulgue (Chassan, 1, 424).

— La diffamation contenue dans une protestation contre une élection, et adressée au Président de la Chambre des députés, n'est pas délictueuse, quand la publication n'en a été faite que par le Rapporteur à la tribune (Bourges 14 janvier 79, D. 79, 2. 149. — V. également Nîmes, 23 mars 77, J. P.).

— Il y a publicité, quand un citoyen dépose dans l'urne un bulletin de vote contenant une imputation diffamatoire (Compiègne 8 mars 81, *Courrier trib.* 93).

— L'inscription sur le registre des délibérations ne suffit pas à rendre publique une délibération du Conseil municipal (Le Puy, 27 nov. 76, D. 77, 5, 353.— Cass. 6 août 75, D. 76, 1, 461.— Voir D. table de 22 ans, 508, 509 et D. 1875, 1, 321.— *Contra*. Dijon 3 juil. 72, D. 77, 5, 353. — V. D. 75, 1, 351. — Cass. 26 avril 77, D. 77, 1, 403. — Alger 7 mars 77, D. 77, 2, 86).

Il importe peu que les placards ou affiches soient placés dans un lieu privé, si, de ce lieu, ils peuvent être lus du public (Ex. fenêtre donnant sur la voie publique. D. 536, § 2).

— Des imputations diffamatoires consignées dans un registre authentique déposé au greffe d'un tribunal sont publiques (Cass. 22 août 28, J. P. — Chassan, 1, 423. — Parant, 87. — *Contra*. D. *Presse*, 857).

— La simple communication d'un écrit à une, deux, trois personnes, ne peut être assimilée à une distribution ni à une exposition publique (Paris 30 nov. 71, J. P. 73, 229).

— Mais la publicité peut résulter de circonstances soit concomitantes soit postérieures à cette inscription. — Ainsi il y a publicité quand la délibération a été communiquée à plusieurs personnes qui en ont pris copie et quand le registre qui la contenait était exposé sur une table, alors que cette publicité était dans la volonté des prévenus (Cass. 6 août 1875, *B. cr.*).

— La diffamation peut résulter d'un arrêté préfectoral (affaire Engelhardt. Cass. 25 janvier 73, *B. cr.*).

II. — LIEUX PUBLICS.

1° *Sont des lieux publics.*

— Une auberge (Cass. 26 mars 1813. — Poitiers 11 mars 1843, J. P. 43, 2, 825).

— La salle à manger d'une auberge (Cass. 26 nov. 1864, *B. cr.*).

— Les auberges, cafés, bureaux peuvent devenir des lieux publics par leur destination et pendant qu'ils sont accessibles aux étrangers (Caen 8 janvier 1849, D. 51, 2, 117).

— Une chambre d'auberge, quoique momentanément occupée par une réunion privée (Cass. 19 février 1825. — Chassan, I, 49. — Parant 69. — *Contra*. Colmar 24 janvier 1816. — De Grattier, I, 110).

— Une rue (Cass. 26 mars 1813).

— Une cour commune entourée de maisons habitées (Cass. 20 sept. 1832).

— Le toit d'une maison (id).

— La pièce commune d'une auberge où se trouvent trois personnes (Cass. 1er août 1845, D. 45, 5, 415).

— Une salle de spectacle (Cass. 2 juillet 1812 D. 857).

— Une salle d'audience, lorsque le barreau et le public sont présents (Cass. 19 sept. 1820).

— Un bureau de mairie (Cass. 26 nov. 1864).

— Un bureau de sous-préfecture (Parant, p. 70 Cass. 4 août 1826).

— La salle de bains d'un hôpital (Angers 4 janvier 1824. — D. 651).

— Les bureaux des employés de chemins de fer, dans les stations, bien qu'ils ne soient pas ouverts au public, mais accessibles seulement aux personnes étrangères à l'administration qui ont des renseignements à demander (Cass. 28 avril 1843. — D. 857, 8°).

— L'étude d'un notaire, lorsque le public y est appelé, par ex : un jour d'adjudication. — Il n'en est pas de même lorsqu'il n'y a dans l'étude que le patron, un clerc, et deux personnes (Bourges, 22 juillet 36, D. 562. — Chauveau et Hélie, 6, 120. — *Contra*. D'après Chassan, I, 45, 1° — 46, 2°, c'est un lieu public tant qu'elle est ouverte au public.

— La salle commune d'un café, alors même qu'il ne s'y trouve qu'un seul consommateur avec le maître de l'établissement (D. 67, 2, 233).

— Le bureau d'un receveur de l'enregistrement pendant le temps où il reste ouvert au public (Caen 23 août 71, D. 72, 2, 129, Poitiers 17 février 58, S. 59, 2, 91).

— Un greffe (Cass. 20 déc. 73. D. 857-6°).

— Un lieu attenant à la voie publique (D. table de 22 ans, p. 361, n° 502).

— Une boutique, lorsque les portes sont ouvertes et qu'elle est accessible à tous (Cass. 27 sept. 1851, *B. cr.*) — *Contra*. Les boutiques ou magasins même dans les heures où ils sont accessibles aux acheteurs, restent des lieux privés, ils ne deviennent momentanément publics que dans des circonstances exceptionnelles (vente à l'encan, exposition annoncée (Caen 8 janvier 49, D. 51, 2, 117).

— Les dépôts de mendicité, dont la population se renouvelle chaque jour (Bordeaux 20 mars 1851, D. 53, 2, 159).

2° *Ne sont pas des lieux publics:*

— Le cabinet du juge de paix faisant office de conciliateur (Poitiers, 10 fév. 1858, S. 59, 2, 92).

— Une maison centrale de détention (Caen, 13 mars 78, D. 79, 2, 3).

— Une voiture publique allant d'une ville à une autre même lorsqu'elle contient plusieurs voyageurs (Cass. 27 août 1831, J. P.— Parant, 70. — D. 859. — *Contra.* Chassan, 1, 50. — De Grattier 1, 121).

— L'endroit où sont déposées les archives d'une commune (Rouen, 22 mars 1831, D. 52, 2, 199).

— Le domicile d'un juge de paix, lorsque ce magistrat n'y procède à aucun acte public de son ministère (Metz, 18 oct. 1817, Riom, 24 déc. 1820. — D. 860).

— Un clos de vignes, appartenant à plusieurs particuliers, même un jour de récolte (Poitiers, 19 déc. 1820, D. 861).

I. — RÉUNIONS PUBLIQUES.

— Deux ou trois personnes étrangères l'une à l'autre qui se trouveront réunies *dans un lieu privé* ne constitueront pas *une réunion publique.* Il faudra que le nombre des personnes réunies soit assez élevé pour que, dans un sens moral, la réunion devienne publique ou que les autorités locales soient appelées par la voix publique ou par des réclamations particulières, ou enfin à raison de la nature même de la réunion. C'est aux tribunaux d'ailleurs qu'il appartient et que la loi a laissé le soin de déterminer les circonstances qui donnent le caractère de réunion publique à une réunion *tenue* dans une maison ou dans un lieu privé (D. 32, p. 208. — De Grattier, p. 119. — D. 26, p. 209).

Il est donc établi en principe qu'une réunion peut être publique quoique tenue dans un lieu non public (id. — Cass. 10 déc. 49, *B. cr.* — Chassan 1, 52).

— Une réunion dans une maison particulière peut prendre le caractère de réunion publique, lorsqu'elle se compose d'un nombre assez considérable de personnes rassemblées sans invitations nominales (Cass. 26 mai 1859, *B. cr.*).

— La nature d'une réunion est déterminée tout à la fois par le nombre et par les relations habituelles des personnes qui la composent. Une réunion de famille, d'amis ou de connaissances, quelque nombreuse qu'elle soit, ne peut donc jamais constituer une *réunion publique*. La pensée doit avoir alors une entière liberté de s'exprimer, et elle peut s'abandonner à toute l'expansion qui naît de la confiance et de l'intimité (De Grattier, p. 119. — Chassan, 1, 47. — Parant, 68. — D. *Presse*, 536).

— Mais une réunion est *publique* de sa nature toutes les fois qu'elle est tenue *dans un lieu public*, à moins que ce lieu n'ait été loué *spécialement* et *privativement* pour ladite réunion et qu'en outre celle-ci n'eût point eu par elle-même, à cause des relations existantes entre les personnes qui la composent, le caractère de réunion publique si elle avait été tenue dans un lieu privé (id.).

— La réunion dans une boutique de trois personnes, dont une seule est étrangère, ne constitue pas une réunion publique (Cass. 15 mars 1832. — De Grattier, 1, 119).

— Les séances d'un conseil municipal ne constituent pas des réunions publiques (nombreux arrêts).

Elles constituent des réunions publiques si les propriétaires les plus imposés sont réunis aux membres du conseil (D. *Presse*, 858).

— Est une réunion publique :

La classe d'une école composée non seulement d'internes, mais aussi d'externes (Parant, p. 70. — De Grattier, 1, 121. — Cass. 9 nov. 1832, D. 857).

— Un cercle dans lequel peut être admise toute personne à certaines conditions (Cass. 14 août 57, *B. cr.*).

J. — CAS DE DIFFAMATION.

1° *Il y a diffamation dans le fait :*

— De dire d'un magistrat qu'il a altéré la minute d'un jugement après l'enregistrement (Cass , 1 juillet 1881, *Courrier trib.* 163).

— De dire d'un sous-préfet qu'il est resté *coi chez lui* pendant des troubles locaux (Rennes 27 mars 78, D. 81, 2, 68-69).

— De raconter que quelqu'un a dit : « J'aimerais mieux voir venir les Prussiens que voir passer la liste conservatrice (Cass. 28 juillet 76, D. 77, 1, 41).

— De dire de quelqu'un qu'il a rompu un projet de mariage par des scrupules de libre-penseur et par répugnance à se soumettre aux exigences et aux prescriptions de l'Eglise catholique (Cass., 26 janvier 1877, D. 77, 1, 89).

— De dire de quelqu'un qu'il a usurpé un titre nobiliaire (Cass., 3 juillet 75, *B. cr.*)

— Qu'il a usurpé un nom ayant une apparence nobiliaire (Cass. 18 déc. 1874, *B. cr.*)

— Qu'il a modifié son opinion politique dans un but intéressé (Cass. 13 nov. 1875, *B. cr.*).

— Qu'il est un reste de prison, qu'on a des motifs pour l'y faire remettre et qu'il y retournera (Cass. 15 fév. 1828. — Chassan, 1, 411. — *Contra.* D. *Presse* 825).

— De dire d'un commerçant qu'il laisse protester des traites, même si l'imputation est faite par un failli pour justifier ses propres affaires (Rouen 22 août 44, S. 45, 2, 353).

— D'un arbitre qu'il a donné des conseils à la partie adverse, qu'il a bu et mangé avec elle (Nîmes 14 déc. 48, D. 50, 5, 372).

— D'annoncer le suicide d'un individu, alors surtout qu'on l'attribue à des motifs d'intérêt (Rouen 30 déc. 41, S. 42, 2, 55).

— De dire d'un ancien conseiller général qu'il a compromis l'intérêt public en allongeant le parcours des chemins vicinaux pour desservir ses propriétés (Cass. 2 août 1878, D. 79, 1, 47).

— D'imputer à un candidat, ancien député, d'avoir voté contre son opinion, son devoir et son mandat, en cédant à la pression du pouvoir et en faisant acte de serviteur complaisant d'un régime odieux, les fonds affectés aux dépenses de la guerre de 1870-71, de manière à attacher son nom au pilori de l'histoire (Cass. 7 juin 78, D. 79, 1, 436).

— De dire de quelqu'un qu'il a célébré dans un banquet l'anniversaire de la Commune, qu'il a glorifié l'incendie, le pillage, l'assassinat (Sens 15 avril 74, *Gaz. trib.* 21 avril 74).

-- De dire d'un médecin qu'un malade est mort par suite d'une erreur grave qui lui est imputable (Paris, 9 février 81, *Courrier trib.* 42).

— De signaler au public une personne comme ayant été au nombre des dénonciateurs et des proscripteurs de décembre 1851 (Cass. 5 sept. 72, *Gaz. trib.* 15 sept. 72).

— De reprocher à un candidat d'exprimer des sentiments qu'il n'éprouve pas, de tromper et de mentir (Cass. 10 nov. 76, D. 77, 1, 44).

— De dire que les maîtres d'une institution doivent leur succès à leur habitude de communiquer d'avance à leurs élèves les problèmes à résoudre pour des concours scolaires, et qu'ils viennent encore de le faire (Il y a diffamation tant envers les maîtres qu'envers les élèves). — (Cass. 12 janvier 77, D. 77, 1, 187).

— Dans le fait de dire d'une société financière qu'elle aura bientôt des comptes sévères à rendre aux actionnaires et à la justice, qu'elle se livre à une circulation d'effets considérables, à une loterie déguisée, qu'il y a lieu pour les déposants lorsqu'il retirent leurs dépôts, de bien vérifier si on leur rend les mêmes numéros, et qu'une instruction judiciaire pourrait seule faire connaître avec autorité si ladite société fonctionne régulièrement (Cass. 1er août 79, D. 80, 1, 142. — Paris 3 déc. 45, D. 46, 3, 39).

— Dans le fait de dire d'une personne chargée de distribuer des fonds alloués aux habitants d'un canton victime de la guerre par un comité de secours, qu'elle n'a pas justifié de l'emploi de ces fonds (Cass. 15 mars 75, D. 76, 5, 345).

— De dire d'un homme marié qu'il vit en concubinage avec une femme non mariée (Limoges, 14 mars 1827, Chassan, 1, 380).

— De dire de quelqu'un qu'il a commis un délit de chasse (Cass. 4 août 63, *B. cr.*).

— Qu'il a été coaccusé d'un assassin (Cass. 10 août 66, *B. cr.*).

— Qu'il a commis un faux (Cass. 2 juill. 1812, de Grattier, 1, 186) mais seulement si le prévenu a indiqué des circonstances de temps et de lieu dans lequel le faux aurait été commis, sinon il y a injure (Cass. 29 juill. 65, *B. cr.*).

— Qu'il a fait des prêts usuraires (Nancy, 28 août 50, D. 51, 2, 176).

Il y a diffamation publique dans le fait par une agence de renseignements de remettre, moyennant une rétribution annuelle, à ses abonnés des renseignements sur le degré de solvabilité dont jouissent certaines personnes, et par conséquent le défaut de solvabilité de quelques-unes. (Aix 19 fév. 69, J. P. 69, 357). — *Contra.* Le gérant d'une agence de renseignements qui, sur des demandes expresses et spéciales et en exécution d'un contrat avec des abonnés, leur fournit des bulletins défavorables sur la solvabilité d'un commerçant, ne commet pas une diffamation. Peu importe que les bulletins soient ensuite parvenus en des mains étrangères, si la publicité en résultant n'est pas le fait personnel du gérant (Paris 27 avril 78, D. 79, 2, 38).

— De dire d'un homme que c'est un parvenu parti de rien et arrivé très-rapidement à la fortune, si par l'ensemble des paroles ou de l'écrit, on laisse entendre, qu'il aurait employé, pour arriver très-promptement à la fortune, des moyens déshonnêtes (Cass. 11 janvier 73, D. 73, 1, 389).

— De dire de quelqu'un qu'il a agi sans bonne foi ni loyauté, qu'il a tronqué une lettre en omettant des passages qui le gênaient (Cass. 18 nov. 74, D. 75, 1, 281).

— De dire d'un homme politique qu'il est étranger aux notions du plus vulgaire patriotisme et qu'il n'a vu dans la présence des armées ennemies sur le sol du pays, que l'occasion de satisfaire une inavouable vanité (Cass. 17 juillet 74, D. 75, 1, 97).

— De dire d'un écrivain qu'il fait dans un journal l'éloge d'un fonctionnaire qu'il n'épargne pas dans un autre journal (Cass. 11 avril 74, D. 74, 1, 400).

— De dire d'un individu qu'il fait attaquer dans une feuille dont il aurait secrètement la direction, des fonctionnaires auxquels en même temps il prodiguerait ostensiblement des compliments et des marques d'obséquiosité (Cass. 24 juin 69, D. 70, 1, 484).

— De raconter les détails d'un crime, en donnant des renseignements qui sont diffamatoires pour les accusés et d'ajouter, après leur mise en liberté, que beaucoup de personnes continuent à croire à leur culpabilité (Paris 17 juillet 74, D. 75, 5, 345).

— De dire qu'un individu n'a accepté la succession de son père que sous bénéfice d'inventaire, en faisant accompagner cette allégation de réflexions blessantes ou malveillantes, et en ajoutant qu'il a manqué de générosité et méconnu les devoirs de la piété filiale (Cass. 14 janvier 75, D. 75, 1, 281).

— D'imputer à une personne une diffamation (Seine 6 janvier 46, *Gaz. trib.* 7 janvier 46. — Grellet-Dumazeau, 1, 27).

— De publier ce qui suit: l'archevêque ayant demandé à tous les curés de son diocèse de lui abandonner le quart de leur casuel, pour subvenir, *disait-il,* aux besoins de son administration... (Toulouse 18 avril 1826, D. 826).

— D'afficher dans un lieu public un placard indiquant une condamnation subie par un individu (Seine 9 juillet 1881).

— De dire du gardien de la grotte de Lourdes qu'il remplit ses flacons à la rivière voisine (Seine 15 nov. 77, aff. Sarcey, *Gaz. trib.* 16 nov. 77).

— Peut constituer une diffamation la publication d'une anecdote véridique, si les faits matériels, même exactement rapportés, sont présentés de façon à faire naître des soupçons injurieux. La personne désignée a le droit de porter plainte même si elle n'est pas nommée, pourvu qu'il n'y ait aucun doute possible et que tout le monde ait pu là reconnaître (Cour de Rennes 15 juin 81, *Courrier trib.* n° 179).

2° Il n'y a pas diffamation dans le fait :

— De faire arrêter un individu qu'on soupçonne d'avoir volé (Seine 4 février 81, *Courrier trib.* 37. — V. également Cass. 11 août 77, D. 79, 1, 236).

— De dire de quelqu'un qu'il a fait partie des commissions mixtes, (Cass. 3 fév. 77, 1, 281).

— De dire de quelqu'un qu'il a crocheté les serrures lors de l'exécution des Décrets (Dijon 5 déc. 80, *Courrier trib.* 52).

— De dire d'un fonctionnaire municipal qu'il a gaspillé les fonds de la commune, lorsque l'auteur a voulu dire que l'argent avait été mal employé, et non pas qu'il avait personnellement profité au plaignant (Toulon 23 février 81, *Courrier trib.* 57).

— De dire d'un candidat qu'il est prêt à voter toute guerre qui plairait au gouvernement, cette imputation ne renfermant pas de fait (Rennes, 23 mars 1870, D. 80, 2, 166).

— De dire d'un candidat qu'il a voté toutes les guerres de l'Empire, cette allégation n'entâchant ni l'homme, ni le député (id.).

— D'imputer à quelqu'un des doctrines politiques ou sociales, réprouvées par les honnêtes gens (Rennes 27 mars 78, D. 80, 2, 68).

— D'alléguer des faits éventuels et conditionnels, si blessants qu'ils peuvent être (id.).

— La déposition d'un témoin ne peut être diffamatoire s'il n'est pas judiciairement constaté que les faits imputés étaient étrangers à l'affaire (Cass. 8 déc. 76, J. P. 181. — Amiens 23 janvier 77, J. P. 726).

— Ce n'est ni alléguer ni imputer, que faire une hypothèse comme celle-ci : si un tel a fait telle chose, c'est un coquin, un brigand (Cass. 20 mars 1817. — De Grattier, I, 182.— D. 817).

K. — INJURE.

— La législation actuelle laisse de côté la distinction ancienne entre l'injure contenant l'imputation d'un vice déterminé et celle qui ne la renferme pas. Elle ne laisse subsister que la distinction entre l'injure publique et l'injure non publique.

L'injure publique est réprimée par l'article 33; quant à l'injure non publique, la loi se réfère à l'art. 471 du Code pénal.

— Nous citons seulement quelques cas d'injures. Il sera presque toujours facile de reconnaître si les propos incriminés renferment ou non l'imputation d'un *fait*, ce qui en fait une diffamation ou une injure. Quant à la question de publicité, nous renvoyons sur ce point à ce que nous en avons dit plus haut.

— Pour la provocation en matière d'injure, voir sous l'art. 33.

Est une injure le fait :

— De dire d'un maire que son élection est le résultat d'une ambition effrénée, qu'elle est une insulte pour la ville, qu'elle doit exciter contre lui l'animadversion des citoyens, qu'il s'impose à eux comme un proconsul, etc., (Cass. 23 juin 46, D. 46, 1, 22).

— De dire à un avocat, en lui reprochant des passages de sa plaidoirie, qu'il s'est écarté de la ligne d'un honnête homme (Cass 8 juill. 1843, D. 822).

— De dire à une dame qu'il y a un long cahier sur son compte (Cass. 10 juill. 1840, D. 1381-8°).

— D'insérer dans une circulaire la phrase suivante : telle personne ne fait plus partie de ma maison par des raisons assez graves pour ne pas les citer (Paris 6 mars 1844, D. 822).

Il n'y a pas d'injure dans le fait :

— D'appeler un avocat « agent d'affaires » (Lyon, 26 août 1836, D. 949).

— De donner à un chien le nom d'une personne (Trib. Seine, *Gaz. des Trib.*, 19 mai 1844).

Il n'y a pas d'injure faute d'intention de nuire dans le fait :

— Par un maître de maison, qui retrouve dans la paillasse du lit de ses servantes une somme d'argent perdue, d'exprimer le soupçon que l'argent a été caché par elles (Cass. 30 janv. 1807, Dalloz, 935-1°).

— D'imputer à quelqu'un une maladie contagieuse quand on n'a pas l'intention de l'injurier (Cass. 15 janv. 1808, D. 935-2°).

— Dans le fait de répéter à plusieurs personnes sur leur demande les injures qu'on a proférées dans un autre lieu (Metz, 26 février 1821, D. 935-4°).

— Celui qui après avoir porté plainte contre un individu devant le tribunal de simple police, ne peut justifier sa plainte, n'est pas par cela même coupable d'injure (Cass. 12 juill. 1810, D. *Presse*, 919. — id. *Inst. crim.*, I, 547).

L. — OUTRAGE. (*Code Pénal*).

Article 222.

Lorsqu'un ou plusieurs magistrats de l'ordre administratif ou judiciaire, lorsqu'un ou plusieurs jurés auront reçu, dans l'exercice de leurs fonctions, ou à l'occasion de cet exercice, quelque outrage par paroles, par écrit ou dessin non rendus publics, tendant, dans ces divers cas, à inculper leur honneur ou leur délicatesse, celui qui leur aura adressé cet outrage sera puni d'un emprisonnement de quinze jours à deux ans..

Si l'outrage par paroles a eu lieu à l'audience d'une Cour ou d'un tribunal, l'emprisonnement sera de deux à cinq ans.

— Il appartient souverainement aux tribunaux de déclarer si l'outrage a été adressé à raison des fonctions ou de la qualité (Cass. 6 août 1875, D. 76, 1, 46).

— L'outrage adressé à un fonctionnaire dans l'exercice de ses fonctions n'est pas punissable comme tel, si l'offensé se trouvait illégalement investi des fonctions à l'occasion desquelles les propos ont été proférés (Nîmes 15 mars 71, D. 71, 2, 29).

— L'outrage prévu par l'art. 222 résulte de toutes paroles qui tendent à inculper l'honneur ou la délicatesse du magistrat qui en est l'objet, soit qu'il s'attaque à la vie privée ou aux actes publics du fonctionnaire, pourvu que ce soit dans l'exercice ou à l'occasion de l'exercice de ses fonctions (Cass. 30 décembre 58).

— L'existence du délit d'outrage n'est pas subordonnée à la présence du fonctionnaire. Elle peut résulter de ce que les paroles outrageantes ont été dites à une personne placée vis-à-vis de lui dans des relations telles qu'il était certain que ces paroles seraient répétées (Nancy 19 mai 75, D. 76, 5, 355. — Cass. 15 déc. 65, D. 66, 1, 137. — Cass. 17 mars 66, D. 67, 1, 46).

— L'outrage est punissable lorsqu'il est commis envers un ancien fonctionnaire à l'occasion de ses fonctions expirées (Nancy 19 mai 75, D. 76, 5, 355. — Cass. 23 mars 60, D. 61, 5, 379).

— Le délit d'outrage à un fonctionnaire ne comporte pas la preuve (Nancy 21 mars 76, D. 78, 2, 30. — V. D. 50, 1, 139).

— Mais elle doit être admise si c'est seulement par son résultat que l'on saura si les faits imputés se rattachent ou non à la fonction (Cass. 31 janvier 77, D. 78, 1, 58).

— L'apposition dans un lieu public d'un placard demandant l'expulsion d'un fonctionnaire public ou d'un magistrat, constitue le délit d'outrage envers celui-ci, à raison de ses fonctions (Cass. 20 avril 1867, D. 67, 1, 462).

— L'écrit contenant l'outrage doit être porté à la connaissance du magistrat par le fait de son auteur.

—Est nul un arrêt qui ne constate pas que les magistrats ont eu connaissance de l'outrage (Cass. 29 janvier 80, D. 80, 1, 396).

— L'outrage inséré dans une délibération de conseil municipal n'est pas public et a le caractère d'un outrage par écrit (Nancy, 22 nov. 75, D. 78, 2, 28).

— Le maire, dans les réunions du conseil de fabrique, où il es appelé de droit comme représentant de la commune et pour veiller à ses intérêts, est, sinon un agent du Gouvernement du moins un magistrat de l'ordre administratif; dès lors il est protégé, en cas d'injures à lui adressées dans l'exercice des fonctions qu'il remplit au sein de ce conseil, par les dispositions de l'art. 222, C. p. (Cass. 8 mai 1869, D. 70, 1, 93).

L'art. 222 est applicable dans le cas d'une interpellation « *Vous en avez menti!* » adressée, dans une salle de mairie ouverte au public, au maire qui attendait les membres du conseil municipal convoqués par lui (Cass. 20 mars 75, D. 75, 1, 385).

— Il suffit pour qu'il y ait outrage que les paroles aient été prononcées dans une intention de mépris pour le caractère ou pour les actes (Cass. 25 juin 55, D. 55, 1, 430 et 431).

— Il en est ainsi de l'exclamation adressée ironiquement à un juge de paix qui vient de rendre une sentence « *Voilà un jugement qui mérite d'être encadré* ». (id).

— On ne peut considérer comme outrage à un magistrat le refus d'obéir à l'ordre donné dans une simple lettre par le président du tribunal (Bourges, 6 mars 1807).

— Il y a outrage dans le fait par l'un des prévenus de dire, à l'audience d'un tribunal, à ses coprévenus, qu'ils sont condamnés d'avance et que toute défense est inutile (Cass. 13 avril 53, D. 55, 5, 375).

— Un adjoint au maire est magistrat de l'ordre administratif d'une façon permanente, même quand le maire préside la séance du conseil municipal où l'outrage envers l'adjoint s'est produit (Cass. 10 mai 45, D. 45, 4, 410).

— Les commissaires de police sont des magistrats de l'ordre administratif (V. nombreuses citations au D. 738). — *Contra*. Seulement lorsqu'il remplit les fonctions de ministère public devant le tribunal de simple police (Cass. 7 août 18. — Bruxelles, 27 janv. 27, D 739).

— Le président d'un collège électoral est protégé par l'art. 222 (V. D. 742).

— Les conseils de guerre sont de véritables tribunaux. Le militaire est un accusé. Il n'y a pas entre les juges et l'accusé la situation de supérieurs et d'inférieur. Si l'accusé commet un outrage, c'est l'art. 222 qui est applicable et non le Code militaire qui réprime l'insulte envers les supérieurs (Cass. 31 janvier 45, D. 45, 1, 61).— V. sur ce point le réquisitoire de M. de Proc. gén. Dupin.

— De même des conseils de discipline de la garde nationale (Chassan, 1, 376-3°.— D. 775.—*Contra*. Grellet-Dumazeau, 1, 293).

— De même des prud'hommes (V. D. 736 et 776).

L'article 223 n'a trait qu'aux outrages par gestes ou menaces et ne rentre pas dans le cadre de ce travail.

Article 224.

. *L'outrage fait par paroles, gestes ou menaces à tout officier ministériel ou agent dépositaire de la force publique, et à tout citoyen chargé d'un ministère de service public, dans l'exercice ou à l'occasion de l'exercice de ses fonctions, sera puni d'un emprisonnement de six jours à un mois et d'une amende de seize francs à deux cents francs, ou de l'une de ces deux peines seulement.*

—Est applicable lorsque le demandeur n'exerçait plus de commandement lors de la publication des articles incriminés, du moment qu'il s'agit d'apprécier des imputations qui s'adressent au caractère public du demandeur (Seine, 22 janvier 1875, *Gaz. Trib.*, 25 janvier 1875).

— L'outrage reçu dans l'exercice de la fonction conserve son caractère, quoique le prévenu n'ait voulu outrager que l'homme privé avec lequel il avait des démêlés (Cass., 27 août 1858).

— L'article n'est pas applicable quand le fonctionnaire a agi sans droit ou en abusant d'un droit (Cass., 30 juillet 1869, D. 64, 1, 147).

— Le fait de cracher au visage d'un officier ministériel dans l'exercice ou à l'occasion de l'exercice de ses fonctions constitue le délit réprimé par l'article 224, et non par l'article 228 (Cass., 5 janvier 1855).

· — L'avoué qui assiste à une réunion de créanciers dans un ordre amiable n'agit que comme mandataire, et non comme officier ministériel (Cass., 28 mars 1879, D. 79, 1, 275).

— Il n'est pas nécessaire que les outrages prévus par cet article soient de nature à porter atteinte à la délicatesse ou à l'honneur, cette condition n'est exigée qu'à l'égard des magistrats (Cass., 7 mai 1853).

Il y a outrage dans le fait :

— D'appeler un fonctionnaire crapule (Alger, 2 mars 77, D. 78, 2, 256).

— Ou souteneur de filles (Alger. 27 oct. 77, D. 79, 5, 330).

— De dire à un juge de paix dans une visite sur lieux, d'un ton mécontent et inconvenant : « Vous devriez être honteux d'avoir choisi un tel expert. » (Cass., 9 mars 77, D. 78, 1, 395).

— De dire d'un fonctionnaire : « avoir fait partie d'une Commission mixte, c'est s'être associé à des crimes. » (Cass., 8 fév. 77, D. 77, 1, 281).

— De dire à un fonctionnaire : « Je ne comprends pas comment vous osez venir ici, après avoir été révoqué pour votre mauvaise administration. » (Nancy, 21 mars 76, D. 78, 2, 30).

— De dire qu'un fonctionnaire a commis des actes d'escroquerie ou de concussion, lorsque les faits, tout en étant vrais, ne sont pas qualifiés tels par la loi (Cass., 13 déc. 77, D. 78, 1, 89).

— De dire à un fonctionnaire : « allez moucharder ailleurs. » (Cass., 2 janvier 34, D. n° 679).

— « Autant vaudrait avoir affaire au pape qu'à lui » (Rouen, 4 décembre 1830. *id.*).

— Une fausse déclaration de vol dont on prétend avoir été victime, faite à un commissaire de police, ne constitue pas un outrage (Paris, 19 janvier 1827 *id.*).

Il y a là une question de fait, car on ne saurait ériger en principe qu'il est permis de se jouer des fonctionnaires publics. Ainsi c'est outrager des commandants de la force publique que faire à la gendarmerie la déclaration mensongère d'un délit qui n'a pas été commis (Cass., 9 déc. 1808, *id.*).

— Le jugement doit énoncer les actes ou paroles qui ont servi de base à la qualification d'outrage. Serait nul pour défaut de motifs un jugement qui se contenterait de dire que le prévenu a lu une lettre remplie de passages outrageants et contenant des imputations injurieuses ou diffamatoires (Cass., 11 déc. 45. D. 46, 4, 369).

Article 225.

L'outrage mentionné en l'article précédent, lorsqu'il aura été dirigé contre un commandant de la force publique, sera puni d'un emprisonnement de quinze jours à trois mois et pourra l'être aussi d'une amende de seize francs à cinq cents francs.

— Les brigadiers de gendarmerie, dans le ressort de leur brigade, sont des commandants de la force publique (Cass., 14 janv. 1826, D. 749. — Riom, 9 nov. 1851, D. 53, 2, 237).

— L'outrage à un officier en uniforme tombe sous l'article 225 (Alger, 2 mars 77, D. 78, 2, 256).

Art. 30.

La diffamation commise par l'un des moyens énoncés en l'article 23 et en l'article 28 envers les cours, les tribunaux, les armées de terre ou de mer, les corps constitués et les administrations publiques, sera punie d'un emprisonnement de huit jours à un an et d'une amende de 100 francs à 3,000 francs, ou de l'une de ces deux peines seulement.

Législation antérieure. — L'art. 5 de la loi du 25 mars 1822 était ainsi conçu :

« La diffamation ou l'injure, par l'un des mêmes moyens, envers les cours, tribunaux, corps constitués, autorités ou administrations publiques, sera puni d'un emprisonnement de quinze jours à deux ans, et d'une amende de 150 fr. à 5,000 fr. »

Historique. — **Commentaire.** — M. Clémenceau a demandé en vain la suppression de cet article, qui a pour résultat, sinon pour but, d'empêcher la critique.

« Comment pourrai-je, dit-il, critiquer tous les corps « constitués de l'État, le Gouvernement, les Chambres, le « Conseil d'État, tout ce qui représente quelque chose dans « ce pays, sans porter atteinte à leur considération ? »

Le projet adopté par la Chambre portait : « envers les Cours d'appel ». Le Sénat, sur la proposition de sa Commission a supprimé les mots « d'appel » afin de comprendre dans l'expression générique « les Cours », la Cour des comptes, et la Cour de cassation.

Les Cours. Cette expression générique comprend donc les Cours d'appel, la Cour de cassation, la Cour des comptes.

Tribunaux. Terme générique qui comprend toutes les juridictions sans aucune exception.

Corps constitués. Voici la définition donnée par M. de Grattier : « ceux auxquels la Constitution et les lois organiques, qui en forment le complément, ont attribué une partie de l'autorité ou de l'administration publique. »

Administrations publiques. « La réunion hiérarchique des fonctionnaires chargés de la gestion d'une partie des intérêts de l'État. Les administrations dont la charité seule

est le mobile et la récompense sont également des administrations publiques (Rapport de M. Chiffet à la Chambre
des Députés, le 14 janvier 1822).

Sera punie. Ce délit est de la compétence de la Cour
d'assises.

Jurisprudence et doctrine. — Sont des corps constitués :
Le Sénat (Dalloz, 658).
La Chambre des Députés (id).
Le Conseil d'Etat.
Les Conseils généraux.
   —   —   d'arrondissement.
   —   —   municipaux.
Les Conseils de l'Instruction publique.
Les Chambres de Commerce (de Grattier, 2, 470. — *Contra.* D.
896).
Les Conseils de révision (Cass. 13 août 74, D. 75, 1, 41).

— Ne sont pas des corps constitués :
Une brigade de gendarmerie (Poitiers 14 décembre 1830).
La garde nationale (D. 897).
Une communauté d'avoués (Douai 1ᵉʳ mars 31, D. 1405).
Une chambre de notaires (Cass. 9 sept. 1836, D. 1517).
Un collège électoral (Cass. 25 mai 38, D. 1528).
La réunion des curés d'un diocèse (Tribunal de Toulouse 29 juil-
let 81, *Courr. trib.* 7 août 81).

ART. 31.

*Sera punie de la même peine la diffamation
commise par les mêmes moyens, à raison de leurs
fonctions ou de leur qualité, envers un ou plusieurs
membres du ministère, un ou plusieurs membres de
l'une ou de l'autre Chambre, un fonctionnaire public, un dépositaire ou agent de l'autorité publique,*

un ministre de l'un des cultes salariés par l'État,
un citoyen chargé d'un service ou d'un mandat
public temporaire ou permanent, un juré ou un
témoin, à raison de sa déposition.

Législation antérieure. — L'article 6, § 1er, de la
loi du 25 mars 1822, 5 du décret du 11 août 1868 et 16 de
la loi du 17 mai 1819 punissaient de peines variant entre
8 jours et 2 ans de prison, 50 fr. et 4,000 fr. d'amende,
l'outrage fait publiquement à raison de leurs fonctions,
soit à un membre du Parlement, soit à un fonctionnaire public, soit à un ministre d'une religion reconnue, soit envers
un juré à raison de ses fonctions.

Historique. — **Commentaire.** — L'article a été
adopté par les deux Chambres tel qu'il était présenté par la
Commission de la Chambre.

A la Chambre des députés, M. Trarieux a déposé un
amendement tendant à ajouter à l'article « un candidat à une
fonction élective ».

« Il est essentiel, a-t-il dit, séance du 1er février, que les
« électeurs puissent se renseigner, sans aucune crainte de
« se heurter à une loi répressive, sur le passé des candi-
« dats ; il faut qu'ils puissent interroger leur vie, recher-
« cher leurs tendances, contrôler leurs opinions, discuter
« leurs actes, examiner, en un mot, et sacrifier tout ce
« qui peut influencer leur choix. »

M. Trarieux demande donc d'assimiler le candidat au
fonctionnaire au point de vue de la répression, de la compétence, de la preuve.

M. le Rapporteur a répondu : « Nous autorisons la preuve

« des seuls faits diffamatoires qui se rattachent à cette
« qualité de fonctionnaire public. Il serait impossible de di-
« viser ainsi la personnalité du candidat. Cette division est
« toute naturelle quand il s'agit d'un fonctionnaire public,
« pourquoi ? Parce que nous pouvons laisser dans l'ombre
« discrète de la vie privée les faits qui s'y rapportent et ne
« faire la lumière que sur ceux qui sont relatifs aux actes de
« la vie publique. Il serait impossible de faire cette distinction
« quand il s'agira d'un candidat à une fonction élective. »

L'amendement de M. Trarieux a été repoussé.

Au Sénat, un amendement ainsi conçu a été présenté par
M. Jules Simon :

« Ne tombera pas sous l'application des articles 30 et 31
« et de l'article 33, § 1er, la censure d'un acte commis ou
« d'une opinion exprimée dans l'exercice de son mandat
« ou de sa fonction, soit par un corps politique ou adminis-
« tratif, soit par un mandataire politique ou administratif
« ou par un fonctionnaire public, lorsque cette censure ne
« contiendra pas l'imputation d'un fait condamné par les
« lois de droit commun. »

M. Jules Simon a ainsi expliqué son amendement. Il ne
s'occupe pas de la diffamation ni de l'injure tant qu'elles
concernent les personnes privées ; et le changement qu'il
propose à la définition de la diffamation ne concerne que
les personnes publiques.

« Il propose de supprimer toute espèce de peine, de res-
« ponsabilité, quand il s'agit d'un acte public, et de donner
« toute espèce de droit de critique, jusqu'à l'injure, dans
« ce cas-là. Dans les autres cas, la personne publique sera
« traitée comme une personne ordinaire, sans aucune dif-
« férence. » (Séance du 12 juillet).

L'argument principal de M. J. Simon, c'est la liberté de discussion politique.

M. le rapporteur répond que la critique ne saurait aller jusqu'au droit de diffamer et que la proposition de M. J. Simon serait le plus sûr moyen de déshonorer nos fonctionnaires.

L'amendement a été rejeté après un éloquent discours de l'honorable M. Bertauld.

M. Bozérian a repris devant le Sénat l'amendement de M. Trarieux qui a été également repoussé.

Sera puni. Ce délit est de la compétence de la cour d'assises.

Membres du ministère. Il faut comprendre dans cette désignation les sous-secrétaires d'État.

Fonctionnaire public, dépositaire ou agent de l'autorité publique. Ces trois désignations pourraient se confondre dans la première. On trouvera sous la jurisprudence une nomenclature des diverses personnes qui peuvent rentrer dans les qualifications de cet article.

Jurisprudence et doctrine. — Voir sous l'art. 29 tout ce qui concerne la diffamation.

— Doivent être compris dans les diverses dénominations de cet article.

— L'individu chargé par l'autorité locale de conduire un malfaiteur à la gendarmerie (Cass. 9 nov. 46).

— Le gardien de prison même non assermenté (Cass. 11 février 1842).

— Les instituteurs communaux (Montpellier, 8 février 1873, *Gaz. Trib.* 4 mars 1873).

— Le chef de station ou de gare sur les lignes de chemin de fer (Toulouse, 24 décembre 1874, D. 77, 5, 348).

— Les chefs de service à l'exposition universelle (Riom, 3 août 1876, D. 77, 3, 20).

— Les membres des Conseils d'admission à une classe de l'Exposition (Cass. 31 janvier 1877, D. 78, 1, 58).

— Le chef du service de publicité de l'exposition (id.).

— Les secrétaires de réunion de groupes (id.).

— Les experts commis par le juge de paix (Cass. 9 mars 77, D. 78, 1, 393).

— Les syndics de faillites.

— Les porteurs de contraintes (Cass. 14 août 1843).

— Les gardes-champêtres (Metz, 4 déc. 1826).

— Les gardiens de la paix (Cass. 0 mars 1833).

— Les gendarmes (Limoges 23 nov. 1851, S. 52, 2, 25).

— Les gardes chargés par les concessionnaires de percevoir le droit de péage des ponts (Orléans 12 mai 1845, D. 45, 2, 175).

— Les directeurs de compagnie de chemins de fer (La Roche-sur-Yon, 1er oct. 77, Gaz. trib. 5 oct. 77).

— Les agents assermentés des chemins de fer (Grenoble 7 nov. 1862, D. 63, 2, 67).

— Les professeurs de l'Université (Cass. 8 nov. 1844. — Chassan, 2, 177).

— Le délégué sénatorial (Riom 17 mai 76, Gaz. trib. 25 mai 76. — Cass. 28 juillet 76, Gaz. trib. 4 août 76).

— Le délégué sénatorial, à qui on impute un fait diffamatoire qui se serait passé entre deux tours de scrutin, alors qu'il se promenait dans la cour réservée aux délégués, conserve à ce moment son caractère public et son rôle ne se borne pas au dépôt du bulletin dans l'urne (id.).

— Les instituteurs communaux congréganistes. (La question, en ce qui les concerne, a donné lieu à des controverses). On soutenait que leur mission ne se manifestait par aucun acte de l'autorité publique, et qu'ils la remplissaient bien plus par dévouement à leur congrégation et sous l'empire du devoir qu'au nom de la puissance publique.
— Nous sommes d'avis qu'ils doivent être rangés au nombre des citoyens chargés d'un service public, surtout depuis que la loi

14

nouvelle range dans l'article 31 les citoyens chargés d'un mandat public temporaire (Cour Montpellier, 14 juillet 1875, *Gaz. Trib.* 19 juillet 75).

— Les avoués (Douai 1er mars 1831, D. 711 et 1075).

Ne sont pas compris au nombre des personnes désignées dans l'art. 31 :

— Les secrétaires de mairie, qui ne sont réellement que de simples employés salariés. — (Poitiers, 12 février 1875, J. P. 75, 382).

— Les membres des commissions administratives d'un hospice (Cass. 27 nov. 1840).

— Les médecins ou chirurgiens des hôpitaux (Orléans, 16 août 1836).

— Les directeurs de dépôt de mendicité (Bordeaux, 20 mars 1851, D. 53, 2, 159).

— Les arbitres volontaires (Cass. 29 avril 1837).

— Les chefs de division dans les préfectures (Cass. 25 novembre 1875).

— La diffamation commise envers un professeur à l'occasion de la publication de ses leçons orales est étrangère à sa qualité d'officier de l'université (Chassan, 2, 177).

— La diffamation envers les personnes désignées aux articles 30 et 31 est punissable lorsqu'elle a lieu à l'occasion d'un acte susceptible d'annulation ou de réformation (Cass. 28 avril 1826, Riom 19 mars 1827, D. 808), spécialement quand la décision n'a pas été prise par le nombre de membres règlementaire (id.).

— C'est une diffamation que de reprocher à un conseil de révision d'avoir trop hâté ses opérations, et de dire que de cette hâte il est résulté certains choix un peu hasardés (Cass. 13 août 74, D. 75, 1, 41).

— C'est une diffamation d'imputer à un prêtre catholique qu'il est marié (D. 833).

— Peut-on réputer comme ministres du culte catholique les ecclésiastiques qui, après avoir reçu les ordres sacrés, ne remplissent cependant aucun ministère ? — Un incident de la discussion de

1822 conduit à résoudre cette question affirmativement. Le général Foy avait demandé qu'aux mots *ministres de la religion* on substituât *fonctionnaires de la religion*. Cet amendement ne fut pas adopté, par la raison que la loi du 18 germinal an X reconnaît comme ministres de la religion tous les ecclésiastiques sans distinction, dont la position peut changer suivant la volonté de leur évêque diocésain, mais dont le caractère est indélébile (Séance du 29 janvier 1822). (V. D. 715).

— Une allégation qui ne se rattache à aucun fait, ne peut constituer qu'une injure.

— Il en est de cette phrase : la doctrine de l'obéissance passive paraît former dans une partie de la magistrature, toute la théorie du devoir et de la probité juridique (Cass. 11 avril 78, D. 78, 1, 477).

— Un coup de pistolet chargé à poudre seulement et tiré sur un prêtre dans la rue pour l'effrayer, est une injure publique envers un ministre du culte (Arg. Agen, 12 fév. 89, *Gaz. des trib.*, 25 février 1830).

— Il y a injure dans le fait de dire d'un ministre (M. de Fourtou) : « Il tient les cartes, et il trichera s'il est nécessaire pour gagner la partie. » (Trib. Rouen, 2 août 77, *Gaz. trib.*, 4 août 77).

Il y a injure envers les ministres dans le fait de dire d'eux : « La violation du secret des lettres..... Il est triste de penser que des gens réputés honnêtes peuvent être capables d'employer de pareils moyens pour opprimer la liberté; au nom de l'ordre moral, l'immoralité s'affiche dans toute sa nudité sous la signature des plus, hauts dignitaires du pouvoir. » (Lyon, 15 sept. 77, *Gaz. trib.* 21 sept. 77).

— De dire d'eux que « pour mettre fin à ce fâcheux état de choses, il faut mettre dehors les ministres que le maréchal a maintenant; — ce sont eux qui ont fait le mal, qui ont conseillé de faire le coup (le 16 mai). — Ils ont mis le maréchal dedans dans leur intérêt. Ils n'avaient rien et ils voulaient prendre quelque chose. » (Albi, 16 août 77, aff. Bernard-Lavergne, *Gaz. trib.*, 16 août 77).

— Il y a outrage envers des fonctionnaires dans le fait de dire de préfets et de sous-préfets, nommés la veille dans un mouvement administratif : « Ils ont été pris parmi les bohêmes de la

bazoche, les fruits secs de toutes les écoles, les viveurs endettés...
Nous pourrions citer quelques-uns de ces industriels que nous avons
connus cicérones des étrangers dans leurs villes, pilotes de fils de
famille, professeurs de billard et de baccarat, tellement déconsi-
dérés que leurs amis et leurs élèves ne les admettaient dans leurs
voitures que sur le siège de devant ou de derrière. Les voilà fonctionnaires, les voilà groupés autour du maréchal » (Seine, 28 juillet
77, *Gaz. trib.* 29 juillet).

Art. 32.

*La diffamation commise envers les particuliers
par l'un des moyens énoncés en l'article 23 et en
l'article 28, sera punie d'un emprisonnement de
cinq jours à six mois et d'une amende de 20 francs
à 2,000 francs, ou de l'une de ces deux peines seulement.*

Législation antérieure. — Cet article est la reproduction textuelle de l'art. 18, de la loi du 17 mai 1819,
sauf que, sous cette législation, l'emprisonnement pouvait
être porté à un an.

Historique. — Commentaire. — Cet article a été
adopté sans discussion dans les deux Chambres.

Les particuliers. C'est-à--dire les personnes ou les
collectivités qui n'ont pas un caractère public. Il faut encore
comprendre sous cette expression les personnes publiques
qui n'ont pas été diffamées à raison de leurs fonctions.

Sera punie. Ce délit est de la compétence des tribunaux
correctionnels.

Jurisprudence et doctrine. — Voir sous l'article 29 tout
ce qui concerne la diffamation.

ART. 33.

L'injure, commise par les mêmes moyens envers les corps ou les personnes désignés par les articles 30 et 31 de la présente loi, sera punie d'un emprisonnement de six jours à trois mois et d'une amende de 18 francs à 500 francs, ou de l'une de ces deux peines seulement.

L'injure commise de la même manière envers les particuliers, lorsqu'elle n'aura pas été précédée de provocation, sera punie d'un emprisonnement de cinq jours à deux mois et d'une amende de 16 francs à 300 francs, ou de l'une de ces deux peines seulement.

Si l'injure n'est pas publique, elle ne sera punie que de la peine prévue par l'article 471 du Code pénal.

Législation antérieure. — L'art. 5 de la loi du 25 mars 1822 punissait d'un emprisonnement de 15 jours à 2 ans et d'une amende de 150 fr à 5,000 fr. l'injure envers les cours, tribunaux, etc.

Les art. 17 et 19, § 1er, de la loi du 17 mai 1819 punissaient l'injure contre les fonctionnaires, agents de l'autorité etc. contre les ambassadeurs, chargés d'affaires, etc., d'un emprisonnement de 5 jours à un an et d'une amende de 25 fr. à 2,000 fr.

L'art. 19, § 2, de la loi du 17 mai 1819 punissait l'injure

contre les particuliers, lorsqu'elle était publique ou qu'elle renfermait l'imputation d'un vice déterminé, d'une amende de 16 fr. à 500 fr.

L'injure non publique était punie des peines de simple police.

Historique. — Commentaire. — Les mots : « ou de l'une de ces deux peines seulement » ont été adoptés par la Chambre, sur la proposition de M Azémar.

L'injure. L'article 29, § 2, définit ainsi l'injure :

« Toute expression outrageante, terme de mépris ou « invective, qui ne renferme l'imputation d'aucun fait, » — la loi ne donnant pas la définition des mots « expression « outrageante, terme de mépris, invective, » les tribunaux ont un pouvoir souverain pour décider si l'expression qui leur est déférée comme constituant une injure peut rentrer dans la qualification ci-dessus.

Les personnes désignées par les articles 30 et 31. Ce paragraphe ne s'applique pas toutes les fois que le plaignant sera une personne publique, mais seulement lorsque l'injure aura été commise envers une personne publique, à raison de son caractère public.

Sera punie. Ce délit est de la compétence de la Cour d'assises.

L'injure...... envers les particuliers. La loi nouvelle punit de la même peine toute injure publique, sans distinction entre celle qui contient l'imputation d'un vice déterminé et les autres. C'est ce qui est clairement exprimé dans le passage suivant, page 100, du rapport de M. Lisbonne :

« Nous avons fait disparaître en fait d'injure toutes dis-« tinctions entre l'injure qui renferme l'imputation d'un vice « déterminé et celle qui ne la renferme pas.

« La seule différence que nous avons voulu établir en
« fait d'injure, c'est celle résultant de la publicité. »

Les particuliers. Il faut comprendre ici les fonctionnaires, lorsque l'injure n'a pas été faite à raison de leurs
fonctions.

*Lorsqu'elle n'aura pas été précédée de provocation. A
contrario*, l'excuse de la provocation doit être admise,
même alors que l'injure serait publique.

Cela résulte du passage suivant du rapport de M. Lisbonne (page 100) :

« Nous avons admis, en matière d'injure commise en-
« vers les particuliers, l'excuse de la provocation, même
« alors que l'injure serait publique; la législation actuelle
« n'admet cette excuse que lorsque l'injure n'est pas pu-
« blique (art. 471 du Code pénal).

« La publicité de la provocation nous a paru compenser
« la publicité de l'injure : *parva delicta mutua compen-*
« *satione tolluntur.* »

Il faut entendre par provocation tout écrit, toute parole,
tout geste de nature à nuire à l'honneur, à la considération,
à l'amour-propre, aux intérêts moraux ou pécuniaires, ou
plus généralement, tout acte que le provocateur n'avait pas
le droit de faire vis-à-vis du prévenu.

On comprend qu'il y a dans l'appréciation de la provocation une question de fait et que les tribunaux ne pourront
que l'admettre ou la repousser selon les circonstances de
la cause.

Sera punie. Ce délit est de la compétence du tribunal
correctionnel.

N'est pas publique. C'est-à-dire n'a pas été commise
par l'un des moyens énoncés dans les articles 23 et 28.

Elle ne sera punie. C'est le tribunal de simple police qui est compétent pour connaître de l'infraction prévue dans ce dernier paragraphe.

Jurisprudence et doctrine. — La loi n'ayant pas défini les caractères de la provocation, il appartient aux tribunaux de décider souverainement si cette provocation a eu lieu ou non (Cass. 9 nov. 1820, D. 1328).

— S'il y a incertitude sur celui des deux individus qui a provoqué l'autre par ses injures, il ne peut être prononcé de peine contre aucun, et il y a lieu de casser le jugement qui, dans ce cas, prononce des peines contre les deux prévenus (Cass. 1er sept. 1826, D. 1331).

ART. 34.

Les articles 29, 31 et 32 ne seront applicables aux diffamations ou injures dirigées contre la mémoire des morts, que dans les cas où les auteurs de ces diffamations ou injures auraient eu l'intention de porter atteinte à l'honneur ou à la considération des héritiers vivants.

Ceux-ci pourront toujours user du droit de réponse prévu par l'article 13.

Législation antérieure. — La loi ne prévoyait pas la diffamation envers les morts; mais de nombreux arrêts (notamment Cass., 24 avril 1823, Paris, 9 juillet 1836; Cass., 23 mars 1866; Cass., 5 juin 1869) avaient décidé que la diffamation pouvait résulter des imputations dirigées contre les morts.

Historique. — Commentaire. — La loi telle qu'elle

est publiée au *Journal officiel* porte : « Art. 34. — Les articles 29, 30 et 31 ne seront applicables. » Le reste comme ci-dessus. Il y a là évidemment une erreur que nous avons pris sur nous de rectifier dans le texte ci-dessus. Il faut lire : « Art. 34. — Les articles 29, 31 et 32 ne seront applicables, etc. » En effet, l'article 30 concerne les cours, tribunaux, les armées de terre et de mer, les corps constitués et les administrations publiques. Or ces corps, comme toute personne morale, ne peuvent mourir, il n'y aura donc jamais lieu d'invoquer l'article 34. En outre, on ne comprendrait pas, en ce qui les concerne, les héritiers d'anciens membres d'une cour ou d'un tribunal venant demander réparation d'une diffamation qui ne visait que le corps auquel leur auteur appartenait. Enfin l'explication que nous donnons est confirmée par ce fait que la rédaction de la Commission du Sénat qui est devenue l'article 34 était ainsi conçue : « Les articles 28, 29 et 31 ne seront applicables, etc. » le reste comme à l'article ci-dessus. Or les articles 28, 29 et 31 du projet de la Commission du Sénat sont devenus, savoir : l'article 28 du Sénat, l'article 29 de la loi ; l'article 29 du Sénat, l'article 32 de la loi, l'article 31 du Sénat a conservé ce numérotage dans la loi.

La disposition contenue dans cet article a été introduite dans la loi par le Sénat, sur la proposition de la Commission. Voici l'éloquente appréciation que fait de cet article M. Pelletan, dans son rapport, pages 17 et 18 :

« La loi exige pour un procès en diffamation la volonté
« formelle du diffamé. Lui seul de son vivant a le droit de
« l'intenter, et la loi supposerait qu'à sa mort il a repassé
« son droit tout personnel, à un homme souvent encore à
« naître, et qu'il revit, bon gré mal gré, dans la personne

« de cet héritier, et qu'il veut, par la volonté de cet héri-
« tier, afin de tirer vengeance, à un siècle de distance,
« d'une diffamation qu'il a connue peut-être pendant sa
« vie et qu'il a dédaignée !

« Et si par hasard un héritier veut poursuivre, et qu'un
« autre héritier au même degré fasse opposition à la pour-
« suite parce qu'elle peut nuire plutôt que servir à la
« mémoire du défunt, auquel des deux le tribunal don-
« nera-t-il raison? On dédouble ainsi la personnalité
« humaine; on fait de deux personnes, une seule et même
« personne, à la fois morte et vivante : morte, pour res-
« sentir une injure posthume, et vivante pour la venger ;
« et on ne voit pas qu'on pourra souvent compromettre ce
« qu'on cherche à réhabiliter.

« Un homme a passé sur la scène du monde ; il y a joué
« bien ou mal son rôle, et après une vie agitée, il a enfin
« conquis ce premier repos du cercueil et cet autre repos
« non moins précieux quelquefois de l'oubli, et il pourra
« dépendre d'un arrière-cousin de le tirer de son tombeau
« et de traîner son spectre à l'audience d'un tribunal, uni-
« quement pour fournir une occasion à un demandeur et à
« un défendeur de fouiller au fond d'une fosse et de remuer
« de la poussière.

« Nous comprenons sans doute la solidarité de famille,
« et nous voudrions la resserrer plutôt que la relâcher.
« L'homme ne commence pas au berceau et ne finit pas
« au tombeau ; il vit encore dans le passé et dans l'avenir
« par la paternité et par la descendance. La famille consti-
« tue ainsi, d'une génération à l'autre, une association à
« la fois renouvelée et perpétuée par le principe d'héré-
« dité; mais il n'y a pas que le patrimoine qui fasse partie

« de l'héritage, il y a aussi le nom et, chaque fois qu'on
« porte atteinte à son honneur, tout membre de la famille
« a le droit de le défendre.

« Mais au-dessus du droit de la famille privée, il y a
« le droit de la famille universelle que représente l'histoire.
« L'histoire ne serait qu'une lanterne magique, si elle n'é-
« tait en même temps une leçon. Quelle leçon pourrait-elle
« nous donner, si la loi de la diffamation vient étendre son
« voile sur les morts pour les cacher à la postérité? On
« veut qu'une pierre scellée sur une tombe couvre leur vie
« antérieure aussi bien que leur dépouille; mais une pa-
« reille prétention ne serait rien moins que la suppression
« de l'histoire : et qu'aurait donc à faire la postérité e
« pourquoi en appellerait-on à son jugement si elle n'avait
« le droit de venger la victime et de flétrir le bourreau?

« Et à quel titre, d'ailleurs, et en vertu de quelle com-
« pétence un tribunal de police correctionnelle viendra-
« t-il citer l'histoire à sa barre et lui faire sa part? La connaît-
« il aussi bien que l'historien soumis à sa juridiction? et, à
« supposer qu'il la connaisse, ne la juge-t-il pas, lui aussi, à
« son point de vue? et son point de vue ne sera-t-il pas
« souvent un esprit de parti?

« Votre Commission n'a pas voulu qu'on mît l'histoire
« au greffe, comme on le disait autrefois, de la couronne ;
« elle n'admet le délit de diffamation des morts qu'autant
« qu'elle passe par-dessus leur tombe pour aller frapper des
« vivants. La loi n'a plus alors devant elle des ombres de
« personnes, elle a des personnes réelles qui ont pu subir
« un dommage et qui ont droit à une réparation.

« Tel est le sens de la disposition additionnelle que
« nous avons l'honneur de vous proposer. »

On ne pouvait ni mieux dire ni mieux penser.

Auraient eu l'intention. Jusqu'ici la jurisprudence avait admis la présomption de l'intention de nuire chez le diffamateur ou l'insulteur. Il résultait de cette présomption que la preuve de la bonne foi incombait au prévenu, contrairement à toutes les règles de notre droit pénal. Il résulte des termes de cet article que, pour la diffamation et l'injure contre la mémoire des morts, le plaignant devra faire la preuve que le diffamateur ou l'insulteur a eu l'intention de nuire. A défaut de cette preuve, le prévenu devra être renvoyé des fins de la plainte.

Des héritiers vivants. Il faut que la diffamation ou l'injure atteigne personnellement l'héritier qui poursuit. Si l'héritier qui se plaint n'est pas atteint directement par la diffamation ou l'injure, il ne peut qu'intenter une action civile. (Voir plus haut les paroles de M. Lisbonne, quand la loi est revenue devant la Chambre après le vote du Sénat).

Il faut entendre le mot « héritiers » dans un sens relativement restreint. Ainsi, si le mort diffamé ou injurié a laissé plusieurs héritiers à des degrés différents, ceux qui sont du degré le plus proche ont seuls l'action diffamatoire. S'il y a plusieurs héritiers du même degré, tous ceux que la diffamation atteint directement, ont chacun isolément l'action que leur accorde le présent article.

Ceux-ci. Les héritiers du degré le plus proche.

Toujours. Même lorsque les auteurs des diffamations ou injures n'auraient pas eu l'intention de porter atteinte à l'honneur ou à la considération des héritiers vivants. Même lorsque les écrits ne constituent ni injure ni diffamation. Nous donnons cette interprétation parce que c'est celle qui paraît résulter nécessairement de l'emploi du mot « tou-

jours ». Mais nous ne l'approuvons pas et nous espérons que
la jurisprudence saura limiter ce droit excessif qui entra-
verait et annihilerait la liberté de critique qui est l'apanage
de l'historien. Nous ne pouvons trop engager les plaideurs
et les magistrats à se bien pénétrer des paroles de M. Pelletan. Ils y trouveront certainement la preuve que le mot
« toujours » a trahi la pensée de la Commission, de son
rapporteur et du Parlement tout entier.

Art. 35.

*La vérité du fait diffamatoire, mais seulement
quand il est relatif aux fonctions, pourra être établie par les voies ordinaires, dans le cas d'imputations contre les corps constitués, les armées de terre
ou de mer, les administrations publiques, et contre
toutes les personnes énumérées dans l'art. 31.*

*La vérité des imputations diffamatoires et in-
jurieuses pourra être également établie contre les
directeurs ou administrateurs de toute entreprise
industrielle, commerciale ou financière, faisant
publiquement appel à l'épargne ou au crédit.*

*Dans les cas prévus aux deux paragraphes pré-
cédents la preuve contraire est réservée. Si la
preuve du fait diffamatoire est rapportée, le prévenu sera renvoyé des fins de la plainte.*

*Dans toute autre circonstance et envers toute
autre personne non qualifiée, lorsque le fait imputé est l'objet de poursuites commencées à la re-*

15

*quête du ministère public, ou d'une plainte de la
part du prévenu, il sera, durant l'instruction qui
devra avoir lieu, sursis à la poursuite et au jugement du délit de diffamation.*

Législation antérieure. — Le paragraphe 2, de
l'art. 20, de la loi du 26 mai 1819, mettait l'auteur d'une
diffamation envers les dépositaires ou agents de l'autorité
à l'abri de toute peine lorsque la preuve des faits imputés
était rapportée. L'art. 11 de la loi du 11 mai 1868, plus
connu sous le nom de *Mur de la vie privée* ou de *Mur
Guilloutet*, du nom de son auteur, était ainsi conçu :

« Toute publication dans un écrit périodique relative à
« un fait de la vie privée constitue une contravention punie
« d'une amende de 500 fr. »

L'art. 25, de la loi du 26 mai 1819, ordonnait qu'il
serait sursis à la poursuite, lorsqu'il y aurait des poursuites commencées à la requête du ministère public ou que
l'auteur aurait dénoncé ces faits.

Historique. — **Commentaire.** — Le projet de la
Commission de la Chambre était ainsi conçu :

« La vérité du fait diffamatoire pourra être établie par
« toutes sortes de preuves, dans les cas où la diffamation
« est commise, soit envers l'un des corps indiqués dans
« l'art. 30, soit envers les personnes indiquées dans l'art.
« 31, mais seulement dans les cas où elle porte sur des
« faits relatifs à leurs fonction, ministère, mandat, service
« ou déposition.

« Elle pourra l'être également à l'égard de toute per-
« sonne, lorsque le fait est passible, en le supposant prouvé,

« d'une peine quelconque et que le prévenu aura été lésé
« par le fait imputé.

« Dans tous ces cas, si la preuve est rapportée, le pré-
« venu sera renvoyé de la plainte. »

M. Bardoux a proposé deux amendements qui, sauf
quelques modifications insignifiantes, introduites sur la
demande de la Commission sont devenues les paragraphes 1 et dernier de la loi.

M. Ballue avait proposé un amendement ainsi conçu :

« La vérité du fait diffamatoire pourra toujours être
« établie. Si la preuve est rapportée, le prévenu sera ren-
« voyé des fins de la plainte. »

Voici quelques-unes des paroles qu'il a prononcées à
l'appui de sa proposition : (Séance du 15 février.)

« Vous savez à quel sentiment louable la Commission a
« obéi, en n'admettant pas que la preuve des faits diffama-
« toires pût toujours être établie. Elle a dit ceci :

« Si l'imputation porte sur un fait exact, est-ce que
« vous admettez qu'on puisse venir troubler la vie privée
« d'un citoyen, lui rappeler, par exemple, une condamna-
« tion qu'il aura pu subir, faire revivre un fait oublié, qui
« peut-être exact au fond, n'en portera que plus encore
« atteinte à son honneur et à sa considération ? Ainsi,
« on aura troublé l'existence d'un homme complètement
« étranger à la vie publique, n'exerçant ni mandat, ni
« fonctions, ne relevant en rien de l'opinion. Où est l'in-
« térêt à ménager le diffamateur ?

« Il est incontestable que la précaution prise contre ces
« abus est des plus légitimes, et je suis le premier, je le
« répète, à rendre hommage au sentiment de la Commis-
« sion. Mais qu'elle me permette de lui faire remarquer

« — et j'appelle sur ce point l'attention de la Chambre —
« quelle est la situation que vous faites au simple citoyen
« pur de toute tache, celui-là qui a été victime d'une diffa-
« mation, c'est-à-dire contre lequel on a porté une accusa-
« tion reposant sur un fait faux, et qui ne peut pas établir
« la fausseté de cette imputation. Je pourrais vous citer de
« nombreux exemples. En voici un. Un simple citoyen,
« qui n'était investi d'aucun mandat ni d'aucune fonction,
« avait été accusé par un journal d'avoir commis un vol ;
« la diffamation était bien caractérisée. Ce citoyen saisit
« les tribunaux et le journaliste est condamné. Mais, en
« sortant du tribunal, ce journaliste disait, et il avait le
« droit de le dire au point de vue de la législation actuelle :
« Je suis condamné, parce que la loi m'interdit de pénétrer
« dans la vie privée de ce citoyen, mais cette condamnation
« ne prouve nullement que mon imputation est fausse, et
« je maintiens que c'est un voleur.

« Voilà la situation que vous faites à l'honnête homme ;
« il lui est impossible de prouver qu'il a été calomnié.

« Si je mets en regard ces inconvénients si graves, si
« considérables, des inconvénients, que je ne méconnais
« pas, résultant des dispositions de la rédaction nouvelle
« que je vous soumets, — c'est-à-dire l'impossibilité où
« celui qui a réellement commis une action condamnable
« sera nécessairement d'exiger de son adversaire la preuve,
« parce qu'il sait que cette preuve se tournerait contre
« lui, — entre ces deux intérêts : sauvegarder la situation
« d'un homme qui a failli une fois dans sa vie, ou de
« l'homme qui n'a jamais été coupable, entre ces deux
« intérêts, puisqu'il faut choisir, il me paraît naturel de
« sauvegarder l'intérêt de l'honnête homme d'abord. »

M. Lelièvre, membre de la Commission, a combattu cet amendement par les arguments suivants :

« Quand le fait n'est pas vrai, on a un moyen
« de prouver sa fausseté : c'est d'actionner au civil.
« Mais quand le fait est vrai, je dis qu'il est con-
« traire à l'ordre public de permettre que le premier ci-
« toyen venu puisse réveiller une condamnation et ajou-
« ter, en la rappelant, une peine que le tribunal n'a point
« prononcée. Il n'y aurait alors ni sécurité ni justice, il
« n'y aurait plus proportionnalité entre le châtiment et la
« faute. Un homme une fois frappé serait dans l'impossi-
« bilité de revenir à des sentiments meilleurs, il n'aurait
« plus d'intérêt à se réhabiliter par une conduite meilleure,
« s'il était exposé à s'entendre reprocher sans cesse la
« faute qu'il aurait commise. »

L'amendement de M. Ballue a été rejeté.

Dans le sein de la Commission du Sénat, M. Bozérian a proposé un amendement pour l'admission de la preuve, quand c'est le diffamé qui la réclame. La Commission a pensé avec raison qu'il fallait ou permettre ou interdire la preuve dans tous les cas, car, dans le système de M. Bozérian, si le diffamé renonçait à la demander il pouvait créer une présomption contre lui.

Voici comment M. Pelletan résume dans son rapport, (page 19), le principal argument donné par M. Bozérian à l'appui de la propositition :

« Le diffamateur, qui sera peut-être un calomniateur,
« pourra dire au sortir de l'audience : j'ai été condamné,
« il est vrai, je devais être condamné, il est vrai encore,
« mais je ne l'ai été qu'en vertu de la loi qui interdit la
« preuve du fait allégué. Il donne ainsi à entendre que si

« la preuve eût été permise, elle fut retombée de tout son
« poids sur la tête du diffamé; et tout condamné qu'est le
« diffamateur il laisse encore planer sur celui qui l'a fait
« condamner le plus dangereux des soupçons, le soupçon
« du sous-entendu. »

Et il ajoute (page 20) :

« La Commission a pensé qu'il fallait ou permettre ou
« interdire la preuve dans tous les cas, car du moment où
« le diffamé renonce à la demander, il crée contre lui la
« présomption de la vérité des faits allégués; il aura donc à
« subir, bon gré, mal gré, à l'audience, la nécessité d'une
« preuve qui serait une descente de justice dans son inté-
« rieur et une visite domiciliaire de ce qu'il y a de plus
« sacré dans l'intimité. »

Le paragraphe deuxième a été adopté par le Sénat, sur
la proposition de la Commission. Voici comment le rapport
de M. Pelletan (pages 20 et 21) explique et justifie cette
excellente innovation :

« Ainsi donc le projet de loi le dit, et nous le redisons
« après lui : preuve interdite en matière de diffamation
« contre le particulier mais autorisé contre le fonction-
« tionnaire.

« N'y a-t-il pas à côté des agents de l'autorité, qui
« doivent compte à tous de l'usage de leurs fonctions,
« d'autres hommes qui revêtent, en quelque sorte, un ca-
« ractère public par cela seul qu'ils font appel à la for-
« tune publique. La plupart de ces entreprises sont, à
« coup sûr, loyales, mais il en est qui ne sont que des spé-
« culations, des maisons de jeu qui volent les cartes, comme
« on l'a dit. On reprocha un jour à la presse, du haut de
« la tribune, de ne pas signaler ces détournements de l'é-

« pargne nationale, mais elle ne les eût dénoncés que pour
« courir à une condamnation certaine, par l'interdiction de
« la preuve en matière de diffamation.

« Votre Commission a voulu autoriser cette preuve pour
« mettre la crédulité à l'abri de l'exploitation. »

Dans la discussion qui a eu lieu au Sénat (séance du 11
juillet), sur une question ainsi formulée par M. Bozérian :

« Je viens demander à la Commission ceci :

« Vous me dites qu'à l'encontre des directeurs d'entre-
« treprises industrielles, commerciales ou financières,
« on pourra prouver les faits diffamatoires. Quels faits? »

M. Laboulaye a répondu au nom de la Commission :

« Maintenant, on nous demande sur quel fait on pourra
« faire porter l'accusation. Mais, sur le fait de la mise de la
« société en elle-même.

« On pourra dire, par exemple : Le premier versement
« n'est pas fait, le premier versement est fictif. On a prêté
« un chèque que vous avez rendu le lendemain. En un
« mot, nous voulons que la conscience publique puisse se
« prononcer sur certains spéculateurs qui ont fait un voyage
« en Angleterre ou qui ont eu des malheurs à Poissy.
« Nous voulons qu'on puisse dire : Votre premier verse-
« ment n'est pas fait, votre spéculation ne repose sur
« rien.

« Nous demandons qu'on introduise, autant que pos-
« sible, l'honnêteté dans ces entreprises.

« Je sais bien qu'on a dit : Les affaires sont l'argent des
« autres, et qu'on abuse singulièrement de cette défini-
« tion. Nous voudrions tâcher, je le répète, de mettre au-
« tant qu'il est en notre pouvoir, un peu d'honnêteté dans
« toutes ces affaires-là. »

La vérité du fait diffamatoire. La preuve n'est pas possible, et ne serait pas admise en matière d'injure, « l'injure ne renferme, de sa nature, l'imputation d'aucun fait précis ; il n'y a dans ce cas, rien à prouver que l'injure elle-même ». (Rapport de M. Lisbonne, p. 101). — Il faut décider que la preuve pourrait être rapportée dans le cas de diffamation envers un mort. Mais seulement dans les cas où elle est admise pour les vivants.

Pourra être établie par les voies ordinaires. C'est-à-dire soit par titres, soit par témoins.

La vérité des imputations. Il faut ajouter ou allégations.

Contre les directeurs ou administrateurs. Seulement quand le fait diffamatoire est relatif à cette qualité.

Faisant publiquement appel à l'épargne. Il résulte de ces expressions que la preuve ne pourrait être admise contre les directeurs ou administrateurs d'une entreprise purement commerciale qui ne ferait pas d'appel public de fonds.

La preuve contraire est réservée. A celui qui se prétend diffamé.

Si la preuve est rapportée. Les tribunaux ont un pouvoir souverain pour apprécier si le prévenu a fait la preuve du fait diffamatoire.

Dans toute autre circonstance. C'est-à-dire lorsque la diffamation n'est pas relative aux fonctions des personnes ou des corps désignés § 1er, ou à la qualité de directeurs ou d'administrateurs.

Poursuites commencées. Un réquisitoire introductif ou une citation suffirait.

D'une plainte. Une plainte seule suffirait alors même

qu'elle n'aurait encore été l'objet d'aucune suite de la part du ministère public.

De la part du prévenu. Une plainte émanant d'une autre personne, ne produirait pas nécessairement le même effet. Cependant, il nous semble qu'en présence de cette plainte le tribunal devrait user de la faculté qui lui appartient et surseoir jusqu'à ce qu'il ait été statué sur cette plainte.

Il sera sursis. C'est une obligation pour le tribunal. La remise est de droit dans l'un des deux cas prévus par ce paragraphe.

Qui devra avoir lieu. C'est également une obligation pour le ministère public de requérir une instruction. Pour employer une expression technique « l'affaire ne pourrait être *classée sans suite* ».

A la poursuite. C'est-à-dire non-seulement au jugement mais à l'instruction de l'affaire, à l'interrogatoire et à l'audition des témoins.

Jurisprudence et doctrine. — La notoriété publique qu'on invoque à l'appui d'un fait, n'est pas une preuve juridique suffisante (Rennes, 27 mars 78, D. 80, 2, 68-69).

— L'outrage envers un fonctionnaire ne saurait, comme dans le cas de diffamation, être couvert par la preuve des faits allégués (Cass. 3 fév. 77, D. 77, 1, 281).

— L'arrêt par lequel la Chambre des requêtes de la Cour de Cassation, saisie d'une dénonciation contre un magistrat, déclare qu'il n'y a lieu à suivre, a l'autorité de la chose jugée sur la fausseté des faits dénoncés.

Les prévenus ne peuvent plus remettre en question la fausseté ou la réalité des faits ; une enquête ne peut être commencée ou continuée.

Il ne reste plus aux prévenus qu'à prouver leur bonne foi (Cass. 7 fév. 79, D. 79, 1, 89).

IV. — DÉLITS CONTRE LES CHEFS D'ÉTAT ET AGENTS DIPLOMATIQUES ÉTRANGERS.

ART. 36.

L'offense commise publiquement envers les chefs d'État étrangers sera punie d'un emprisonnement de trois mois à un an et d'une amende de 100 fr. à 3,000 francs, ou de l'une de ces deux peines seulement.

Législation antérieure. — L'art. 12 de la loi du 17 mai 1819 punissait d'un emprisonnement de un mois à trois ans et d'une amende de 100 fr. à 500 fr. l'offense envers la personne des souverains étrangers.

Historique. — Commentaire. — M. Ballue a vainement demandé la suppression de cet article.

Le Sénat, sur la proposition de sa Commission, a substitué le mot « *offense* » au mot « *outrage* », qui se trouvait dans le projet adopté par la Chambre. Il a également réduit la peine de l'emprisonnement, qui, dans le projet voté par la Chambre était de six mois à deux ans.

Envers les chefs d'État étrangers. Cet article ne peut être invoqué que si le chef d'État était au pouvoir quand l'offense lui a été faite et s'il y est encore au moment de l'introduction de l'instance. Ce que la loi veut protéger ce n'est pas la personne c'est la fonction.

L'offense. Voir « ce mot sous l'article 26 ». « L'expression d'offense, c'est-à-dire d'*outrage* remplace ici celle d'injure ou de diffamation. L'outrage peut s'entendre d'ailleurs et de l'injure et de la diffamation. » (Rapport de M. Lisbonne, page 113). L'injure ou la diffamation envers un chef d'État étranger doit donc être punie des peines ci-dessus.

Sera puni. Ce délit est de la compétence de la Cour d'assises par suite de l'adoption par la Chambre d'un amendement de M. Floquet à l'article 45.

Jurisprudence et doctrine. — L'imputation diffamatoire dirigée contre un souverain étranger déchu, ne constitue pas le délit d'offense prévu par l'article 36 ; même si le fait se réfère à l'époque où le souverain était au pouvoir ; mais elle constitue la diffamation envers un dépositaire de l'autorité publique pour des faits relatifs à ses fonctions (Cass., 24 mai 1879, D. 79, 1, 273).

—Cet article ne s'applique qu'aux chefs de gouvernements reconnus comme tels par la France (Chassan, 1, 435. — De Grattier, 1,174).

— Il ne peut être invoqué par un souverain déchu pour un article publié depuis la déchéance. Le souverain déchu n'est plus qu'un particulier et peut demander selon le droit commun réparation de l'injure (Paris, 12 sept. 84. — Chassan, 1, 436. — De Grattier, *loc. cit.* — D. *Presse*, 672).

— Les mots « souverains étrangers » s'appliquent aux souverains collectifs comme les Républiques et à leurs chefs du pouvoir exécutif (Rauter, *Dr. cr. fr.* 1, 419. — Chassan, 1, 380. — De Grattier, 1, 174).

ART. 37.

L'outrage commis publiquement, envers les ambassadeurs et ministres plénipotentiaires, envoyés, chargés d'affaires ou autres agents accrédités près du Gouvernement de la République, sera puni d'un emprisonnement de huit jours à un an et d'une amende de 50 fr. à 2,000 fr., ou de l'une de ces deux peines seulement.

Législation antérieure. — L'article 17 de la loi du 17 mai 1819 punissait d'un emprisonnement de 8 jours à 18 mois et d'une amende de 50 fr. à 3,000 fr. ou de l'une de ces deux peines, la diffamation contre les agents et diplomates accrédités près du chef de l'État. L'injure contre les mêmes personnes était, aux termes de l'article 19 de la même loi, punie d'un emprisonnement de cinq jours à un an et d'une amende de 25 fr. à 2,000 fr.

Historique. — Commentaire. — A la Chambre, M. Ballue a vainement demandé la suppression de cet article. Au Sénat, il n'y a pas eu de discussion.

L'outrage. C'est-à-dire l'injure; voyez au surplus ce qui est dit au mot *offense* sous l'article 26.

Commis publiquement. Même par paroles.

Accrédités. Il faut donc que l'agent diplomatique ait remis les lettres qui l'accréditent et qu'il ait été accepté, accueilli, par le gouvernement français.

Il résulte de cette expression que l'agent diplomatique qui ne serait plus en fonction, ou qui ne le serait pas encore, ne pourrait invoquer les dispositions de cet article.

Sera puni. Ce délit est de la compétence de la Cour d'assises.

Jurisprudence et doctrine. — Cet article n'exige pas que l'outrage ait été commis à l'occasion des fonctions (Cass., 27 janv. 43, S. 43, 1, 239).

— Il n'est pas applicable lorsque l'agent diplomatique a cessé d'être accrédité, si même l'imputation était relative à ses fonctions.

diplomatiques (V. à l'appui de cette opinion, De Grattier, 1, 215. — Dalloz, 915).

§ V.—PUBLICATIONS INTERDITES, IMMUNITÉS DE LA DÉFENSE.

ART. 38.

Il est interdit de publier les actes d'accusation et tous autres actes de procédure criminelle ou correctionnelle avant qu'ils aient été lus en audience publique, et ce, sous peine d'une amende de 50 fr. à 1,000 fr.

Législation antérieure.—Cet article est la reproduction du § 1er de l'article 10 de la loi du 27 juillet 1849 sauf la quotité de l'amende dont le minimum était 100 francs et le maximum 2,000 francs. Aux termes du § 2, en cas de récidive dans l'année, l'amende pouvait être portée au double et le coupable pouvait être condamné à un emprisonnement de 10 jours à 6 mois.

Historique. — Commentaire. — M. Sourigues, député, a déposé sans succès l'amendement suivant :

« Sous peine d'engager sa responsabilité, tout journal « qui publiera une réclame devra la placer sous un titre « indiquant clairement qu'elle n'émane pas de la rédaction.»

Cet article n'a donné lieu à aucune discussion au Sénat.

Il est interdit. Les termes généraux de cette disposition obligent de l'étendre à tous ceux qui auraient un intérêt à la publication aussi bien qu'à ceux à qui la publication pourrait préjudicier (voir en outre art. 26, loi du 5 mai 1855).

16

Avant. *A contrario* la publication pourrait avoir lieu après, sauf ce qui est dit à l'article 39.

Jurisprudence et doctrine. — Il s'agit ici de toute espèce de publication, et l'article 38 s'appliquerait au cas d'une reproduc· tion dans un mémoire distribué (Arg. Lyon, 24 fév. 58; D. 58, 8, 40).

— La prohibition s'applique à la publication du contenu des actes faite en forme de résumé, le texte n'en fût-il reproduit que partiellement, en quelques passages ou même par extraits (Cass., 31 mars 54; D. 54, 1, 166).

— L'article 38 est applicable même lorsque l'accusé a autorisé la publication de l'acte (D. 988).

— La publication dans les journaux et la distribution aux jurés de la cour d'assises de renvoi du compte-rendu inexact des débats qui ont eu lieu devant la première cour d'assises dont l'arrêt a été cassé, ne peut vicier la deuxième procédure et le deuxième arrêt (Cass., 17 fév. 43; D. 989).

Tout éditeur, imprimeur, journaliste ou autre, qui rendra publics les actes interdits au conseil municipal par les articles 24 et 25 de la présente loi sera passible des peines portées en l'article 123 du Code pénal (art. 26, loi du 5 mai 1855).

Art. 39.

Il est interdit de rendre compte des procès en diffamation où la preuve des faits diffamatoires n'est pas autorisée. La plainte seule pourra être publiée par le plaignant. Dans toute affaire civile, les Cours et tribunaux pourront interdire le compte-rendu du procès. Ces interdictions ne s'appliqueront pas aux jugements qui pourront toujours être publiés.

Il est également interdit de rendre compte des délibérations intérieures, soit des jurys, soit des Cours et tribunaux.

Toute infraction à ces dispositions sera punie d'une amende de 100 francs à 2,000 francs.

Législation antérieure. — Cet article est la reproduction partielle des articles 11 de la loi du 27 juillet 1849 et 17, § 2, de la loi du 17 février 1852, sauf en ce qui concerne les pénalités qui étaient plus fortes avant la loi nouvelle.

Historique. — Commentaire. — Cet article a été adopté sans discussion dans les deux Chambres.

Il est interdit. Cette interdiction s'applique aussi bien au diffamé qu'au diffamateur.

Procès en diffamation. L'article 11 de la loi du 27 juillet 1849 interdisait également le compte-rendu des procès pour outrage et injures. Cette interdiction ne se trouvant pas reproduite dans la loi nouvelle, il faut en conclure qu'elle n'existe plus. On pourrait donc sous l'empire de cette loi rendre compte d'un procès pour injure ou outrage.

Où la preuve des faits diffamatoires n'est pas autorisée. Il suffit que la preuve des faits soit possible, soit autorisée, pour que l'article 39 ne soit pas applicable. Il n'est pas nécessaire que le diffamateur ait usé du droit de faire la preuve.

La plainte seule. Il s'agit non pas de la dénonciation adressée au ministère public, mais de la citation donnée à la requête du diffamé.

Par le plaignant. Le prévenu ne pourrait pas publier la citation qu'il a reçue, si elle ne l'avait déjà été par celui qui se plaint de diffamation.

Toute infraction. Il s'agit d'infraction purement matérielle et que ne pourrait excuser la bonne foi ou l'ignorance.

Sera punie. La connaissance de ce délit est du ressort des tribunaux correctionnels.

Jurisprudence et doctrine. — La publicité des débats judiciaires, telle qu'elle a été réglée par les lois organiques consiste, non dans leur reproduction par la voie de la presse, circonstance accessoire et non essentielle de la publicité, mais dans le libre accès du prétoire ouvert à tous les citoyens, dans la faculté pour chacun d'assister aux audiences et dans le prononcé des jugements à haute voix (Cassation, 15 janvier 69).

— La faculté donnée aux tribunaux d'interdire, sans ordonner le huis-clos, le compte-rendu des affaires qui se débattent devant eux, est une mesure d'ordre public dont l'initiative leur appartient et à laquelle ils peuvent recourir sans entendre ni le ministère public, ni l'accusé ou son conseil (Cass., 23 avril 57, D. 57, 1 200. — Cass., 24 fév. 60, D., 60, 1, 369).

— La prohibition s'applique à tous les procès en diffamation, qu'ils soient portés au civil ou au criminel (Cass., 15 janvier 1869).

— Des réflexions générales sur le procès sont-elles également punissables? — De Grattier (t. II, p. 322) dit oui; un arrêt de Paris, 17 janvier 38, a décidé que non.

— Le mot *jugement* comprend les jugements préparatoires sur exceptions ou sur incidents (Chassan, t. I, p. 642).

— La publication ou reproduction de la lettre d'un juré révélant les raisons pour lesquelles le jury a statué dans une affaire est prohibée (Seine, 21 juin 64, D. 64, 3, 92).

— Un article de journal placé à la suite du compte-rendu d'une audience et qui se rattache à lui par une transition, par le mode de rédaction, et surtout par l'objet dont il s'occupe, doit être considéré comme compte-rendu (Cass., 6 juin 1834, D. 994-7°. — Chassau, 1, 410. — De Grattier, 2, 80-2°).

— Les caractères légaux d'un compte-rendu d'audience, dans un article de journal, peuvent être appréciés par la Cour de cassation (Cass., 12 mai 37, D. 996).

— Il est interdit de rendre compte d'un incident, même lorsqu'il s'agit d'une question de droit, et spécialement de reproduire la plaidoirie du défenseur, alors que les faits diffamatoires y sont reproduits (Seine, 25 nov. 76, D. 77, 3, 111).

— Le récit des débats d'un procès est un compte-rendu, quoiqu'il soit fait sous la forme d'une appréciation raisonnée et critique (Haute Cour, 26 oct. 49, D. 49, 1, 266).

— Un article de discussion générale peut être qualifié compte-rendu, lorsque toutes ses parties ont pour objet les débats (Cass., 23 fév. 37, D. 994-3° et 1549).

— On doit considérer comme compte-rendu l'article mêlant de réflexions et de critiques le récit de quelques faits passés à l'audience, bien que le même journal renferme, dans une autre partie un récit détaillé de l'audience entière (Cour d'assises Seine, 20 mars 33.— Cass., 19 oct. 33, D. 994-4° et 1446).

— Aux termes de l'art. 87 du Code de Procédure civile les tribunaux peuvent ordonner que les plaidoiries auront lieu à huis-clos, si la discussion publique doit entraîner ou scandale ou inconvénients graves.

— En cas de huis-clos, les jugements pourront toujours être publiés.

— En cas de huis-clos, la presse ne peut publier des extraits de l'acte d'accusation malgré qu'il soit prononcé publiquement (Dijon, 20 déc. 43, D. *Presse*, 299. Aix, 14 février 1875; *Gaz.* 26 mars 75).

— La bonne foi du rédacteur, qui a cru pouvoir s'autoriser de l'usage abusif de rendre compte des débats, qui paraît toléré chez les journalistes de la capitale, ne saurait l'excuser (id.).

— Dalloz (*Presse*, 299) ne pense pas que le journaliste soit répréhensible s'il a restreint son compte-rendu à ce qui est indispensable à l'intelligence du jugement.

Il ne pense pas qu'on puisse incriminer une citation de l'acte d'accusation du réquisitoire ou de la plaidoirie, si le jurisconsulte y trouve un aperçu nouveau de législation ou une discussion de droit.

La loi n'a pour objet que d'empêcher les publications scandaleuses, destinées à alimenter la malignité et la curiosité du public.

Les faits peuvent être reproduits, dit de Grattier, 2, 201, parce que l'interdiction ne porte que sur les débats.

Nous ne sommes pas de cet avis, la loi ne permet que la publication du jugement, elle défend donc tout le reste.

— La contravention commise par le journal qui publie un acte d'accusation malgré le huis-clos ordonné, même pour la lecture de cet acte, se confond avec la contravention commise en même temps en rendant compte des débats.

Elle ne peut être punie séparément que lorsque la publication de l acte a été faite avant sa lecture devant le jury (Bordeaux, 18 ncv. 73, D. 77, 5, 344).

— La prohibition du § 2 (art. 39) emporte celle de publier la décision, résultat de la délibération, avant qu'elle n'ait été prononcée publiquement (Rouen, 13 août 47, D. 47, 2, 224).

— Serait punissable un article inséré dans un journal, même sous forme de simple lettre, contenant un récit détaillé et circonstancié d'un procès dont le compte-rendu est interdit, bien que l'article n'ait pas la forme d'un compte-rendu. L'auteur ne serait pas excusé par cette raison que l'article ne présenterait qu'une défense légitime et personnelle en réponse à des attaques produites par d'autres journaux (Cass., 12 mai 37, 2 mars 38, *Le Mémorial dieppois. D. Presse*, 297).

ART. 40.

Il est interdit d'ouvrir ou d'annoncer publiquement des souscriptions ayant pour objet d'indemniser des amendes, frais et dommages-intérêts prononcés par des condamnations judiciaires, en matière criminelle et correctionnelle, sous peine d'un emprisonnement de huit jours à six mois et d'une amende de 100 francs à 1,000 francs ou de l'une de ces deux peines seulement.

Législation antérieure. — Sauf la quotité de la peine cet article est la reproduction de l'art. 5 de la loi du 27 juillet 1849, qui était lui-même la reproduction de la loi du 9 septembre 1835. Sous l'empire de cette loi l'emprisonnement pouvait être de un mois à un an et l'amende de 500 fr. à 1,000 francs.

Historique. — Commentaire. — Nous pensons qu'il est utile pour préciser le sens de l'interdiction prononcée par cet article de citer le passage suivant de la discussion :

M. CLÉMENCEAU. « Messieurs, j'ai demandé la parole
« pour une simple citation. Au début de la Restauration,
« des hommes subversifs qui s'appelaient le duc de
« Broglie, l'ancien, Manuel, Benjamin Constant, Laffitte,
« avaient formé une société pour défendre la liberté de la
« presse.

« Un journaliste, M. Chevalier, ayant été condamné pour
« délit de presse, ces messieurs lui adressèrent la lettre
« que je vous demande la permission de vous lire et qui
« était signée, ne l'oubliez pas, par le duc de Broglie :

« Monsieur, je suis chargé par un grand nombre de
« citoyens qui, sans connaître plus que moi votre personne
« honorent votre caractère et partagent vos principes, de
« vous prier de ne pas mettre obstacle au désir qu'ils ont
« formé.

« La procédure que vous avez subie leur paraît si
« étrange, l'état de notre législation si défectueux, les dé-
« cisions des tribunaux si menaçantes, qu'ils doivent par-
« tager avec les écrivains qui consacrent leur plume à

« défendre les droits de la nation le poids d'un ordre de
« choses qui ne peut durer.

« Vous êtes le premier en ordre de date qui ait encouru,
« sans motif apparent, une condamnation personnelle et
« pécuniaire. Souffrez que nous prenions notre quote-part
« de la peine; veuillez me faire connaître à combien se
« montent l'amende et les frais de justice que vous devez
« payer: je vous prierai de vouloir bien disposer d'une
« somme égale sur les fonds qui sont entre nos mains.

« En accueillant la proposition que j'ai l'honneur de vous
« faire, vous servirez utilement votre patrie, et vous aurez
« de nouveaux droits à la reconnaissance publique; car il
« ne peut y avoir rien de plus avantageux qu'une manifes-
« tation sage, régulière et constitutionnelle de l'opinion
« dans des matières de cette importance. »

« Ce que MM. le duc de Broglie, Manuel, Laffitte, Bén-
« jamin Constant, estimaient une manifestation sage, régu-
« lière, et constitutionnelle, la Commission le trouve con-
« damnable.

« *Plusieurs membres de la Commission.* Pas du tout!
« C'est une erreur!

M. LE RAPPORTEUR. « Voyez l'art. 40. »

Il faut conclure des paroles du Rapporteur et des membres de la Commission qu'une lettre conçue dans les
termes ci-dessus, ne serait pas délictueuse. Cet article a
d'ailleurs été adopté tant à la Chambre qu'au Sénat sans
autres observations.

Publiquement. C'est la publicité qui est interdite et non
pas la souscription. Ceci résulte tant de l'incident ci-dessus que des paroles suivantes du rapport de M. Lisbonne:

« Ce n'est pas le fait d'ouvrir une souscription ayant

« pour objet d'indemniser des frais de condamnations en-
« courues en cour d'assises ou en police correctionnelle
« qui peut, par lui-même, constituer une action punissable.
« Chacun est libre de disposer à son gré de ses sympa-
« thies et de son argent. C'est la publicité donnée à l'ou-
« verture de la souscription ou à l'annonce de cette ouver-
« ture que la loi a entendu prohiber et punir. On a craint
« que ces manifestations ne prissent le caractère d'une
« protestation contre les décisions judiciaires et que leur
« autorité ne s'en trouvât infirmée. Nous n'avons pas cru
« pouvoir renoncer à cette prévoyante disposition. »

Il s'agit bien entendu de tous les modes de publicité.
« La prohibition de l'art. 5, de la loi du 27 juillet 1849,
disait M. Dufaure, dans une circulaire du 1er août 1849,
ne concerne pas seulement les journaux, mais bien tout
acte patent et notoire provoquant à une souscription. »

En matière criminelle et correctionnelle. A contrario
une souscription publique pourrait être ouverte pour indemniser d'une condamnation civile.

Sous peine. Il s'agit d'un délit qui est de la compétence
des tribunaux correctionnels.

Jurisprudence et doctrine. — La loi ne peut interdire des
souscriptions particulières; « chacun dit M. Sauzet, dans son rapport sur la loi du 9 sept. 1835 (*Moniteur* 19 août 35), reste maître
de ses sympathies, mais on ne triomphera plus *publiquement* des
lois et des magistrats. »

— L'annonce publique d'une souscription est punissable même
quand cette dernière se fait sous une forme déguisée par exemple
en souscrivant à un ouvrage dont le prix indemnisera des condamnations (Cass. 26 août 36, D. *Presse*, 316).

La majorité des auteurs décidait que l'interdiction ne s'appliquait
pas dans les procès civils étrangers à la politique (V. D. *Presse*,
318).

— Est répréhensible la publication, suivant immédiatement le texte de la condamnation, de l'article de la loi qui prohibe la souscription (Bourges, 23 fév. 27, cité par de Grattier, 2, 330. — V. Chassan, 1, 534).

— Il peut ne pas y avoir contravention à l'art. 40 dans le fait par un journal de citer l'article du journal condamné en annonçant que ce dernier journal publie une relation de son procès (Cass., 20 août 36, D. *Presse*, 316).

— Il en serait autrement si les annonces de ce genre devenaient significatives pour tout le monde de l'intention délictueuse.

— N'est pas comprise dans le cas de l'art. 40 la souscription ayant pour objet de fournir aux frais d'un appel ou d'un pourvoi (Chassan, 1, 231. — D. *Presse*, 317. — Douai, 23 août 47, D. 47, 2, 214.—*Contra*, De Grattier, 2, 330).

ART. 41.

Ne donneront ouverture à aucune action les discours tenus dans le sein de l'une des deux Chambres, ainsi que les rapports ou toutes autres pièces imprimées par ordre de l'une des deux Chambres.

Ne donnera lieu à aucune action, le compte-rendu des séances publiques des deux Chambres, fait de bonne foi dans les journaux.

Ne donneront lieu à aucune action en diffamation, injure et outrage, ni le compte-rendu fidèle fait de bonne foi des débats judiciaires, ni les discours prononcés ou les écrits produits devant les tribunaux.

Pourront néanmoins les juges saisis de la cause

et statuant sur le fond, prononcer la suppression des discours injurieux, outrageants ou diffamatoires, et condamner qui il appartiendra à des dommages-intérêts. Les juges pourront aussi, dans le même cas, faire des injonctions aux avocats et officiers ministériels et même les suspendre de leurs fonctions. La durée de cette suspension ne pourra excéder deux mois, et six mois, en cas de récidive dans l'année.

Pourront toutefois les faits diffamatoires étrangers à la cause donner ouverture, soit à l'action publique, soit à l'action civile des parties, lorsque ces actions leur auront été réservées par les tribunaux et, dans tous les cas, à l'action civile des tiers.

Législation antérieure. — Cet article reproduit en substance les articles 21, 22 et 23 de la loi du 17 mai 1819. Cependant aux termes de la loi de 1819, la durée de la suspension pouvait être de six mois. En cas de récidive elle pouvait être d'un an au moins et de cinq ans au plus.

Historique. — **Commentaire.** — Le texte présenté par la Commission de la Chambre était ainsi conçu :

« Ne donneront lieu à aucune action en diffamation, in« jure ou outrage, les discours prononcés ou les écrits pro« duits devant les tribunaux.

« Pourront néanmoins les juges, saisis de la cause et « statuant sur le fond, prononcer la suppression des dis-

« cours injurieux, outrageants ou diffamatoires, et condam-
« ner qui il appartiendra à des dommages-intérêts. Les
« juges pourront aussi, dans le même cas, faire des injonc-
« tions aux avocats et officiers ministériels, ou même les
« suspendre de leurs fonctions. La durée de cette suspen-
« sion ne pourra excéder six mois ; en cas de récidive, elle
« sera d'un an au moins et de cinq ans au plus.

« Pourront toutefois les faits diffamatoires étrangers à la
« cause donner ouverture soit à l'action publique, soit à
« l'action civile des parties, lorsque ces actions leur auront
« été réservées par les tribunaux et, dans tous les cas, à
« l'action civile des tiers. »

M. Ribot proposa l'amendement suivant tendant à ajouter un paragraphe relatif aux comptes-rendus des séances des Chambres.

§ 1er. — « Ne donneront lieu à aucune action en diffa-
« mation, injure ou outrage :

« 1o Les comptes-rendus fidèles des séances publiques
« des Chambres ;

« 2o Les discours prononcés ou les écrits produits devant
« les tribunaux. »

Cet amendement, qui réparait un oubli de la Commission,
a été accepté par elle, puis par la Chambre.

M. Gambetta a fait observer que M. Ribot, en s'appropriant l'article 22 de la loi de 1819, avait laissé de côté
l'article 21 que la Chambre, dit-il, voudra s'approprier
également. Cet article est ainsi conçu :

« Ne donneront ouverture à aucune action les discours
« tenus dans le sein de l'une des deux Chambres, ainsi que
« les rapports ou toutes autres pièces imprimées par ordre
« de l'une des deux Chambres. »

M. le Président fait la remarque suivante :

« En présence de l'article 68, qui abroge toutes les dis-
« positions antérieures sans qu'on puisse les faire revivre
« par voie d'interprétation jurisprudentielle, le fait d'avoir
« reproduit l'article 22 de la loi de 1819 dans l'article 41,
« en exclurait l'article 21, et alors les membres des deux
« Chambres pourraient être actionnés pour les discours ou
« les rapports qu'ils auraient faits dans l'une ou l'autre
« Chambre. »

La Commission accepte cet article et la Chambre le vote ;
il devient § 1er de l'article 41, l'amendement Ribot devient
§ 2.

Un amendement de M. Gatineau a amené la Commission
à modifier le paragraphe relatif à la suspension des avocats
et des officiers ministériels. La Commission disait d'abord :
« La durée de la suspension ne pourra excéder six mois ;
en cas de récidive, elle sera d'un an au moins et de cinq
ans au plus. » Le nouveau texte a été ainsi rédigé et
adopté : « La durée de la suspension ne pourra excéder
deux mois, et six mois en cas de récidive dans l'année. »

Au Sénat, M. Demôle, membre de la Commission, avait
proposé à celle-ci l'amendement suivant :

« Si les discours ou les rapports faits dans le sein d'un
« Conseil général, d'un Conseil d'arrondissement ou d'un
« Conseil municipal, ou encore les délibérations de ces as-
« semblées donnent lieu à une plainte ou à une demande
« en dommages-intérêts, soit devant la juridiction civile,
« soit devant les tribunaux de répression, la partie défen-
« deresse pourra exciper, préalablement à toutes défenses
« au fond, du caractère administratif des discours ou pièces
« incriminés.

17

« Sur cette exception, le juge saisi sera tenu de sursoir
« jusqu'à ce que le Tribunal des conflits en ait, à la dili-
« gence de l'une ou l'autre des parties, apprécié le mérite.

« Si le Tribunal des conflits déclare l'exception fondée,
« l'effet de cette décision est de dessaisir le juge devant le-
« quel la plainte aura été portée, ou l'action introduite.

« Dans le cas contraire, les parties seront renvoyées de
« plein droit devant cette juridiction pour être suivi et sta-
« tué ainsi qu'il appartiendra. »

La Commission n'a pas accepté cet amendement.

« Le Tribunal des conflits est bien haut placé, dit le rap-
« port de M. Pelletan (page 22), bien rarement appelé à
« juger, pour qu'on puisse le saisir à tout propos d'une
« question souvent insignifiante de diffamation ou d'injure.

« Dans la plupart des cas, d'ailleurs, le conseiller géné-
« ral, le conseiller municipal poursuivi à la requête d'un
« particulier, s'empressera de soulever le conflit, ne fût-ce
« que pour traîner le procès en longueur et pour faire tom-
« ber la poursuite de lassitude.

« Ce mode de procédure lointaine, dispendieuse, équi-
« vaudrait à une véritable immunité. Votre Commission a
« préféré laisser au juge ordinaire le soin de décider ce qui
« pourra constituer, selon les cas, un fait diffamatoire ou
« l'exercice légitime de la fonction. »

Au Sénat, M. Paris a critiqué l'expression : *compte-
rendu* contenue dans le paragraphe 2 de l'article. D'après
cet article, l'immunité ne s'appliquerait qu'aux trois
comptes-rendus : *in extenso, analytique* et *sommaire.*
Comme ce sont là, dit-il, des documents officiels, les mots
« de bonne foi » sont inutiles.

M. Lenoël a répondu brièvement au nom de la Commission que ce paragraphe ne touche pas les comptes-rendus officiels, mais le compte-rendu fait par un journal qui a apprécié la séance à sa manière et qui en rend compte.

M. Batbie fait remarquer que le texte soumis au Sénat n'exige pas que les comptes-rendus des audiences soient faits de bonne foi, de même que le compte-rendu des délibérations du Parlement. Après des observations de MM. Griffe et Le Royer, l'article est renvoyé à la Commission pour remédier à cette lacune. A la séance du 16 juillet, le Rapporteur fait connaître que la Commission propose d'ajouter au § 3, « ni le compte-rendu fidèle fait de bonne foi des débats judiciaires. »

M. Le Royer a présenté un amendement ainsi conçu :

« Dans le cas où les comptes-rendus des débats judiciaires
« donneront ouverture à une action en justice, cette action
« sera portée devant le tribunal qui a connu de l'affaire. »

Cet amendement n'a pas été pris en considération.

M. Paris a demandé qu'on renvoyât au juge qui a connu de l'affaire l'examen préjudiciel de savoir si le compte-rendu a été infidèle ou de mauvaise foi, cette question tranchée, l'affaire reviendrait devant la juridiction de droit commun.

M. Griffe a répondu, au nom de la Commission, que le juge, quel qu'il soit, à qui on soumettra cette affaire, devra la connaître dans son entier, le moyen proposé par M. Paris ferait renaître les mêmes inconvénients et les mêmes difficultés que les propositions précédentes.

Ne donneront ouverture à aucune action ni criminelle ni civile. « Si les discours tenus dans les Chambres, disait M. Royer-Collard, étaient soumis à une action ultérieure, les délibérations des Chambres ne seraient plus indépendantes. »

Les discours tenus. Cette immunité accordée aux *dis-cours* ne pourrait être étendue à des écrits émanant d'un membre du Parlement.

Compte-rendu. Il ne s'agit point des comptes-rendus officiels (*in extenso*, analytique et sommaire), mais du compte-rendu fait par un journal qui a apprécié la séance à sa manière et qui en rend compte.

Fait de bonne foi. Cela ne veut pas dire qu'il doit être exact, mais seulement que les inexactitudes ne doivent pas être voulues, calculées dans l'intention de nuire à quelqu'un ou de tromper le public.

Compte-rendu fidèle. C'est-à-dire exact, impartial, donnant les arguments pour ou contre. S'il s'agit, par exemple, de procès criminels, le compte-rendu pour être fidèle doit relater les faits favorables à l'accusation, comme ceux favorables à la défense.

Dans le même cas. C'est-à-dire dans le cas de discours diffamatoires ou injurieux pour les parties en cause.

Injonctions. C'est-à-dire des observations expresses d'être plus circonspect.

En cas de récidive dans l'année. Pour qu'il y ait récidive il faut que le second délit ait été commis après que le jugement punissant le premier avait acquis l'autorité de la chose jugée.

Il faut noter que la loi ne prononce aucune peine contre le compte-rendu des séances publiques des deux Chambres fait de mauvaise foi ; en conséquence un tel compte-rendu ne donne lieu à aucune action pénale, si on ne peut lui reprocher autre chose que le fait d'avoir été rédigé de mauvaise foi.

Il faut en dire autant du compte-rendu infidèle, fait de mauvaise foi des débats judiciaires.

Jurisprudence et doctrine. — L'immunité accordée par cet article ne couvrirait pas le sénateur ou le député qui referait en dehors de l'enceinte parlementaire le discours qu'il y a prononcé (Chassan, I, 63. — de Grattier, I, 225. — D. *Presse*, 1160).

— Elle ne couvre pas le pétitionnaire dont la pétition contient une diffamation (D. *Presse*, 1164). (V. *Publicité*).

— Elle ne couvre pas le signataire d'une protestation adressée à la Chambre contre une élection lorsque cette protestation contient une diffamation (Orléans, 31 mai 47, D. 47, 2, 161).

— Ni une protestation (contre une élection) adressée au conseil de préfecture (Bourges, 1er avril 1881, *Courrier des tribunaux*, 203).

— Le bénéfice du § 2 ne peut être invoqué que par les journaux (de Grattier, I, 230). — La publication par extrait ne serait pas à l'abri des poursuites si l'extrait publié contenait quelque délit (Chassan, I, 123).

— Une partie est responsable des imputations contenues dans la plaidoirie de son avocat, lorsque les imputations ont eu lieu en sa présence et sans opposition de sa part (Bordeaux, 7 août 44, S. 45, 2, 552. — Chassan, 2, 544. — *Contra*. D. 1218).

— L'avocat qui a écrit ou plaidé des faits diffamatoires par ordre de son client peut être personnellement tenu de dommages-intérêts (Chassan, I, 78. — de Grattier, I, 244).

— L'avocat et l'avoué seraient affranchis de toute responsabilité dans le cas où la diffamation ne résulterait que de la publication de faits indispensables à la cause (de Grattier, t. I, p. 245).

— Des paroles injurieuses prononcées par une partie pendant la plaidoirie de son conseil, et sans avoir obtenu la parole du président, ne peuvent être considérées comme faisant partie de la défense, ni jouir du bénéfice de cet article (Caen, 30 avril 1842, *B. cr.* — de Grattier, t. I, p. 232).

— Si les motifs d'un jugement étaient de nature à constituer un véritable délit, la partie lésée aurait le droit de se pourvoir contre le juge par les voies ordinaires (Cass., 29 janv. 1824, Forbin Janson, J. P. — Chassan, I, 110).

— Il suffit que l'écrit incriminé ait été communiqué aux juges dans le dossier (Bourges, 3 juillet 1841, J. P. 41, 2. 678), ou remis au juge-rapporteur (Cass., 30 déc. 1851, D. 52, 1, 151).

— Pour qu'il y ait *écrit produit*, il n'est pas nécessaire que l'écrit soit produit comme pièce du procès, il suffit qu'il soit porté à la connaissance du magistrat par un moyen quelconque (D. 1199-1°, 1221-5°, Compét. crim. 622) même à un seul exemplaire (D. 1203.— *Contra*, Chassan, 1, 41 et 86).

— Il n'est pas nécessaire qu'il ait été signifié (Cass., 8 juin 1825, D. 1198 et 1200, 1221-5°.—Parant, 101. — Chassan, 1, 85).

— L'immunité est restreinte aux nécessités du procès. Ce dernier une fois terminé, la distribution des mêmes écrits, faite à des tiers, peut être diffamatoire (Cass., 15 juin 54, D. 54, 1, 261).

— La publicité donnée au mémoire judiciaire, lui fait perdre le bénéfice de l'art. 41 (Arg. Cass., 6 nov 63, D. 64, 1, 51, Cass., 15 déc. 64, D. 65, 1, 45).

— Cet article n'est pas applicable aux conclusions du ministère public. Les tribunaux, même du consentement des magistrats du parquet, ne peuvent donner acte de réserves contre eux (Cass., 11 janv. 51, D. 51, 5, 408.— De Grattier, 1, 232.— Cass., 30 octobre 1835, J. P.).

— L'imputation diffamatoire contenue dans un procès-verbal d'offres dressé par un huissier, signifié dans l'étude d'un autre n'est pas publique (Cass., 25 nov. 59, B. cr.—D. Presse, 853.—*Contra.*, Cass., 11 vend. an IV, J. P. — Nîmes, 14 déc. 48, D. 50, 5, 372).

— Si l'acte extra-judiciaire était suivi d'un procès, il devait être considéré comme un écrit produit devant les tribunaux (Chassan, t. 1, p. 408. — *Contra*, D. 853, *Presse*).

— Un acte d'avoué à avoué n'est pas public. (Cass., 21 sept. 38, D. cr.—Chassan, t. 1, p. 423.—Cass., 27 août 1818, J. P. — Parant, p. 88. — De Grattier, t. 1, p. 202).

—L'art. 41 est applicable aux écrits produits devant les Conseils de préfecture (D. 80, 3, 71).

— L'immunité ne peut être invoquée que devant les juridictions contentieuses. Le bénéfice n'en peut être appliqué à un mémoire adressé à un préfet pour demander la résiliation d'un marché (Cass., 21 mars 61, D. 61, 5. 377) à supposer même que le mémoire ait pour effet de saisir le conseil de préfecture, surtout si les imputations sont diffamatoires à l'égard d'un tiers (id.).

— L'art. 10 s'applique aux paroles prononcées devant le juge de paix par les parties appelées en conciliation sur billet d'avertissement (Grenoble, 31 déc. 72, D. 74, 2, 48).

— Les juges du fond ont un pouvoir discrétionnaire pour ordonner ou refuser la suppression d'écrits produits (Cass., 8 mai 76, D. 76, 1, 259).

— Les tribunaux peuvent ordonner la suppression d'un écrit sans que la personne diffamée en prenne l'initiative (Rennes, 12 juin 34. — Cass., 17 mars 1808, D. 1264 et 1265. — Chassan, 1, 80. — de Grattier, 1, 241-15°).

Le tribunal peut refuser d'ordonner la suppression, si le mémoire produit n'a pas été imprimé en un nombre d'exemplaires supérieur à celui qui était nécessaire à l'instruction du procès (Cass., 10 mai 70, D. 71, 1, 60).

— Il n'y a lieu d'ordonner la suppression d'une pièce injurieuse pour la partie qui s'en plaint, lorsque la partie qui l'avait produite a déclaré la retirer du débat et n'entendre s'en prévaloir (Conseil d'Etat, 12 juillet 66, D. 69, 3, 87).

— La compétence du président du tribunal pour le réglement des qualités ne s'étend pas au jugement de la demande en suppression de conclusions déposées à l'appui d'une opposition à ces qualités, il y a lieu de renvoyer l'incident au tribunal entier (Trib. Redon, 1er fév. 69, D. 69, 3, 103).

— Il n'appartient pas aux tribunaux de statuer sur la suppression de passages injurieux contenus dans des mémoires produits, lorsque la demande de suppression n'est qu'un incident d'un litige principal dont ils sont incompétemment saisis (19 janv. 60, Cons. d'Etat, D. 63, 3, 62).

— La suppression d'un mémoire ne peut être demandée incidemment à une instance principale, lorsqu'il n'a pas été distribué aux membres du tribunal et ne fait pas partie des pièces du procès (Rouen, 7 mars 35, D. n° 1263 et v° avocat, 357).

— Le mari qui se fonde sur le second mariage de sa femme contracté après la séparation de corps et à l'étranger pour demander la garde des enfants, ne peut pas demander la suppression du nom du second mari pris par la femme dans la requête d'appel (Paris, 4 janv. 76, D. 78, 2, 68).

— Les tribunaux ne peuvent ordonner la suppression d'un passage diffamatoire d'un testament produit en justice, l'art. 41 ne s'applique pas aux passages contenus dans des actes authentiques (Cass., 7 mars 76, D. 77, 1, 253).

— Une personne qui se trouve désignée dans les pièces d'un procès en séparation de corps comme maîtresse du mari peut intervenir pour poursuivre le redressement de cette imputation et la suppression des écrits la contenant (Rennes, 30 mai 76, D. 77, 2, 51).

— Il n'est pas nécessaire pour que les tribunaux puissent ordonner la suppression que les faits diffamatoires soient étrangers à la cause (Cass., 14 juin 54, D. 54, 1, 389).

— Il ne peut être donné acte de réserves que dans le cas où les faits qu'on prétend diffamatoires sont étrangers à la cause (Lyon, 25 mai 36, D., 1221). Le tribunal qui en donne acte doit constater que les propos étaient étrangers à la cause (Cass., 6 fév. 29, D. 1221-2° et 5o) et qu'ils étaient diffamatoires (Bastia, 27 déc. 34, D. 1221-7° et Comp. crim., 622); le tribunal doit préciser les faits (Angers, 23 déc. 51, D. 52, 2, 117, et D. 1224. — Contrà, Cass., 21 mai 36, D. 1223, et Grellet-Dumazeau, 2, 205).

— Le tribunal qui donne acte de réserves doit spécifier les imputations retenues et constater qu'elles sont étrangères à la cause (Cass., 28 déc. 78, D. 79, 1, 137).

— Au cas où le mémoire a reçu une publicité non-judiciaire, il n'est pas besoin de réserves (Cass., 6 nov. 63, D. 64, 1, 51.—Cass. 15 déc. 64, D. 65, 1, 45).

— Quant à l'action des tiers, les faits n'ont pas besoin d'être étrangers à la cause (Riom, 20 déc. 1826.—Cass., 8 juill. 52, D. 52, 5, 438.—Contra, V. sur ce point discussion au D. n° 1248).

— Les tiers n'ont pas besoin des réserves (Cass., 17 juin 42, D, 1253).

·— On considère ordinairement comme étant un tiers toute personne qui n'a pas été partie au procès. L'avocat, l'avoué, n'est pas partie au procès, mais il n'est pas un tiers (D. 1241. — de Grattier, 1, 271).

— Mais on doit considérer comme un tiers une personne qui, sans la défendre à la barre a donné des conseils à une partie (Nimes, 20 fév. 23, D. 1243 et 1253-2°) bien qu'elle fût présente (id).

— Les témoins ne sont pas des tiers (Cass., 6 nov. 23. — Nimes, 27 mai 41. — Chassan, 41, 101.— Contrà, Dalloz, 1244. — Grellet-Dumazeau, 2, 211).

— Les magistrats sont des tiers pour la cause qu'ils jugent (D. 1247); de même les experts dans l'affaire qui a nécessité leur rapport (D. 1246).

— Dans une instance poursuivie par le ministère public, le fonctionnaire diffamé qui ne s'est pas porté partie civile est un tiers (D. 51, 5, 408).

— Les tiers ont qualité pour intervenir dans un procès, à raison des faits diffamatoires contenus dans un écrit produit, afin de faire ordonner par le juge saisi au principal, la réparation du préjudice résultant de la diffamation (Cass., 19 juill. 51, D. 51, 5, 417) ou la suppression de l'écrit (Paris, 20 nov. 63, D. 63, 2, 222) même devant la Cour d'appel quand ils ne l'ont pas fait en première instance (id.).

— Le juge du fait est souverain pour apprécier si un écrit se rattache effectivement au procès et si ce dernier était encore pendant lors de la distribution (Cass., 7 mars 63, D. 63, 1, 377).

— La diffamation produite dans une réunion de créanciers devant le juge-commissaire peut donner lieu à une action quand l'imputation a été déclarée étrangère à la cause par le juge qui en a donné acte (Bastia, 19 mai 76, D. 77, 2, 38).

CHAPITRE V.

Des poursuites et de la répression.

---

§ Ier. — DES PERSONNES RESPONSABLES DES CRIMES ET DÉLITS COMMIS PAR LA VOIE DE LA PRESSE.

ART. 42.

Seront passibles, comme auteurs principaux, des peines qui constituent la répression des crimes et délits commis par la voie de la presse, dans l'ordre ci-après, savoir : 1º les gérants ou éditeurs, quelles que soient leurs professions ou leurs dénominations ; 2º à leur défaut, les auteurs ; 3º à défaut des auteurs, les imprimeurs ; 4º à défaut des imprimeurs, les vendeurs, distributeurs et afficheurs.

Législation antérieure. — L'article 8, § 4, de la loi du 18 juillet 1828 autorisait les poursuites tant contre les gérants ou éditeurs que contre les auteurs, ces derniers comme complices. Aux termes de l'article 24 de la loi du 17 mai 1819, les imprimeurs ne pouvaient être recherchés pour le simple fait d'impression, à moins qu'ils n'aient agi sciemment. Les vendeurs, distributeurs ou afficheurs étaient considérés comme auteurs principaux.

Historique. — Commentaire. — Cet article a été adopté sans discussion dans les deux Chambres. La rédaction de l'article dans le projet de la Commission de la Chambre des députés pouvait laisser subsister quelques doutes. Il était ainsi conçu :

« Seront passibles, comme auteurs principaux, des « peines qui constituent la répression des crimes et délits « commis par la voie de la presse, à l'exclusion ou à dé- « faut les uns des autres et dans l'ordre ci-après, savoir : « 1° les gérants ou éditeurs, quelles que soient leurs pro- « fessions ou leurs dénominations ; 2° les auteurs ; 3° les « imprimeurs ; 4° les vendeurs, distributeurs ou affi- « cheurs. »

Dans la séance du 15 février 1881, M. Floquet l'avait expliqué très clairement en ces termes : « La Commission « elle-même a eu le soin d'énumérer successivement les « personnes qui seraient responsables non pas comme « complices, mais comme auteurs principaux, et, comme le « dit l'article, à défaut les unes des autres et successive- « ment. Ce qui veut dire qu'en première ligne le gérant « sera l'auteur principal, que si le gérant n'est pas connu, ou « s'il est à l'étranger, ce sera l'auteur ; que si l'auteur n'est « pas connu ou s'il est à l'étranger, ce sera l'imprimeur ; « que si l'imprimeur n'a pas mis son nom ou s'il est à l'é- « tranger, ce sera le vendeur et le distributeur qui sera « l'auteur principal de ce fait punissable de la publication. »

Néanmoins le Sénat, sur la proposition de sa Commission a fait un changement de rédaction qui ne laisse plus aucun doute sur le véritable sens de cet article.

Au lieu des mots « à défaut ou à l'exclusion les uns des autres » il a mis pour plus de clarté : « les gérants ou édi-

« teurs, ou, à leur défaut, les auteurs, ou, à défaut de ces
« derniers, etc. »

Seront passibles. Cette rédaction laisse aux tribunaux la
faculté d'apprécier si les personnes qui leur sont déférées
ont commis volontairement et en connaissance de cause le
fait que la prévention leur impute.

Auteurs principaux. On nomme auteur principal celui
qui a consommé l'exécution d'un délit.

Des crimes et délits. Il résulte des termes mêmes de la
loi que cet article qui ne parle que des crimes et délits ne
s'applique pas à la contravention.

A leur défaut. C'est-à-dire si les gérants ou éditeurs sont
inconnus ou étrangers résidant à l'étranger. Si le gérant,
l'éditeur et l'auteur étaient connus, mais avaient pris la
fuite, les imprimeurs, vendeurs, distributeurs ou afficheurs
ne pourraient être poursuivis comme auteurs principaux,
c'est ce qui résulte du passage suivant du rapport de
M. Lisbonne :

« En se refusant à faire connaître les coupables ou en
« prêtant son concours à des personnes résidant à l'étranger,
« n'aura-t-elle pas volontairement assumé la responsabilité
« de la publication? » (page 118).

ART. 43.

*Lorsque les gérants ou les éditeurs seront en
cause, les auteurs seront poursuivis comme complices.*

*Pourront l'être, au même titre et dans tous les
cas, toutes personnes auxquelles l'article 60 du*

Code pénal pourrait s'appliquer. Ledit article ne pourra s'appliquer aux imprimeurs pour faits d'impression, sauf dans le cas et les conditions prévus par l'article 6 de la loi du 7 juin 1848 sur les attroupements.

Législation antérieure. — Le premier paragraphe de cet article est la reproduction en substance d'une partie des dispositions contenues dans l'article 8, § 4, de la loi du 18 juillet 1828. La dernière partie de l'article 43 reproduit également en substance les dispositions de l'article 24 de la loi du 17 mai 1819.

Historique. — **Commentaire.** — Le projet de la Commission de la Chambre était ainsi conçu :

« Seront poursuivis comme complices, les auteurs,
« quand il y aura gérants ou éditeurs en cause. Pourront
« l'être, au même titre et dans tous les cas, toutes per-
« sonnes auxquelles l'article 60 du Code pénal pourrait
« s'appliquer. Ledit article ne pourra s'appliquer aux impri-
« meurs pour faits d'impression, *ni aux vendeurs, distri-*
« *buteurs ou afficheurs pour faits de vente, distribution*
« *ou affichage,* sauf dans le cas et les conditions prévus
« par l'article 6 de la loi du 7 juin 1848 sur les attroupe-
« ments. »

Les mots en italique ont été supprimés sur la proposition de M. Ribot, député.

« Il y a une contradiction manifeste, dit M. Ribot (séance
« du 1er février), entre l'article 43 tel qu'il est rédigé et
« un autre article déjà voté, l'article 22. Par l'article 22,
« vous avez décidé en termes exprès, que je remets sous

18

« vos yeux, que « les colporteurs et distributeurs pourront
« être poursuivis, conformément au droit commun, s'ils
« ont sciemment colporté ou distribué des livres ou écrits
« présentant un caractère délictueux »; en d'autres termes,
« que l'article 60 du Code pénal est applicable, suivant le
« cas, aux colporteurs et distributeurs. Maintenant l'arti-
« cle 43 porte que l'article 60 du Code pénal ne pourra
« s'appliquer aux vendeurs, distributeurs ou afficheurs pour
« faits de vente, distribution ou affichage.

« Il y a là, je le répète, une contradiction qu'il me suffit
« de signaler. Ma conclusion est qu'il faut supprimer de
« l'article 43 les mots : « ni aux vendeurs, distributeurs ou
« afficheurs pour faits de vente, distribution ou affi-
« chage. »

Lors de la deuxième délibération M. le Rapporteur a
proposé la suppression de la deuxième partie de cet article.

« Cet article, dit M. le Rapporteur (séance du 14 fé-
« vrier), se relie à l'article 42, qui définit les responsabili-
« tés. Vous connaissez, messieurs, le système que vous a
« proposé votre Commission.

« Nous considérons comme auteurs principaux les gérants
« ou éditeurs; à défaut de gérant ou d'éditeur, les auteurs,
« à défaut d'auteurs, les imprimeurs, et à défaut d'impri-
« meurs, les vendeurs ou distributeurs.

« Nous considérons comme complices les auteurs quand
« il y a gérant en cause.

« L'article 43, qui le décide, se termine par une sorte
« de réserve de la complicité telle que la définit le Code
« pénal :

« Seront poursuivis comme complices les auteurs, dit

« l'article 43, quand il y aura gérants ou éditeurs en cause.
« Pourront l'être, au même titre et dans tous les cas, toutes
« personnes auxquelles l'article 60 du Code pénal pour-
« rait s'appliquer. Ledit article ne pourra s'appliquer aux
« imprimeurs pour faits d'impression, sauf dans le cas et
« les conditions prévus par l'article 6 de la loi du 7 juin
« 1848 sur les attroupements.

« Nous vous proposons de supprimer cette dernière
« partie, n'admettant d'autre complicité en matière de dé-
« lits de la presse et de la parole que celle de l'article 43
« tel que nous vous le proposons aujourd'hui. Nous nous
« écartons par conséquent d'une façon absolue, en cette
« matière spéciale, des dispositions générales de l'article
« 60 du Code pénal. »

Cette suppression aurait eu pour effet d'abroger en ce
qui concerne l'imprimeur l'article 6 de la loi du 7 juin 1848.
Par suite d'une erreur, sans doute, la Chambre n'a pas été
appelée à statuer sur la modification proposée par la Commission. En conséquence, l'article 6 de la loi de 1848 reste
en vigueur.

Seront poursuivis comme complices. L'article précédent prévoit le cas où les gérants ou les éditeurs ne sont
pas en cause et prescrit alors de poursuivre les écrivains
comme auteurs principaux du crime ou du délit.

Pourront l'être. C'est une faculté laissée au ministère
public, ce n'est pas une obligation qui lui est imposée.

Au même titre. C'est-à-dire comme complices.

Dans tous les cas. Même lorsque les gérants ou éditeurs
ne seront pas en cause.

Aux imprimeurs pour faits d'impression. Il résulte de
cette disposition combinée avec le 3º de l'article précédent

que l'imprimeur en tant qu'imprimeur ne pourra jamais être poursuivi comme complice et qu'il ne pourra l'être comme auteur que lorsque les gérants ou éditeurs et les écrivains des imprimés délictueux seront inconnus ou à l'étranger. « Nous vous proposons, dit M. Lisbonne dans son rapport (page 117), de décider que l'imprimeur ne pourra être poursuivi comme complice de l'écrivain. »

Il faut noter que l'imprimeur qui serait l'éditeur ou le gérant d'un journal pourrait être poursuivi en cette qualité.

Sauf dans le cas. A cette exception il faut en ajouter une autre : Lorsque l'imprimeur aura participé au délit par des actes étrangers à sa profession.

« Une exception cependant était nécessaire (rapport de
« M. Lisbonne, page 117), elle était commandée par le
« souci de la sécurité publique et le devoir de ne pas pa-
« ralyser entre les mains des agents de l'autorité les moyens
« de prévenir ou de réprimer le désordre de la rue. L'ar-
« ticle 60 du Code pénal restera applicable dans le cas
« et les conditions prévus par l'article 6 de la loi du 7 juin
« 1848 sur les attroupements.

« Il en sera également ainsi, mais non plus en vertu
« d'une exception, dans les cas où l'imprimeur et les au-
« tres personnes que nous venons de désigner auraient
« participé au délit par des actes étrangers à leur industrie
« ou à leur profession. Ce n'est plus alors comme impri-
« meurs qu'ils seraient poursuivis; et ils cesseraient d'être
« protégés par les dispositions de l'article 46 (lisez 43) de
« la loi. »

ART. 44.

Les propriétaires de journaux ou écrits périodiques sont responsables des condamnations pécuniaires prononcées au profit des tiers contre les personnes désignées dans les deux articles précédents, conformément aux dispositions des articles 1382, 1383 et 1384 du Code civil.

Législation antérieure. — L'article 4 de la loi du 6 juillet 1871 portait que le cautionnement des journaux ou écrits périodiques serait affecté par privilège au paiement des frais, dommages-intérêts et amendes auxquels les propriétaires, gérants ou auteurs des articles incriminés pouvaient être condamnés.

Historique. — Commentaire. — M. Floquet a vainement demandé la suppression de cet article qui, disait-il, est contraire aux règles de notre droit civil, lequel a déterminé d'une façon très nette les personnes responsables d'actes qui ne leur sont pas personnels. M. Agniel, au nom de la Commission, a répondu que le présent article est seulement la reproduction des principes de droit commun c'est-à-dire la simple répétition de l'article 1384 du Code civil.

Le projet voté par la Chambre portait ces mots « seront *civilement* responsables ». Le mot « civilement » a été supprimé par le Sénat sur la proposition de la Commission.

Les mots qui terminent l'article depuis : « conformément aux dispositions » ont été ajoutés par le Sénat sur la proposition de la Commission. M. Pelletan explique en ces termes cette addition, page 24 de son rapport :

« La propriété d'un journal peut se constituer de bien
« des façons diverses ; elle peut appartenir à un ou plusieurs
« individus, à des sociétés de caractères différents dans
« lesquelles la participation des intéressés, tant à la pro-
« priété elle-même qu'à la direction et au contrôle, sera
« plus grande ou plus restreinte, plus active ou plus effa-
« cée. Dans tous ces cas divers, la responsabilité prévue
« par cet article sera celle qui résulte du droit commun, et
« elle se mesurera conformément aux règles de nos lois ci-
« viles ou commerciales.

« Le propriétaire ou les propriétaires ont-ils commis une
« faute ou une négligence dommageable, les articles 1382
« et 1383 du Code civil les atteindront. Ils répondront aussi
« des condamnations prononcées au profit des tiers contre
« le gérant dans le cas où celui-ci aurait le caractère de
« préposé dans le sens de l'article 1384 du Code civil.

« C'est pour préciser la portée du principe de responsa-
« bilité posé par la Chambre, que votre Commission a
« ajouté ces mots : « conformément aux articles 1382,
« 1383, 1384 du Code civil. »

Quand la loi votée avec modifications par le Sénat est revenue devant la Chambre, M. Lisbonne a précisé en ces
termes la portée de la modification introduite par le Sénat :
(Séance du 21 juillet).

« Le projet, qui nous est renvoyé, reconnaît le principe
« de la responsabilité des propriétaires, mais, tandis que la
« disposition votée par vous déclarait les propriétaires res-
« ponsables d'une façon absolue, celle que le Sénat propose
« fait dégénérer la règle en une question d'espèce.

« Les propriétaires, dit le rapport, répondent aussi des
« condamnations prononcées au profit des tiers, contre le
« gérant, dans le cas où celui-ci aurait le caractère de pré-
« posé, dans le sens de l'article 1384 du Code civil.

« En conséquence, l'article 44 renvoie expressément,
« mais uniquement, aux règles posées par les art. 1382,
« 1383 et 1384 du Code civil.

« Pour qu'une semblable disposition ne soit pas consi-
« dérée comme superflue, il faut que ses auteurs y aient
« attaché une portée juridique quelconque ; les gérants se-
« ront considérés, à moins de circonstances exceptionnelles,
« comme étant les préposés des propriétaires de journaux
« dans le sens qu'a voulu donner à cette expression le lé-
« gislateur de 1804.

« Dès l'instant que le projet voté par le Sénat admet, sauf
« les espèces, la responsabilité des propriétaires de jour-
« naux, l'article 7 aurait dû exiger, comme vous l'aviez
« exigé vous-mêmes, que la déclaration imposée au gérant
« fît mention des noms des propriétaires autres que les
« commanditaires ou actionnaires.

« Dans le silence de la loi nouvelle, la recherche en sera
« faite désormais selon les règles du droit commun. »

Les propriétaires des journaux. La disposition de l'article 7 qui exigeait que la déclaration contînt les noms et
demeure des propriétaires ayant été supprimée par le Sénat,
celui qui aura intérêt à prouver que telle personne est propriétaire de tel journal, pourra le faire par tous les modes
de preuves admis par le droit commun.

Sont responsables. Il s'agit d'une responsabilité purement
civile, ainsi que l'expliquent les mots qui suivent.

Prononcées au profit des tiers. Les propriétaires ne sont

pas responsables des amendes ni des frais faits par le Trésor.

Conformément aux dispositions, etc. C'est-à-dire 1° lorsque les propriétaires ont à se reprocher une faute, une négligence ou une imprudence corrélative au fait qui a motivé la condamnation des gérants ou éditeurs, des auteurs, imprimeurs, vendeurs, distributeurs ou afficheurs (ou des complices, aux termes de l'article 60 du Code pénal, ainsi qu'il est dit au dernier paragraphe de l'article précédent); 2° lorsque le gérant a été condamné pour faits relatifs à ses fonctions.

Nous pensons, en effet, avec M. Lisbonne, que le propriétaire est vis-à-vis du gérant dans la situation d'un commettant. Les condamnations pécuniaires n'auraient le plus souvent aucune sanction, si l'on en décidait autrement. Les propriétaires de journaux prendraient des gérants insolvables qu'ils congédieraient le jour où ces derniers seraient l'objet d'une condamnation.

Art. 45.

Les crimes et délits prévus par la présente loi sont déférés à la Cour d'assises.

Sont exceptés et déférés aux tribunaux de police correctionnelle les délits et infractions prévus par les articles 3, 4, 9, 10, 11, 12, 13, 14, 17, paragraphes 3 et 4; 28, paragraphe 2; 32, 33, paragraphe 2; 38, 39 et 40 de la présente loi.

Sont encore exceptées et renvoyées devant les tribunaux de simple police les contraventions

*prévues par les articles 2, 15, 17, paragraphes 1
et 3; 21 et 33, paragraphe 3, de la présente loi.*

Législation antérieure. — L'article 4 de la loi du
29 décembre 1875 reproduisant l'article 1er de la loi du
15 avril 1871 établissait déjà le jury comme juridiction de
règle générale pour les délits commis par la voie de la
presse. L'article 6 de la loi de 1875 énumérait les délits
qui, par exception, devaient être de la compétence des tribunaux correctionnels.

En lisant cette énumération on acquérait rapidement la
certitude qu'elle comprenait tous ou presque tous les délits
qui peuvent être commis par la voie de la presse.

Historique. — Commentaire. — M. le Rapporteur a
ainsi résumé les intentions de la Commission, lors de la rédaction de l'article 45 : (Séance du 24 janvier).

« Nous adoptons comme juridiction de règle générale
« la Cour d'assises, nous bornant à spécialiser les excep-
« tions; le jury devient donc, en quelque sorte, juge d'at-
« tribution en matière de délits commis par la presse ou
« par la parole.

« Ce système procède d'un principe, au lieu d'une clas-
« sification.

« Tel est le nouvel article 45. Il constitue une des dé-
« rogations les plus libérales au droit commun en ma-
« tière de compétence, et l'une des améliorations les plus
« larges des règles des juridictions. »

Revenant sur le même sujet, dans la même séance,
M. Agniel, membre de la Commission, a confirmé ces déclarations de la manière suivante :

« Nous avons, comme règle générale, posé la juridiction

« du jury, et, dans des cas exceptionnels seulement, ren-
« voyé les délits devant le tribunal correctionnel.

« Permettez-moi d'ajouter que, lorsque nous attribuions
« aux tribunaux correctionnels la connaissance de certains
« délits, nous n'ignorions pas le projet de loi qui, en ce
« moment, est discuté dans une des Commissions de la
« Chambre, et qui a pour but l'institution du jury correc-
« tionnel. De telle sorte que, à vrai dire, lorsque cette
« réforme législative sera accomplie, les délits de presse
« ou de parole seront nécessairement attribués à l'un ou à
« l'autre jury et il n'y aura de différence que dans la qua-
« lification de jury criminel ou de jury correctionnel. »

M. Madier de Montjau, a vainement demandé la suppression du paragraphe 2, qui énumère les délits de la compétence des tribunaux correctionnels.

M. Floquet a été plus heureux. Il a fait adopter un
amendement tendant à déférer à la Cour d'assises et non
aux tribunaux correctionnels les délits prévus par les arti-
ticles 36 et 37 de la loi : Offense envers les chefs d'États
étrangers, outrages envers les agents diplomatiques.

A l'appui de sa proposition il a invoqué deux arguments
principaux, l'un tiré de la difficulté de fixer la limite précise entre le droit de critique et de censure autorisé, favo-
risé par le droit politique, et l'outrage et l'offense punis par
la loi, difficulté qui ne peut être sagement résolue que par
le jury. L'autre a été par lui développé en ces termes :

« Pourquoi arracher de notre législation ces garanties
« suprêmes successivement réclamées et conquises par tant
« de législateurs qui vous ont précédés? Serait-ce qu'il
« vous faut la certitude de faire condamner en toute occur-
« rence les hommes qui seraient accusés d'avoir offensé

« ou outragé les souverains étrangers ou les ambassa-
« deurs? Serait-ce donc que vous pensez avoir meilleur
« marché des attaques dirigées contre ces souverain
« étrangers et ces ambassadeurs devant les tribunaux cor-
« rectionnels que devant le jury, et que dès lors, vous sa-
« tisferez plus facilement aux demandes qui pourront vous
« être adressées par les personnages qui se croiront atta-
« qués? Oui, ce sera facile une fois, ce sera possible deux
« fois! Mais pensez aussi à l'importance d'un acquitte-
« ment qui, une fois, pourrait aussi être prononcé par des
« juges ordinaires. » (Séance du 15 février).

M. le Garde des sceaux a combattu l'amendement de
M. Floquet en ces termes :

« Vous avez à vous demander si les souverains étrangers
« sont justiciables de la nation française représentée par
« le jury. Vous avez à vous demander, malgré les consi-
« dérations éloquentes que vous avez entendues, si vous
« voulez affaiblir dans votre esprit le sentiment des conve-
« nances et des nécessités diplomatiques qui ont inspiré la
« solution adoptée par la Commission et par le Gouverne-
« ment.

« La Chambre comprendra que, sur ce point, je suis
« tenu à la plus grande réserve, et je descends de cette
« tribune en vous demandant de voter l'article. »

Sont déférés à la Cour d'assises. — La règle générale est
que toutes les infractions à la présente loi sont déférées à
la Cour d'assises, sauf les exceptions énumérées limitativement dans les deux derniers paragraphes.

Sont notamment déférées à la Cour d'assises les poursuites
pour :

1° Cris et chants séditieux (art. 24, § 2).

2º Diffamation ou injure envers les corps constitués ou les personnes revêtues d'un caractère public (art. 30, 31, 33, § 1er). (Voir 12º).

3º Offense au Président de la République (art. 26).

4º Offenses publiques envers les chefs d'États étrangers, (art. 36).

5º Outrage aux bonnes mœurs commis par l'un des moyens énoncés en l'art. 23 (art. 28, § 1er).

6º Outrages publics envers les ambassadeurs et autres agents diplomatiques accrédités près du Gouvernement de la République (art. 37).

7º Provocation à commettre un crime ou un délit alors que cette tentative a été suivie d'effet (art. 23, § 1).

8º Provocation à commettre un crime ou un délit, lorsque cette provocation n'a été suivie que d'une tentative (art. 23, § 2).

9º Provocation à commettre les crimes de meurtre, pillage et incendie, ou l'un des crimes contre la sûreté de l'État prévus par les art. 75 à 101 inclusivement du Code pénal, lorsque cette tentative n'a pas été suivie d'effet (art. 24).

10º Publication de nouvelles et de pièces fausses (article 27).

11º Provocation adressée à des militaires dans le but de les détourner de leurs devoirs (art. 25).

12º Diffamation contre les administrateurs et directeurs de Sociétés... (V. article *Courrier des Tribunaux*, nº 272, 13 nov. 1881).

Sont exceptés. Sont déférées aux tribunaux correctionnels les poursuites pour :

1º Défaut de dépôt de deux ou trois exemplaires, à la

préfecture, fausse mention dans l'acte de dépôt et dépôt tardif (art. 3, 4 et 9).

2º Défaut de déclaration relative aux journaux ou écrits périodiques, déclaration tardive, fausse déclaration, déclaration incomplète, défaut de déclaration de mutation dans les délais prescrits (art. 7 et 9).

3º Absence de gérant ou existence d'un gérant incapable (art. 6, 7 et 9).

4º Déclaration qui n'est pas sur papier timbré ou qui n'est pas signée des gérants (art. 8 et 9).

5º Défaut de dépôt, ou dépôt tardif pour les journaux ou écrits périodiques, de deux exemplaires au parquet et de deux autres exemplaires à la préfecture (art. 10).

6º Défaut d'impression du nom du gérant au bas de tous les exemplaires (art. 11).

7º Défaut d'insertion des rectifications, insertion tardive, tronquée, en caractères d'une petitesse dérisoire, insertion qui n'est pas en tête, le tout relatif aux rectifications adressées par un dépositaire de l'autorité publique (art. 12).

8º Défaut d'insertion des réponses des particuliers ou insertion desdites réponses tardive, tronquée, incomplète, faite à une autre place ou en d'autres caractères que l'article qui a provoqué la réponse (art. 13).

9º Mise en vente ou distribution de journaux étrangers, dont la circulation est interdite en France (art. 14).

10º Lacération ou altération par un fonctionnaire ou agent de l'autorité publique d'affiches apposées par ordre de l'administration dans les emplacements réservés (art. 17, § 2).

11º Lacération ou altération par un fonctionnaire ou agent de l'autorité publique d'affiches électorales émanant

19

de simples particuliers, apposées ailleurs que sur les propriétés de ceux qui auront commis cette lacération ou altération, à moins que les affiches n'aient été apposées dans les emplacements réservés par l'article 15 (art. 17, § 4).

12° Outrage aux bonnes mœurs par dessins, gravures, peintures, emblèmes ou images obscènes (art. 28, § 2).

13° Diffamation envers les particuliers (art. 32).

14° Injure envers les particuliers (art. 33, § 2).

16° Publication des actes d'accusation et de tous actes de procédure criminelle ou correctionnelle avant qu'ils aient été lus en audience publique (art. 38).

16° Compte-rendu des procès en diffamation où la preuve des faits diffamatoires n'est pas autorisée. — Compte-rendu du procès lorsque les cours et tribunaux l'ont interdit. — Compte-rendu des délibérations intérieures soit des jurys, soit des cours ou tribunaux (art. 39).

17° Ouverture ou annonce publique des souscriptions ayant pour objet d'indemniser des amendes, frais, dommages-intérêts prononcés par des condamnation judiciaires en matière criminelle ou correctionnelle (art. 40).

Sont encore exceptés. Seront renvoyées devant les tribunaux de simple police les poursuites pour :

1° Défaut d'indication du nom de l'imprimeur. — Défaut d'indication du domicile de l'imprimeur. — Fausse indication du nom.—Fausse indication du domicile (art. 2).

2° Affichage privé sur les lieux désignés pour recevoir les affiches des lois et autres actes de l'autorité. — Affiches imprimées sur papier blanc (art. 15).

3° Lacération ou altération d'affiches apposées par ordre de l'administration dans les emplacements à ce réservés (art. 17, § 1er).

4º Lacération ou altération d'affiches électorales émanant de simples particuliers, apposées ailleurs que sur les propriétés de ceux qui auront commis cette lacération ou altération (art. 17, § 3).

5º Colportage habituel et distribution de livres, journaux et autres imprimés sans déclaration préalable. — Fausse déclaration ou déclaration incomplète ne contenant pas les nom, prénoms, profession, domicile, etc. (art. 18, 19 et 21).

6º Injure non publique (art. 33, § 3).

OBSERVATIONS. — Cet article abroge l'article 16 de la loi du 25 mars 1822, dont le premier paragraphe attribuait compétence aux Chambres pour connaître des délits relatifs au compte-rendu et dont le second paragraphe attribuait compétence pour connaître des délits relatifs au compte-rendu des audiences des cours et tribunaux au tribunal ou à la cour qui avait tenu ces audiences.

Il abroge également l'article 15 de la même loi qui donnait à la Chambre offensée le droit de citer le délinquant à sa barre.

Les tribunaux criminels ne sont pas compétents pour connaître des délits abrogés par la présente loi et commis depuis le 21 juillet jusqu'au 30 juillet, date de la publication. Dans ce cas les poursuites devront être portées devant les tribunaux civils (en invoquant les articles 1382 et suivants du Code civil), sauf ce qui est dit article 46 de la loi. Même si la poursuite était commencée avant la promulgation, les tribunaux correctionnels devraient se déclarer incompétents.

Les poursuites criminelles commencées qui n'auraient pas été terminées par un jugement définitif, avant la promulgation, ne pourraient être mises à fin que par la juridiction à laquelle la loi nouvelle (art. 45) attribue compétence. Dans ce cas, le tribunal auquel la nouvelle loi enlève la connaissance de ces faits devra se déclarer incompétent. (Voir également l'art. 70).

Jurisprudence et doctrine. — Un tribunal correctionnel étant saisi d'un délit pour la répression duquel la nouvelle loi attribue compétence à la Cour d'assises, et en outre, la nouvelle loi amnistiant le délit, le tribunal correctionnel doit se déclarer incompétent pour statuer sur les dommages-intérêts (Moulins, 6 août 1881, *Courr. trib.*, 10 août).

Quoique la question de compétence n'ait pas été posée dans l'intérêt de l'appelant, la Cour a le droit de la soulever et de l'examiner d'office.

La loi modifiant la compétence est inapplicable aux affaires commencées qui ont subi avant qu'elle fût exécutoire l'épreuve d'une décision sur le fond, alors même que cette décision aurait été frappée d'appel et que le juge d'appel n'aurait pas définitivement statué avant la promulgation de la loi (Cour de Paris, Ch. corr., 8 nov. 1831, *Courrier des tribunaux*, n° 276).

ART. 46.

L'action civile résultant des délits de diffamation prévus et punis par les articles 30 et 31, ne pourra, sauf dans le cas de décès de l'auteur du fait incriminé ou d'amnistie, être poursuivie séparément de l'action publique.

Législation antérieure. — L'art. 46 reproduit en substance les dispositions de l'art. 4 de la loi du 15 août 1871 qui avait lui-même reproduit l'art. 2 du décret du 22 mars 1848.

Historique. — Commentaire. — Cet article a été
adopté sans discussion. Il ne demande pas d'ailleurs de
grandes explications son texte est clair et précis.

Dans le cas du décès de l'auteur...... ou d'amnistie.
Dans ces deux derniers cas en effet l'action pénale n'est
plus possible. C'est ce qui explique et justifie l'exception
en faveur de l'action civile.

De cet article combiné avec les art. 65 et 70 il résulte
que jusqu'au 1er ou 2 novembre, selon les arrondissements,
l'action civile résultant des délits de diffamation prévus
par les art. 30 et 31, mais commis avant le 21 juillet 1881,
peut être intentée séparément de l'action publique, même
lorsque l'auteur du fait incriminé est vivant.

§ II. — DE LA PROCÉDURE.

A. COUR D'ASSISES.

ART. 47.

*La poursuite des crimes et délits commis par la
voie de la presse ou par tout autre moyen de publication aura lieu d'office et à la requête du ministère public, sous les modifications suivantes :*

*1o Dans le cas d'injure ou de diffamation envers
les cours, tribunaux et autres corps indiqués en
l'article 30, la poursuite n'aura lieu que sur une
délibération prise par eux en assemblée générale,
et requérant les poursuites, ou si le corps n'a pas
d'assemblée générale, sur la plainte du chef du*

corps ou du ministre duquel ce corps relève;

2° Dans le cas d'injure ou de diffamation envers un ou plusieurs membres de l'un ou de l'autre Chambre, la poursuite n'aura lieu que sur la plainte de la personne ou des personnes intéressées;

3° Dans le cas d'injure ou de diffamation envers les fonctionnaires publics, les dépositaires ou agents de l'autorité publique autres que les ministres, envers les ministres des cultes salariés par l'État et les citoyens chargés d'un service ou d'un mandat public, la poursuite aura lieu, soit sur leur plainte, soit d'office, sur la plainte du ministre dont ils relèvent;

4° Dans le cas de diffamation envers un juré ou un témoin, délit prévu par l'article 31, la poursuite n'aura lieu que sur la plainte du juré ou du témoin qui se prétendra diffamé;

5° Dans le cas d'offense envers les chefs d'États ou d'outrage envers les agents diplomatiques étrangers, la poursuite aura lieu soit à leur requête, soit d'office, sur leur demande adressée au Ministre des Affaires étrangères et par celui-ci au Ministre de la Justice.

6° Dans les cas prévus par les paragraphes 3 et 4 du présent article, le droit de citation directe de-

*vant la Cour d'assises appartiendra à la partie
lésée.*

*Sur sa requête, le président de la Cour d'assises
fixera les jours et heures auxquels l'affaire sera
appelée.*

Législation antérieure. — L'art. 6 de la loi du 29
décembre 1875, dont le présent article est en grande partie
la reproduction, était ainsi conçu :

« Dans le cas d'offense envers les Chambres ou l'une
d'elles et de diffamation ou d'injures contre les cours, tribunaux ou autres corps constitués, la poursuite aura lieu
d'office ; elle aura lieu pour diffamation ou injures contre
tous dépositaires ou agents de l'autorité publique, soit sur
la plainte de la partie offensée, soit d'office sur la demande
adressée au ministre de la justice par le ministre dans le
département duquel se trouve le fonctionnaire diffamé ou
injurié.

« En cas d'offense contre la personne des souverains ou
chefs des gouvernements étrangers, la poursuite aura lieu
soit à la requête des souverains ou chefs des gouvernements
étrangers, soit d'office sur leur demande adressée au ministre des affaires étrangères et par celui-ci au ministre
de la justice. »

Historique. — **Commentaire.** — Le projet primitif
de la Commission de la Chambre contenait plusieurs paragraphes, le premier et le deuxième étaient ainsi conçus :

« 1º Le ministère public aura la faculté de saisir la Cour
« d'assises par voie de citation directe.

« 2º Dans le cas d'outrage envers les Chambres, la pour-
« suite n'aura lieu qu'avec leur autorisation. »

Le premier de ces paragraphes a été retiré par la Commission ; le second a dû disparaître par suite de la suppression dans l'article 26 du paragraphe punissant l'outrage au Sénat et à la Chambre des députés.

M. Ribot, député, a demandé sans succès la suppression des mots « envers un juré ou un témoin ». « Il me semble, « dit-il, que dans ce cas il y a intérêt général à ce que le « ministère public puisse poursuivre d'office l'auteur du dé- « lit, sans attendre la plainte du juré ou du témoin offensé.

M. LE RAPPORTEUR. « Cette plainte est nécessaire, c'est « la règle générale du projet de loi.

M. RIBOT. « Non ! la règle générale est que la plainte « n'est pas nécessaire lorsqu'il s'agit d'une personne pu- « blique, d'un fonctionnaire...

M. LE RAPPORTEUR. « C'est le contraire ! »

Aura lieu d'office. Nous croyons devoir rapporter ici une circulaire très importante du ministre de la justice, en date du 4 juin 1868.

« Les procureurs impériaux ne doivent pas intenter de « procès de presse sans l'autorisation du procureur géné- « ral...... Au cas de contraventions matérielles où la « bonne foi semble évidente, un avertissement officieux et « bienveillant invitera le gérant du journal à rentrer dans « la légalité ; — si le fait est plus grave ou l'infraction per- « sévérante, le procureur général devra en référer au « garde des sceaux, lui transmettre l'écrit en lui faisant « connaître son appréciation motivée sur l'existence du dé- « lit et l'opportunité d'une poursuite ou d'un simple com- « muniqué pour rectifier des erreurs préjudiciables...... « En cas d'urgence et, par exemple, en présence des ma- « nœuvres qui signalent parfois les derniers moments d'une

« lutte électorale, le procureur général pourra, sauf à en
« donner avis au garde des sceaux, commencer des pour-
« suites, lorsque sa conviction bien arrêtée se trouvera
« d'accord avec celle du préfet du département.

« Le Gouvernement ne veut pas d'une surveillance in-
« quiète et ombrageuse des moindres écarts de la presse;
« Il faut faire la part des inexpériences et des entraîne-
« ments.

« La déloyauté et la violence doivent seules appeler une
« répression; il ne faut pas laisser consacrer en principe
« le droit à l'insulte et à la calomnie...... La critique et
« la discussion des actes politiques et administratifs ne doi-
« vent pas subir d'entraves. — Ni l'injustice des appré-
« ciations, ni l'irritation des administrateurs ne sont des
« motifs suffisants pour saisir les tribunaux, quand l'écrivain
« n'a pas eu l'intention de dépasser les limites du droit de
« contrôle attribué par nos mœurs et nos lois même à ceux
« qui n'ont reçu aucune mission de leurs concitoyens. »

A la requête du ministère public. Sont également compétents pour exercer les poursuites le procureur de la République du lieu où le délit a été commis et celui de la résidence du prévenu (art. 23, Code pénal).

La poursuite n'aura lieu, §§ 1° et 2°. Le ministère public
seul peut exercer des poursuites. Les cours, tribunaux, etc.,
ainsi que les membres des deux Chambres n'ont pas le
droit de citation directe; à moins que ces derniers n'aient
été injuriés ou diffamés comme simples particuliers.

Membres de l'une ou de l'autre Chambre. — Il faut
comprendre sous cette dénomination les ministres qui ne
feraient pas partie du Parlement.

Les citoyens chargés d'un service public. Il faut entendre par ces expressions tous les citoyens qui sont nommés par le Pouvoir exécutif.

D'un mandat public. Les membres de tous les corps élus, autres que les membres des deux Chambres.

Le président de la Cour d'assises. Il s'agit de celui qui a présidé la dernière session d'assises. En effet aux termes de l'art. 81 du décret du 6 juillet 1810 « les présidents de la dernière assise, sont nommés de droit pour prendre l'assise extraordinaire. »

La plainte du ministre dont ils relèvent. Ces mots s'appliquent à toutes les personnes énumérées dans le § 3, autres que celles désignées par ces expressions : « citoyens chargés d'un mandat public ». Les membres des corps élus, en effet, ne relèvent d'aucun ministre.

Par les paragraphes 3 et 4. Il faut ajouter « *et 5* ». En effet le § 5 donne aux chefs d'États étrangers et à leurs agents diplomatiques le droit d'actionner directement le diffamateur. Ce délit étant de la compétence de la Cour d'assises le droit que leur accorde le § 5 serait illusoire s'ils n'avaient pas le droit de citation directe devant la Cour d'assises.

Cette omission vient de ce que le projet de la Commission attribuait aux tribunaux correctionnels la connaissance du délit d'offense envers les chefs d'États étrangers, et d'outrage envers leurs agents. Quand on a eu adopté l'amendement de M. Floquet, qui enlève la connaissance de ces délits aux tribunaux correctionnels pour la donner au jury, on a négligé de faire la rectification dans le § 6 de l'art. 47.

Jurisprudence et doctrine. — La délibération exigée par le § 1er de cet article prise par un tribunal ne le rend pas incompétent pour connaître des injures contre ses membres (Limoges 25 juin 1852, D. 53, 2, 7).

— La poursuite du délit de diffamation envers un tribunal doit être précédée d'une délibération en assemblée générale des membres de ce tribunal : une plainte collective de ces magistrats n'y saurait suppléer (Cass. 3 août 1850, D. 50, 5, 386).

— Le tribunal doit procéder par voie de délibération et non par voie de jugement (Cass. 25 juillet 39, D. Inst. crim. n° 1079).

— Si l'infraction a été commise vis-à-vis une *chambre* ou une *section*, la réquisition de poursuites n'en doit pas moins être délibérée en assemblée générale (V. Dalloz 1080. — Chassan, 2, 1178. — Parant, 280).

— La plainte ne peut servir de base à l'action publique que pour les faits qu'elle comprend expressément (Cass. 13 janv. 87, D. 1100, 1107, 1198).

— Lorsque des imputations sont dirigées contre la vie privée d'un individu, mais qu'elles se lient par la même intention et le même but à d'autres injures dirigées contre cette personne en qualité de fonctionnaire public, la cour d'assises est seule compétente pour prononcer sur le fait (Trib. d'Auxerre 7 août 72. — *Gaz. Trib.* 5 sept. 72. — Trib. Seine, 22 janv. 75. — *Gaz. Trib.* 25).

— Le fonctionnaire diffamé par un journal, s'attaquant tant à des actes de sa vie publique qu'à des actes de sa vie privée, peut distinguer ces actes et déférer ceux relatifs à sa vie privée au tribunal correctionnel (Cass. 13 juillet 72. — *Gaz. Trib.* 26 juillet 72).

— Le tribunal correctionnel compétent pour fait de diffamation et injures envers un candidat cesse de l'être lorsque le candidat fait encore partie d'une Chambre dont les pouvoirs ne sont pas expirés. (Brest, 2 septembre 1881).

— La Cour d'assises, saisie d'un procès en diffamation contre un fonctionnaire public, n'est pas compétente pour statuer sur l'injure adressée à ce fonctionnaire en tant qu'homme privé. (Assises, Seine, 15 octobre 1882, Journaux judiciaires du 16).

ART. 48.

Si le ministère public requiert une information il sera tenu dans son réquisitoire d'articuler et de qualifier les provocations, outrages, diffamations et injures à raison desquels la poursuite est intentée, avec indication des textes dont l'application est demandée à peine de nullité du réquisitoire de ladite poursuite.

Législation antérieure. — La loi du 26 mai 1819, article 6, édictait une disposition semblable, mais sans prescrire l'indication des textes ; cet article a été abrogé par l'article 27 du décret du 17 février 1852, qui disposait que les poursuites auraient lieu dans les formes et délais prescrits par le Code d'instruction criminelle.

Historique. — Commentaire. — Cet article voté sans discussion, est dicté par l'intérêt de la défense. Il met le prévenu à même de pouvoir connaître sûrement et d'une façon précise les faits qui lui sont reprochés.

Si le ministère public requiert. La faculté donnée au ministère public de citer directement et sans la nécessité d'une information, ne fait pas obstacle au droit qu'il a d'en requérir une s'il la juge nécessaire. (Rapport Lisbonne, p. 134).

Articuler. Le réquisitoire doit contenir l'indication précise, détaillée, des passages des écrits, imprimés ou dessins, qui sont l'objet de la poursuite. Le Président de la Cour d'assises ne pourrait pas poser une question relative à des faits qui ne seraient pas compris dans l'articulation.

Qualifier. C'est-à-dire indiquer la nature du délit par sa dénomination légale. Pour éviter toute équivoque, la loi ordonne, en outre, l'indication des textes de loi invoqués à l'appui de la demande. Ces deux prescriptions se complètent. Bien entendu il n'est pas nécessaire de citer les textes de la loi, il suffit d'indiquer le numéro de l'article et la date de la loi. La Cour d'assises ne pourrait faire application d'autres textes que ceux indiqués dans le réquisitoire ou la citation.

Les provocations. S'il s'agit de provocation directe à commettre un crime ou un délit (art. 23 et 24), le réquisitoire doit indiquer quel est le lien qui unit le crime ou le délit à la provocation.

A peine de nullité du réquisitoire. Comme conséquence de cette disposition tous les actes de l'information ou de la procédure qui suivent le réquisitoire sont nuls et de nul effet.

Jurisprudence et doctrine. — La compétence *ratione materiæ* des tribunaux criminels se détermine par la nature de la demande dont ils sont saisis ; à cet égard la citation trace au tribunal es limites dont il ne peut sortir (Cass. 7 janvier 1865, D. 66, 1, 353).

ART. 49.

Immédiatement après le réquisitoire, le juge d'instruction pourra, mais seulement en cas d'omission du dépôt prescrit par les articles 3 et 10 ci-dessus, ordonner la saisie de quatre exemplaires de l'écrit, du journal ou du dessin incriminé. Cette

20

disposition ne déroge en rien à ce qui est prescrit par l'article 28 de la présente loi.

Si le prévenu est domicilié en France, il ne pourra être arrêté préventivement, sauf en cas de crime.

En cas de condamnation, l'arrêt pourra ordonner la saisie et la suppression ou la destruction de tous les exemplaires qui seraient mis en vente, distribués ou exposés aux regards du public.

Toutefois, la suppression ou la destruction pourra ne s'appliquer qu'à certaines parties des exemplaires saisis.

Législation antérieure. — L'article 7 de la loi du 26 mai 1819 était ainsi conçu :

« Immédiatement après avoir reçu le réquisitoire ou la « plainte, le juge d'instruction pourra ordonner la saisie « des écrits, imprimés, placards, dessins, gravures, pein- « tures, emblèmes ou autres instruments de publication.

« L'ordre de saisir et le procès-verbal de saisie seront « notifiés dans les trois jours de ladite saisie à la personne « entre les mains de laquelle la saisie aura été faite à peine « de nullité. »

Cet article, ainsi que les articles 8, 9, 10 et 11 de la même loi, ont été abrogés par le décret du 17 février 1852, art. 27, qui renvoyait purement et simplement au Code d'instruction criminelle.

La loi du 15 avril 1871 n'a pas remis en vigueur les dis- positions de la loi du 26 mai 1819.

La loi du 15 avril 1871 et celle du 29 décembre 1875 ont remis en vigueur les articles 16 et 23 de la loi du 27 juillet 1849, dont l'article 16, § 3 était ainsi conçu :

« Dans le cas où une saisie aurait été ordonnée ou exécutée, copie de l'ordonnance ou du procès-verbal de ladite saisie sera notifiée au prévenu en tête de la citation, à peine de nullité. »

Historique. — Commentaire. — L'article présenté par la Commission de la Chambre était ainsi conçu :

Art. 49. — « Immédiatement après avoir reçu le réqui-
« sitoire, le juge d'instruction pourra ordonner la saisie
« des écrits, imprimés, placards, dessins, gravures, pein-
« tures, emblèmes et autres instruments de publicité, dans
« le cas seulement où le dépôt prescrit par les articles 3
« et 10 de la présente loi n'aurait pas été effectué ; dans
« ce cas, la saisie de quatre exemplaires de l'écrit ou dix
« numéros du journal incriminé pourra être ordonnée. Ces
« dispositions sont communes au procureur de la Répu-
« blique et au juge d'instruction. »

M. Ribot a vainement demandé à la Chambre de maintenir le droit de saisie entre les mains de l'autorité judiciaire.

Le § 2 a été ajouté au projet par la Commission, sur la proposition de M. Ribot.

Enfin, la dernière phrase du projet de la Commission a été supprimée par la Commission sur la proposition de M. Ribot.

Par suite de l'adoption de ces différentes modifications, la Commission a dû remanier cet article et l'a rédigé tel qu'il est dans la loi. En effet, en suite de ce remaniement, il a été adopté sans discussion.

Dans la séance du 5 février, M. Lisbonne, rapporteur, a consacré à l'article 49, dans son rapport verbal, un passage que nous croyons devoir reproduire en entier, à raison de son importance :

« L'article 46 se divise en quatre paragraphes; j'insiste surtout sur les paragraphes 1, 2 et 3.

« Au point de vue de la poursuite, nous avons dû nous « préoccuper du droit de saisir l'œuvre incriminée, et du « droit de détenir préventivement l'auteur de l'œuvre elle-« même.

« Quant à l'œuvre, nous décidons, par une dérogation li-« bérale, soit au droit commun, soit au droit spécial, nous « décidons que la saisie ne pourra avoir lieu que dans « l'hypothèse où le dépôt prescrit par les articles 3 et 10 « de la loi nouvelle n'aurait pas été effectué.

« Quand le dépôt aura été fait, la saisie ne sera pas au-« torisée; dans le cas contraire, la saisie sera restreinte à « quatre exemplaires seulement; nous n'avons pas voulu « que cette saisie dégénérât en une mesure préventive ; « nous n'en avons fait qu'un moyen de constater le corps « du délit. C'est là une dérogation réfléchie aux articles « 37, 39, 47 et 61 du Code d'instruction criminelle, ainsi « qu'aux articles 7 et suivants de la loi du 26 mai 1819.

« Tels sont les motifs du premier paragraphe de l'arti-« cle 49 ; ils se résument en une modification libérale des « règles du droit commun et du droit spécial : plus de « saisie préventive dans le sens juridique de cette expres-« sion, mais une simple mesure pour constater l'identité « de l'objet incriminé.

« J'aurai tout dit à cet égard, quand j'aurai signalé à « votre attention l'exception que nous avons faite pour le

« cas prévu par l'article 28, relatif aux œuvres obscènes.
« Ce ne sont pas là des écrits dont la publication puisse in-
« téresser la liberté de la presse ; ce sont des immondices
« qui déshonorent la voie publique.

« Voici maintenant, messieurs, ce que décide le para-
« graphe 2 en ce qui concerne l'auteur de l'œuvre incul-
« pée. Nous dérogeons encore en ce point, fidèles à notre
« programme libéral, et au droit commun et à la législation
« spéciale. En droit commun, la mise en liberté provisoire
« peut être ordonnée par le juge et en toute matière ; mais
« c'est là une faculté purement discrétionnaire. La mise en
« liberté est quelquefois de droit, mais cinq jours après l'in-
« terrogatoire du prévenu et quand il s'agit d'une certaine
« pénalité déterminée ; elle est, dans d'autres cas, subor-
« donnée au versement d'un cautionnement. D'après cer-
« taines des lois sur la presse, la mise en liberté provisoire
« n'a lieu que sous cette dernière condition.

« Dans le système de la loi nouvelle, plus de détention
« préventive, sauf le cas de crime.

« Telles sont, messieurs, les explications que je devais
« vous fournir sur les deux premiers paragraphes de l'ar-
« ticle 49, relatifs à la poursuite.

« Voici comment nous avons réglé certains effets de la
« condamnation :

« En cas de condamnation, avons-nous dit, le jugement
« ou arrêt pourra ordonner la saisie et la suppression ou la
« destruction de tous les exemplaires qui seraient mis en
« vente, distribués ou exposés aux regards du public.

« Il est bien évident que, sans cette prescription, le délit
« accidentel dégénérerait en délit successif, aussi la suppression et la destruction ne doit s'appliquer exclusive-

« ment qu'aux écrits mis en vente ou qui affrontent la voie
« publique, par leur distribution ou leur exposition.

« Dans la partie finale de l'article 49, nous restreignons
« la suppression ou la destruction à la partie de l'œuvre
« que la décision a définitivement déclarée criminelle ou
« délictueuse. »

Immédiatement après le réquisitoire. Ces mots veulent
seulement dire que la saisie ne pourra pas être ordonnée,
par un autre que par le juge d'instruction et qu'elle ne
pourra pas être opérée avant la transmission du réquisitoire au juge d'instruction.

Article 28. Cet article permet la saisie de tous les
exemplaires exposés, mis en vente, colportés ou distribués
cette saisie pourra être faite par tout officier de police judiciaire.

Sauf en cas de crime. D'après l'art. 23, sont punis
comme complices d'un crime, ceux qui, par les moyens y
énoncés, auront provoqué à commettre ce crime, si la provocation a été suivie d'effet. Il en est de même si la provocation n'a été suivie que d'une tentative de crime ; il en
est de même encore dans les cas de provocation au meurtre, au pillage, à l'incendie et aux crimes énoncés en les
art. 75 à 101 du Code pénal, même lorsqu'elle n'est pas
suivie d'effet.

Préventivement. La mise en liberté provisoire peut être
demandée en tout état de cause, même en cas de crime.

Qui seraient mis en vente, distribués ou exposés. Le
tribunal ne pourrait ordonner une perquisition pour rechercher les écrits condamnés qui ne seraient ni mis en
vente, ni distribués, ni exposés.

Art. 50.

La citation contiendra l'indication précise des écrits, des imprimés, placards, dessins, gravures, peintures, médailles, emblèmes, des discours ou propos publiquement proférés qui seront l'objet de la poursuite, ainsi que de la qualification des faits. Elle indiquera les textes de la loi invoquée à l'appui de la demande.

Si la citation est à la requête du plaignant, elle portera en outre, copie de l'ordonnance du Président; elle contiendra élection de domicile dans la ville où siège la Cour d'assises et sera notifiée tant au prévenu qu'au ministère public.

Toutes ces formalités seront observées à peine de nullité de la poursuite.

Législation antérieure. — L'art. 50 reproduit dans son premier paragraphe les dispositions contenues dans le second paragraphe de l'art. 16 de la loi du 27 juillet 1849. Cet article 16 abrogé par le décret du 17 février 1852 avait été remis en vigueur par les art. 1er de la loi du 15 avril 1871 et 4 de la loi du 29 décembre 1875.

L'art. 24 de la loi du 26 mai 1819 exigeait que le poursuivant fît élection de domicile près la Cour d'assises et notifiât cette élection au prévenu et au ministère public. Ces formalités n'étaient pas prescrites à peine de nullité. A défaut d'élection de domicile ou de notification de cette élection, toutes significations seraient faites valablement au plaignant au greffe de la Cour.

Historique. — **Commentaire.** — Cet article n'a donné lieu à aucune discussion dans le Parlement.

L'indication précise. Il ne suffirait pas de donner le titre d'un article, le commencement et la fin. Il faut que la citation contienne les passages incriminés. De même pour un discours.

La qualification des faits. C'est-à-dire la dénomination légale.

Indiquera les textes. Il n'est pas nécessaire de reproduire le texte même de la loi invoquée, mais seulement le numéro de l'article et la date de la loi.

A la requête du plaignant. Ces expressions ne veulent pas dire si « la citation est donnée par le ministère public après le dépôt d'une plainte »; mais « si la citation est donnée directement par celui qui se plaint du délit ».

Au prévenu. La citation est nécessairement notifiée au prévenu, puisque c'est à lui qu'elle est adressée et remise. Elle doit contenir en tête la signification de l'ordonnance du président. Dans la pratique on procèdera comme pour les ajournements à bref délai.

Au ministère public. Nous ne pensons pas qu'il faille procéder par un seul exploit. Il nous semble impossible que la loi ait voulu donner à un particulier le droit de citer le ministère public à comparaître. Nous pensons que la citation doit être délivrée au prévenu et que par un autre exploit on doit signifier au ministère public copie de la requête et de l'original de la citation.

Il faut noter que la loi ne détermine pas de délai entre cette notification à faire au ministère public et le jour fixé pour l'audience. Il en résulte que cette notification pourrait être faite à n'importe quel moment avant le jour fixé par l'audience. Nous pensons néanmoins qu'il est convenable de délivrer cet acte quelques jours avant.

A peine de nullité. Cette nullité doit être invoquée avant l'appel des jurés si le prévenu est présent. Dans le cas où le prévenu fait défaut cette nullité peut être invoquée lors de l'opposition, au même moment. Ce qu'il faut entendre par appel des jurés. (Voir ces mots, art. 54, *Commentaire*).

Art. 51.

Le délai entre la citation et la comparution en Cour d'assises sera de cinq jours francs, outre un jour par cinq myriamètres de distance.

Législation antérieure. — Le § 1er de l'article 16 de la loi du 27 juillet 1849 était ainsi conçu :

« Le ministère public aura la faculté de faire citer direc-
« tement à trois jours, outre un jour par cinq myriamètres
« de distance, les prévenus devant la cour d'assises, même
« après qu'il y aura eu saisie. »

Cet article abrogé par le décret du 17 février 1852 a été remis en vigueur par la loi du 15 avril 1871 et l'article 4 de la loi du 29 décembre 1875.

L'article 12 de la loi du 26 mai 1819, abrogé par le décret du 17 février 1852, attribuait compétence aux juges du lieu où le dépôt aurait été effectué ou de celui de la rési_dence du prévenu. Si le dépôt n'avait pas été effectué, les poursuites pouvaient être portées soit devant le juge de la résidence, soit dans les lieux où les écrits auraient été saisis.

Historique. — Commentaire. — Cet article comme presque tous ceux relatifs à la procédure, n'a donné lieu dans le Parlement à aucune discussion.

La comparution en Cour d'assises. La loi ne dit pas quelle est la cour d'assises compétente pour connaître des délits commis par la voie de la presse ou autres modes de publications. Dans le silence de la loi il faut décider que cette compétence devra être déterminée conformément au droit commun, c'est-à-dire comme pour les autres délits.

La compétence territoriale des tribunaux criminels est déterminée par les articles 23, 63 et 69 du Code d'instruction criminelle. Aux termes de ces articles ont concurremment compétence pour connaître d'une infraction à la loi : le tribunal du domicile du prévenu, celui où le prévenu a été trouvé et le tribunal du lieu où le délit a été commis.

Comme en matière de presse c'est la publication de l'écrit coupable qui constitue le délit, la poursuite pourra donc être portée devant tout tribunal dans le ressort duquel l'écrit incriminé aura été publié. En effet le délit commis d'abord au lieu de l'impression a été commis successivement, par le fait de la distribution dans tous les lieux où l'écrit délictueux a été publié, mis en vente, distribué, etc.

Sous l'apparence de retour au droit commun, ces dispositions y constituent une véritable dérogation. En effet, il est de principe, dans notre droit, que le défendeur doit être assigné devant les juges de son domicile. Si le Code d'instruction criminelle contient des dispositions contraires, c'est parce que :

1° Il faut, le plus souvent, sinon toujours, pour commettre un crime ou un délit être sur le lieu du crime ou du délit ;

2° Il y a des constatations matérielles à faire, des témoins à entendre ;

3° Il importe, pour que la répression soit exemplaire, qu'elle ait lieu là où le délit a été commis.

On comprend dès lors que la loi ait attribué compétence au tribunal du lieu du délit, afin d'activer, de faciliter la répression et de la rendre exemplaire.

Aucune de ces raisons ne pouvait être invoquée en matière de délit par la voie de la presse. Il n'y aura, le plus souvent, ni constatation matérielle à faire, ni témoins à entendre. La répression d'un écrit imprimé à Paris ne sera pas plus exemplaire, si je suis poursuivi devant les juges d'Angers que si je l'étais devant ceux de Paris.

Enfin, on peut commettre un délit de presse sans être sur les lieux où le délit a été commis. Par exemple, je puis écrire à Lille un article délictueux qui sera publié à Marseille.

Où est la nécessité d'imposer ce voyage au prévenu? A coup sûr, ce n'est pas la nécessité d'une répression rapide.

Si le prévenu n'a pas l'argent nécessaire pour payer son voyage, il sera donc obligé de se laisser juger par défaut. Alors même qu'il aurait somme suffisante, pourquoi lui imposer un surcroît de dépenses et une perte de temps? A notre avis, le législateur aurait dû dire que la poursuite serait portée devant la Cour d'assises du domicile ou de la résidence du prévenu. Si le domicile et la résidence étaient inconnus, il fallait attribuer compétence à la Cour d'assises du lieu du dépôt, ainsi que le faisait l'art. 12 de la loi du 26 mai 1819. Il est vrai que quelque temps auparavant, en 1818, une poursuite dirigée contre le *Censeur européen* signala à l'attention publique les inconvénients du droit commun en cette matière.

Ce que nous avons dit de la compétence des cours d'assises s'applique également à la même compétence des tribunaux correctionnels. Si l'on intentait seulement l'action civile, il faudrait saisir le tribunal du domicile du défendeur (art. 59, C. proc. civ.). Le § 2 de cet article n'est pas applicable au cas où plusieurs journaux ont reproduit le même fait. Il n'y a pas entre ceux-ci d'intérêt commun. Il faut pour chacun respecter les règles de la compétence.

Par cinq myriamètres. (V. ces mots sous l'article suiv.).

Jurisprudence et doctrine. — La poursuite des délits de presse peut être intentée devant tout tribunal dans le ressort duquel le délit a été consommé, et non pas seulement devant le tribunal du lieu où le journal est déposé, ou du lieu où le prévenu est domicilié (30 janvier 1858, Cass. (*Le Siècle*) D. 58, 1, 379.' — 8 nov. 1861, Cass. (*L'Opinion nationale*) D. 92, 1, 385).

ART. 52.

En matière de diffamation, ce délai sera de douze jours, outre un jour par cinq myriamètres.

Quand le prévenu voudra être admis à prouver la vérité des faits diffamatoires, conformément aux dispositions de l'art. 35 de la présente loi, il devra, dans les cinq jours qui suivront la notification de la citation, faire signifier au ministère public près la Cour d'assises ou au plaignant, au domicile par lui élu, suivant qu'il est assigné à la requête de l'un ou de l'autre :

1° Les faits articulés et qualifiés dans la citation, desquels il entend prouver la vérité;

2° *La copie des pièces ;*

3° *Les noms, professions et demeures des témoins par lesquels il entend faire sa preuve. Cette
signification contiendra élection de domicile près
la Cour d'assises, le tout à peine d'être déchu du
droit de faire la preuve.*

Législation antérieure. — L'art. 21 de la loi du
26 mai 1819 accordait huit jours (à partir de la notification
de l'arrêt de renvoi ou de l'opposition à l'arrêt par défaut)
pour faire la signification prescrite par l'article ci-dessus.
L'art. 22 de la loi de 1819 donnait également huit jours
au plaignant pour faire sa signification en réponse.

La loi du 26 mai 1819 contenait en outre un art. 23,
maintenu par la loi du 15 avril 1871, et dont les dispositions n'ont pas été reproduites par la loi nouvelle. Cet article était ainsi conçu :

« Le plaignant en diffamation ou injure pourra faire en-
« tendre des témoins qui attesteront sa moralité ; les noms,
« professions et demeures de ces témoins seront notifiés au
« prévenu ou à son domicile un jour au moins avant l'au-
« dition.

« Le prévenu ne sera point admis à faire entendre des
« témoins contre la moralité du plaignant. »

L'art. 3 de la loi du 15 avril 1871 prescrivait en outre
que les délais établis par la loi de 1819 couraient à partir
du jour où la citation aurait été donnée.

Historique. — **Commentaire.** — L'article précédent fixait le délai entre la citation et la comparution à cinq
jours ; s'il s'agit de diffamation, notre article fixe le délai

21

à douze jours; dans ce cas-là, en effet, il peut y avoir lieu à la preuve de la vérité des imputations, et, dit M. Lisbonne en son rapport (p. 136), on a cru meilleur de fixer un délai plus long.

Le § 2 de l'article fait connaître comment ce délai doit être employé.

Douze jours. Il s'agit de douze jours francs, c'est-à-dire non compris le jour de la remise de la citation ni celui de la comparution, en sorte que la citation étant délivrée le premier, le jour de la comparution ne pourrait être fixé au plus tôt qu'au 14.

Par cinq myriamètres. Il s'agit de la distance entre le domicile du prévenu et le lieu où siège le tribunal. Lorsque le nombre de myriamètres n'atteint pas dix et dépasse cinq, faut-il compter la fraction de cinq myriamètres pour un jour ou ne tenir compte que des groupes de cinq?

Nous croyons, avec M. Mourlon, qu'il faudra compter comme donnant droit à un jour de plus toute fraction de cinq myriamètres. Ainsi, quand il y aura dix myriamètres, le délai sera augmenté de deux jours; quand il y aura onze, douze, treize, quatorze myriamètres, le délai sera augmenté de trois jours.

Jurisprudence et doctrine. — Sur la question de savoir si une fraction de cinq myriamètres augmente le délai d'un jour, consulter :

Demante, 1, 35. — Duranton, 1, 28, note 2. — Valette (sur Proud'hon) 1, 19. — Aubry et Rau, 1, 44. — Ducaurroy, Bonnier et Roustain, 1, 16. — Mourlon, 1, § 57).

— La signification dont parle cet article et le délai qu'il impartit pour la faire sont prescrits à peine de nullité, la déchéance encourue par le prévenu est d'ordre public, le plaignant ne peut y renoncer (Cassation, 1er avril 81, *Cour. trib.*, 86, D. 1881, 1, 334 (7e cahier).

— Le délai de cinq jours ne doit pas être augmenté du jour du terme, le délai est accompli le 5e jour qui suit la notification (Chassan, 2, 414).

— Le président ne pourrait, en vertu de son pouvoir discrétionnaire, entendre des témoins dont les noms n'auraient pas été notifiés, si le plaignant s'opposait à cette audition (Chassan, 2, 419).

— Au cas où le prévenu a été condamné par défaut, il conserve le droit de faire la preuve, et le délai de cinq jours que l'art. 52 lui donne pour faire connaître ses témoins, court du jour de l'opposition (arg. d'un jugement de Compiègne 26 avril 81, *Cour. trib.* 146).

ART. 53.

Dans les cinq jours suivants, le plaignant ou le ministère public, suivant les cas, sera tenu de faire signifier au prévenu, au domicile par lui élu, la copie des pièces et les noms, professions et demeures des témoins par lesquels il entend faire la preuve contraire, sous peine d'être déchu de son droit.

Législation antérieure. — Cette disposition est empruntée à la loi du 26 mai 1819, article 22. Mais cet article 22 donnait au plaignant un délai de huitaine pour faire sa notification.

Historique. — Commentaire. — Cet article n'a donné lieu à aucune discussion.

Dans les cinq jours. Le délai n'est pas franc, le jour où est faite la notification prescrite par cet article doit être compté dans le délai. Mais on ne doit pas compter le jour où a été remise la signification à la requête du prévenu faite en conformité de l'article précédent.

Plaignant. Ce mot doit s'entendre de la partie civile.

Domicile par lui élu. Voir article 50, § 2.

Déchu. Cette déchéance est d'ordre public. Le prévenu ne pourrait pas en relever le plaignant ou le ministère public.

ART. 54.

Toute demande en renvoi, pour quelque cause que ce soit, tout incident sur la procédure suivie, devront être présentés avant l'appel des jurés, à peine de forclusion.

Législation antérieure. — Cette disposition est textuellement empruntée à la loi du 27 juillet 1849, où elle formait l'article 18.

Historique. — Commentaire. — Le prévenu présent à l'appel des jurés pourrait élever des incidents ou former des demandes en renvoi, selon le résultat du tirage au sort des jurés, ou même pendant cette opération ; c'est ce que l'art. 54 a voulu éviter.

Appel des jurés. Il ne faut pas entendre par ces mots : « avant l'appel » l'appel des jurés prescrit par le § 1er de l'art. 399, C. inst. crim. La demande en renvoi ou l'incident peut être formé même après cet appel. Il ne peut plus l'être au moment où le Président proclame le nom du premier juré sorti, ceci résulte du rapport de M. Lisbonne (p. 137): « il devra soulever tout incident de procédure avant le « tirage au sort des jurés. »

Art. 55.

Si le prévenu a été présent à l'appel des jurés, il ne pourra plus faire défaut, quand bien même il se fût retiré pendant le tirage au sort.

En conséquence, tout arrêt qui interviendra, soit sur la forme, soit sur le fond, sera définitif, quand bien même le prévenu se retirerait de l'audience ou refuserait de se défendre. Dans ce cas, il sera procédé avec le concours du jury et comme si le prévenu était présent.

Législation antérieure. — L'art. 19 de la loi du 27 juillet 1849 était ainsi conçu : « Après l'appel et le tirage au sort des jurés, le prévenu, s'il a été présent à ces opérations, ne pourra plus faire défaut.... » Le § 2 de cet art. 19 était identique au § 2 de l'art. 55 de la loi de 1881, sauf que la conjonction copulative « et » qui se trouvait dans ce passage : « quand bien même le prévenu se retirerait de l'audience *et* refuserait de se défendre » a été remplacée dans la loi de 1881 par la conjonction disjonctive « *ou* ».

Notre article contient encore une autre modification sur l'art. 19 de la loi de 1849 précitée. Ce dernier article disait : « *après* l'appel et le tirage au sort », tandis que notre article dit : « quand bien même il se fût retiré *pendant* le tirage. »

Historique. — **Commentaire.** — Adopté sans discussion.

Cet article a été inspiré par les mêmes considérations
que l'article précédent. « Le prévenu aurait pu chercher à
éviter un débat contradictoire, selon le résultat du tirage
au sort, ou pendant le tirage selon ses appréhensions. »
(Page 137 du rapport Lisbonne).

A l'appel des jurés. Il s'agit non pas de l'appel des jurés
prescrit par les §§ 1 et 2 de l'article 399 du Code d'instruction criminelle, mais du tirage au sort des noms des jurés
qui doivent connaître de l'affaire prescrit par les §§ 3 et 5
du même art. 399.

Pendant le tirage au sort. Pour que le jugement soit
définitif il suffit que le nom du premier juré devant connaître de l'affaire ait été appelé par le président. Il en est
ainsi également alors même que le premier juré aurait été
récusé.

Se retirerait de l'audience ou refuserait de se défendre.
C'est-à-dire ou quoique présent, refuserait de se défendre.

D'après ces derniers mots l'art. 294 du Code d'instruction
criminelle, qui prescrit à peine de nullité que l'accusé
sera assisté d'un avocat, est inapplicable en notre matière,
même quand c'est pour un fait qualifié crime qu'un individu comparaît devant la Cour d'assises.

Nous pensons qu'il eût été plus sage de se conformer
au droit commun; en effet, la peine sera prononcée d'une
façon définitive, malgré l'absence de l'accusé : n'eût-il pas
été bon de prescrire que le verdict ne serait rendu qu'a-
près une plaidoirie obligatoire?

ART. 56.

Si le prévenu ne comparaît pas au jour fixé par

la citation, il sera jugé par défaut par la Cour d'assises, sans assistance ni intervention des jurés.

La condamnation par défaut sera comme non avenue si, dans les cinq jours de la signification qui en aura été faite au prévenu ou à son domicile, outre un jour par cinq myriamètres, celui-ci forme opposition à l'exécution de l'arrêt et notifie son opposition tant au ministère public qu'au plaignant. Toutefois, si la signification n'a pas été faite à personne ou s'il ne résulte pas d'acte d'exécution de l'arrêt que le prévenu en a eu connaissance, l'opposition sera recevable jusqu'à l'expiration des délais de la prescription de la peine L'opposition vaudra citation à la première audience utile. Les frais de l'expédition, de la signification de l'arrêt, de l'opposition et de réassignation pourront être laissés à la charge du prévenu.

Législation antérieure. — L'art. 17 de la loi du 27 juillet 1849 édictait des dispositions identiques, sauf une modification, l'opposition devait être formée dans les trois jours de la signification. De plus cet art. 17 portait que ce délai était prescrit à peine de nullité. L'art. 13 de la loi du 11 mai 1868 confirmait ces dispositions.

L'art. 5 de la loi du 15 avril 1871 portait que l'opposition à l'arrêt par défaut serait recevable jusqu'à l'exécution dudit arrêt ou jusqu'à ce qu'il résultât d'un acte d'huis-

sier que le condamné a eu personnellement connaissance
de l'arrêt depuis trois jours au moins.

Les dispositions de cet article sont d'ailleurs conformes
à celles que contient l'art. 187 du Code d'instruction criminelle.

Historique. — Commentaire. — *Dans les cinq
jours de la signification.* Le jour où est faite la signification ne compte pas dans le calcul des cinq jours, si la signification est faite le 1er, l'opposition devra être faite le 6
au plus tard.

Par cinq myriamètres. Voir ces mots sous l'art. 52.

Celui-ci forme opposition. Ordinairement cette opposition est faite au greffe, mais elle pourrait être faite par
exploit d'huissier, même un jour férié, si ce jour était
celui de l'expiration du délai.

Opposition. Elle suspend l'exécution de l'arrêt.

Au plaignant. Il s'agit uniquement du plaignant qui
s'est porté partie civile et non pas de la personne qui s'est
contentée d'adresser une plainte au parquet.

Acte d'exécution. L'art. 159, Code de procédure civile,
définit ce qu'on doit entendre par ces mots.

L'opposition vaudra citation. C'est-à-dire que le prévenu devra se présenter à la première audience sans attendre une nouvelle citation. Nous devons ajouter que,
dans la pratique, les choses ne se passent pas ainsi. Le
ministère public envoie une citation au prévenu, et à la
partie civile s'il y en a une, pour leur indiquer le jour
de l'audience.

Pour la première audience utile. Celle qui a lieu après
l'expiration des délais impartis par les articles 51 et 52.

Voir sur ce point l'arrêt de la Cour d'assises de la Seine du 15 novembre 1881, journaux judiciaires du 16.

Jurisprudence et doctrine. — « Il arrive sans cesse que le « dernier jour d'un délai d'opposition ou d'appel est férié et que les « greffes sont fermés; les avocats et les justiciables n'ignorent pas « que la déclaration au greffe n'est pas l'unique moyen d'attaquer « une décision judiciaire et que les huissiers instrumentent tous les « jours en matière criminelle, » — (Circul. minist. de la Justice 4 juin 1868).

— Les mots « l'opposition vaudra citation à la première audience utile » veulent dire : « Citation à la plus prochaine audience avec le respect des délais, même des délais de distance. » (Cass., 11 janvier 1862, *Moniteur* du 8 mars 1868. — Paris, 18 juillet 1868, *Gaz. trib.*, 19 juillet).

— Lorsque le prévenu ne peut être trouvé et que son domicile est inconnu, comment doit se faire la signification de l'arrêt par défaut? — La jurisprudence applique en ce cas, les §§ 8 et 9 de l'article 69 du Code de procédure civile : « l'exploit doit être affiché à la principale porte de l'auditoire du tribunal et une seconde copie remise au parquet. »

— En cas d'opposition, le prévenu recouvre le droit d'administrer la preuve et les délais prescrits par l'art. 52 courront du jour de la seconde citation prévue par l'art. 56 *in fine*. (V. sur ce point l'arrêt sus-indiqué du 15 novembre 1811).

ART. 57.

Faute par le prévenu de former son opposition dans le délai fixé en l'article 59, et de la signifier aux personnes indiquées dans cet article, ou de comparaître par lui-même au jour fixé en l'article précédent, l'opposition sera réputée non avenue et l'arrêt par défaut sera définitif.

Législation antérieure. — L'art. 17 de la loi du 27 juillet 1849, portait *in fine* que, si à l'audience où il devait être statué sur l'opposition, le prévenu n'était pas présent, le nouvel arrêt rendu par la Cour serait définitif.

L'art. 19 de la même loi portait qu'après l'appel et le tirage au sort des jurés le prévenu, s'il avait été présent à ces opérations ne pourrait plus faire défaut. En conséquence, tout arrêt qui interviendrait, soit sur la forme, soit sur le fond serait définitif. (Voir ce qui a été dit ci-dessus à propos de l'art. 55 de la nouvelle loi).

Historique. — Commentaire. — Cet article n'a donné lieu à aucune discussion devant les Chambres.

Délai fixé en l'article 56. C'est-à-dire dans les cinq jours de la signification de l'arrêt par défaut.

Au jour fixé par l'article précédent. A la première audience utile. Voir ces mots sous l'article 56.

Sera définitif. Sauf, bien entendu, le recours en cassation.

ART. 58.

En cas d'acquittement par le jury, s'il y a partie civile en cause, la Cour ne pourra statue r que sur les dommages-intérêts réclamés par le prévenu. Ce dernier devra être renvoyé de la plainte sans dépens ni dommages-intérêts au profit du plaignant.

Législation antérieure. — D'après l'art. 358 du Code d'instruction criminelle l'accusé, même acquitté, peut être condamné à des dommages-intérêts envers la partie civile. — Il n'en est pas de même devant la juridiction correctionnelle.

Historique. — Commentaire. — Cet article adopté sans discussion constitue une innovation fort importante dans notre droit pénal.

« Des journalistes acquittés par le jury ont expié le délit « qu'ils n'avaient pas commis par des condamnations à « des dommages-intérêts, qui excédaient le maximum des « amendes prononcées par la loi. » (Rapport Lisbonne, p. 139.)

Cet article n'abroge les dispositions des articles 358 o 359 du Code d'instruction criminelle qu'en ce qui touche la possibilité pour la partie civile d'obtenir des dommages-intérêts malgré l'acquittement du prévenu et le pouvoir donné à la Cour de comdamner l'acquitté aux dépens.

Restent donc en vigueur les dispositions de ces deux articles non contraires à l'innovation contenue dans cet article.

Acquittement. Toute personne acquittée légalement ne pourra plus être reprise ni accusée à raison du même fait (art. 360, Instr. crim.).

Dommages-intérêts. La Cour d'assises est exclusivement compétente pour statuer sur les dommages-intérêts réclamés : la demande n'en pourrait être portée devant le tribunal civil (Cass. 2 déc. 1861. — art. 359, Instr. crim.).

Jurisprudence et doctrine; — Un individu prévenu de deux délits distincts, qui a été condamné sur l'un et acquitté sur l'autre, ne peut, après un arrêt de cassation rendu sur son pourvo, être jugé de nouveau par la Cour à laquelle l'affaire est renvoyée sur le fait à raison duquel il a été acquitté (Cass. 17 nov. 43 16 août 35).

ART. 59.

Si, au moment où le ministère public ou le plaignant exerce son action, la session de la Cour d'assises est terminée, et s'il ne doit pas s'en ouvrir d'autre à une époque rapprochée, il pourra être formé une Cour d'assises extraordinaire, par ordonnance motivée du premier président. Cette ordonnance prescrira le tirage au sort des jurés conformément à la loi.

L'article 81 du décret du 6 juillet 1810 sera applicable aux Cours d'assises extraordinaires formées en exécution du paragraphe précédent.

Législation antérieure. — Cet article est la reproduction de l'article 22 de la loi du 27 juillet 1849.

Historique. — **Commentaire.** — Adopté sans discussion dans les deux Chambres.

Le plaignant. Comme dans les articles précédents il s'agit de la partie civile.

Il pourra. C'est une faculté laissée au Président. Il pourrait donc refuser et sa décision est sans appel.

Tirage au sort des jurés. Il s'agit du tirage prescrit par l'article 388 du Code d'instruction criminelle.

L'article 81 du décret du 6 juillet 1810. « Les présidents de la dernière assise, dit cet article, sont nommés de droit pour présider l'assise extraordinaire. En cas d'empêchement légitime, le président de l'assise sera remplacé à l'instant où la nécessité de la tenue extraordinaire sera connue, le remplacement sera fait par le premier président. L'ordonnance de remplacement contiendra l'époque fixe de l'ouverture de cette assise. »

D. POLICE CORRECTIONNELLE & SIMPLE POLICE.

ART. 60.

La poursuite devant les tribunaux correction- nels et de simple police aura lieu conformément aux dispositions du chapitre 2 du titre 1er du livre II du Code d'instruction criminelle, sauf les modifications suivantes :

1° Dans le cas de diffamation envers les parti- culiers, prévu par l'article 32, et dans le cas d'in- jure prévu par l'article 33, paragraphe 2, la poursuite n'aura lieu que sur la plainte de la per- sonne diffamée ou injuriée;

2° En cas de diffamation ou d'injure pendant la période électorale contre un candidat à une fonction élective, le délai de la citation sera ré- duit à vingt-quatre heures, outre les délais de distance;

3° La citation précisera et qualifiera le fait in- criminé; elle indiquera le texte de loi applicable à la poursuite, le tout à peine de nullité de ladite poursuite.

Sont applicables au cas de poursuite et de con-

22

damnation les dispositions de l'article 48 de la présente loi.

Le désistement du plaignant arrêtera la poursuite commencée.

Législation antérieure. — L'article 5 de la loi du 29 décembre 1875 était ainsi conçu :

Art. 5. — « Les tribunaux correctionnels connaîtront :

1° Des délits de diffamation, d'outrage et d'injure publique, contre toute personne et tout corps constitué ;

2° Du délit d'offense envers le Président de la République ou l'une des deux Chambres, ou envers la personne d'un souverain ou du chef d'un gouvernement étranger ;

3° De tous délits de publication ou reproduction de nouvelles fausses, de pièces fabriquées, falsifiées ou mensongèrement attribuées à des tiers ;

4° Du délit de provocation à commettre un délit, suivie ou non suivie d'effet ;

5° Du délit d'apologie de faits qualifiés crimes ou délits par la loi ;

6° Des délits commis contre les bonnes mœurs par la publication, l'exposition, la distribution et la mise en vente d'écrits, dessins ou images obscènes ;

7° Des cris séditieux publiquement proférés ;

8° Des infractions purement matérielles aux lois, décrets et règlements sur la presse. »

Voir sous l'article 45 les délits attribués par la loi nouvelle à la juridiction correctionnelle.

Historique. — **Commentaire.** — Le projet de la Commission de la Chambre était ainsi conçu :

« La poursuite devant les tribunaux correctionnels et de
« simple police aura lieu conformément aux dispositions
« du chapitre 2 du titre 1er du livre II du Code d'instruc-
« tion criminelle.

« La citation précisera et qualifiera le fait incriminé ; elle
« indiquera le texte de loi applicable à la poursuite, le tout
« à peine de nullité de la poursuite. »

M. Lorois a déposé à ce projet un amendement qui est
devenu le § 2 de l'article 60. Il y a en effet un inconvénient sérieux à ce qu'un candidat diffamé n'obtienne la réparation à laquelle il a droit, que lorsque la période électorale est terminée. Il y avait donc intérêt à abréger les
délais de la procédure en cette matière.

Entre la première et la seconde délibération, la Commission a remanié son projet d'article 60 et y a ajouté les §§ 1
et 4. La nouvelle rédaction a été adoptée sans discussion.

Dans la Commission du Sénat, M. Bozérian a fait la proposition suivante que nous détachons du rapport de M. Pelletan, page 24 :

« M. Bozérian nous a proposé, sur cet article, l'amende-
« ment suivant : *le désistement du plaignant arrêtera la*
« *poursuite commencée.* Cet amendement a été adopté par
« la Commission. Il est de toute justice que celui qui a
« lancé la poursuite dans un intérêt essentiellement privé
« reste toujours maître de la retirer ou de la maintenir. »

La rédaction de l'article 60 ainsi complété a été adoptée
par le Sénat, sans aucune discussion.

Période électorale. C'est celle qui s'écoule depuis le
décret de convocation des collèges électoraux jusqu'à l'ouverture des collèges. Elle ne peut être de moins de 20
jours.

Le délai sera réduit à vingt-quatres heures. Ce délai est franc c'est-à-dire que le jour de la remise de la
citation et celui de la comparution ne comptent pas. En
sorte qu'une citation remise le 1er ne pourrait porter valablement de convocation que pour le 3.

Outre les délais de distance. C'est-à-dire un jour par
trois myriamètres conformément à l'art. 184 du Code d'instruction criminelle. Le même délai sera observé dans la
procédure d'appel.

La citation précisera. Indiquera d'une façon détaillée,
avec toutes les circonstances, les faits imputés au prévenu.
La rédaction de la citation, à ce point de vue, a une
grande importance car le tribunal ne pourrait baser une
condamnation sur des faits qui ne seraient pas énoncés
dans la citation.

Et qualifiera. Indiquera la dénomination légale du fait
incriminé. La rédaction de cette partie de la citation
est moins importante que la précédente car le tribunal peut
modifier la qualification. Elle a néanmoins son intérêt car
c'est elle qui détermine la compétence *ratione materiæ.*

Jurisprudence et doctrine. — La circonstance que le
même article comprendrait un homme privé et des fonctionnaires
publics auxquels on imputerait les mêmes faits ne modifie pas la
compétence relative au particulier, dès que les fonctionnaires
n'ont pas formé de plainte, ou qu'il n'est même pas allégué qu'un
concert aurait existé entre eux et ce particulier.

De cet état de choses constaté ne résulte aucune indivisibilité
qui rende nécessaire de saisir la juridiction des assises, en admettant même que l'imputation envers les fonctionnaires fût relative à
leurs fonctions (Cass. 5 septembre, *Gaz. trib.*, 15 sept. 72).

—Le tribunal peut modifier la qualification donnée aux faits mais
il ne peut changer la prévention et baser la condamnation sur des

faits différents (Cass. 7 nov. 1856, D. 56, 595 ; — 4 nov. 1861, D. 66, 1, 131, 1er juillet 1881, *Courr. trib.*, 163.—Bourges, 7 mars 1879, *Gaz. des trib.*, 26 mars.)

—Le plaignant peut-il assigner directement sans cependant se porter partie civile? Pour l'affirmative, Voir Paris, 31 décembre 1880, *Courr. trib.* 8 et 22; pour la négative, voir Versailles, 1er décembre 1880, *Courr. trib.*, 44.

En matière de délit · · · la voie de la presse, la citation doit relater textuellement le passage incriminé; quand une assignation se borne à citer et à résumer ce passage, la nullité de l'assignation doit être demandée au début de l'instance et n'est plus recevable quand l'instance a été engagée au fond (Cour de Bourges, 7 mars 1879, *Gaz. des trib.*, 26 mars).

C. POURVOIS EN CASSATION.

ART. 61.

Le droit de se pourvoir en cassation appartiendra au prévenu et à la partie civile, quant aux dispositions relatives à ses intérêts civils. L'un et l'autre seront dispensés de consigner l'amende, et le prévenu de se mettre en état.

Législation antérieure. — Le décret du 17 février 1852, art. 29, aussi bien que l'art. 9 de la loi du 29 décembre 1875, reconnaissaient au prévenu le droit de se pourvoir en cassation. L'art. 5 de la loi du 6 juillet 1871 exigeait que le montant des amendes et des réparations civiles fût consigné dans la quinzaine, à partir du jour où la condamnation est devenue définitive.

Historique. — Commentaire. — Cet article a été adopté sans discussion.

De se mettre en état. C'est-à-dire se constituer prison-
nier s'il a été condamné à l'emprisonnement.

Jurisprudence et doctrine. — Sous la législation antérieure un arrêt avait déclaré le pourvoi non recevable lorsque le
condamné même pour un simple délit, à une peine d'emprisonnement et à l'amende, n'avait ni consigné l'amende ni justifié de son
indigence, ou s'il ne s'était pas mis en état dans le délai de dix jours
(Cass. 19 avril 1873, Compergue, *B. cr.*).

— En matière de presse, le pourvoi est suspensif (Cass. 20 sept.
44, *B. cr.*).

Uu arrêt de cassation remet les parties au même et semblable
état où elles étaient avant le prononcé de l'arrêt cassé. Il laisse
subsister les jugements non touchés par l'arrêt de cassation (C. de
Paris, 28 septembre 1881; *Courr. des trib.*, n° 263).

ART. 62.

*Le pourvoi devra être formé dans les trois jours,
au greffe de la cour ou du tribunal qui aura
rendu la décision. Dans les vingt-quatre heures
qui suivront, les pièces seront envoyées à la Cour
de cassation, qui jugera d'urgence dans les dix
jours à partir de leur réception.*

Législation antérieure. — L'article 21 de la loi du
27 juillet 1849 était ainsi conçu : « Le pourvoi en cassation
devra être formé dans les vingt-quatre heures au greffe de
la Cour d'assises ; vingt-quatre heures après les pièces seront envoyées à la Cour de cassation. Dans les dix jours
qui suivront l'arrivée des pièces au greffe de la Cour de
cassation, l'affaire sera instruite et jugée d'urgence, toutes
affaires cessantes. »

Historique. — Commentaire. — Cet article n'a donné lieu à aucune discussion.

Dans les trois jours. Le jour où la décision qui motive le pourvoi a été rendue ne compte pas dans le calcul ; mais le jour où le pourvoi est formé doit être compté dans le délai. Ainsi le jugement ou l'arrêt étant du 1er le pourvoi doit être formé le 4 au plus tard.

Ce délai est prescrit à peine de déchéance du droit de se pourvoir ; c'est ce qui résulte de l'emploi du mot « devra ».

Le délai court du jour où la décision est devenue définitive.

Dans les vingt-quatre heures. Ce délai n'est pas prescrit à peine de nullité. Il en est de même de celui de dix jours. Aussi n'est-il pas observé par la Cour suprême.

Jurisprudence et doctrine.—Le délai de trois jours court, si l'arrêt est contradictoire, du jour où il a été prononcé, et s'il est par défaut, du jour de l'expiration des délais pour former opposition à sa signification (Cass. déc. 46, 18 nov. 54).

§ III. — RÉCIDIVE, CIRCONSTANCES ATTÉNUANTES, PRESCRIPTION.

ART. 63.

L'aggravation des peines résultant de la récidive ne sera pas applicable aux infractions prévues par la présente loi.

En cas de conviction de plusieurs crimes ou délits prévus par la présente loi, les peines ne se cumuleront pas, et la plus forte sera seule prononcée.

Législation antérieure. — L'art. 25 de la loi du 17 mai 1819 portait qu'en cas de récidive il pourrait y avoir lieu à l'aggravation de peines prononcée par le chapitre 4 du livre 1er du Code pénal.

L'art. 10 de la loi du 9 juin 1819, permettait d'élever les amendes au double et même au quadruple, en cas de récidive, sans préjudice des peines de la récidive portées au Code pénal.

L'art. 9 de la loi du 16 juillet 1850 était rédigé en ces termes :

« Les peines pécuniaires prononcées pour crimes et délits, par les lois sur la presse et autres moyens de publication ne se confondront point entre elles et seront toutes intégralement subies lorsque les faits qui y donneront lieu seront postérieurs à la première poursuite. »

L'art. 15 de la loi du 18 juillet 1828 permettait de suspendre le journal pour une période de temps qui variait de dix jours à deux mois.

Historique. — **Commentaire.** — Cet article dans le projet de la Commission était ainsi conçu : « En cas de récidive des crimes et délits prévus et punis par la présente loi, l'aggravation de peines prononcée par le chapitre IV, livre 1er du Code pénal, ne sera pas obligatoire. »

M. Lorois a vainement proposé à la Chambre la rédaction suivante :

« Rédiger ainsi le 1er paragraphe :

« Les dispositions du chapitre IV du livre 1er du Code « pénal ne sont point applicables aux crimes et délits pré- « vus par la présente loi. »

Entre la première et la seconde délibération la Commission a rédigé un nouvel article 63 en s'appropriant la rédaction proposée par M. Lorois dont elle a fait le § 1er de son projet auquel elle a ajouté un second paragraphe qui est le paragraphe 2 de l'article de la loi.

Le Sénat sur la proposition de sa Commission a substitué au 1er paragraphe de la loi votée par la Chambre lequel n'était que l'amendement Lorois rapporté ci-dessus un autre paragraphe qui est devenu le § 1er de l'article 63.

Récidive. Voir l'article 56 du Code pénal pour les aggravations de peines résultant de la récidive.

Cumul. La Cour de cassation (18 février 1858) avait décidé que l'art. 365, qui prohibe le cumul des peines, régissait exclusivement les crimes ou délits prévus par le Code pénal. Il était donc nécessaire d'inscrire ce paragraphe 2 dans la loi.

Jurisprudence et doctrine. — La Cour d'appel, qui n'est saisie, sur l'appel d'un condamné pour deux délits, que de la connaissance d'un seul de ces délits, n'a point à faire l'application du cumul (Cass. 7 déc. 55).

ART. 64.

L'article 463 du Code pénal est applicable dans tous les cas prévus par la présente loi. Lorsqu'il y aura lieu de faire cette application, la peine prononcée ne pourra excéder la moitié de la peine édictée par la loi.

Législation antérieure. — Les lois de 1819 n'admettaient pas l'application de l'art. 463 aux délits de presse. L'art. 14 de la loi du 25 mars 1822 ne la rendait possible que dans quelques cas très restreints. L'art. 8 de la loi du

11 août 1848 rendait l'art. 463 applicable aux délits de presse.

La loi du 11 mai 1868, art. 15, admettait l'applicabilité de l'art. 463, mais sans que l'amende pût être inférieure à 50 francs. L'art. 7 de la loi du 6 juillet 1871 et l'art. 1er de la loi du 29 décembre 1875 admettaient l'application de l'art. 463 pour les délits qu'ils prévoient.

L'art. 23 de la loi du 27 juillet 1849 était ainsi conçu, § 2 :

« Lorsqu'en matière de délits le jury aura déclaré l'existence des circonstances atténuantes, la peine ne s'élèvera jamais au-dessus de la moitié du maximum déterminé par la loi. »

Historique. — Commentaire. — M. Durand, député, a vainement déposé un amendement pour demander la suppression de la seconde partie de l'article.

Voici un passage du discours prononcé dans la séance du 1er février par M. Durand, à l'appui de son amendement :

« Que la Commission me permette même de le lui dire,
« la disposition qu'elle veut ainsi introduire, dans un es-
« prit évident de bienveillance, a ses dangers pour le pré-
« venu, et il pourrait arriver qu'elle allât à l'encontre du
« but qu'elle a voulu atteindre. Ne serait-il pas à craindre
« que, dans certains cas, les juges s'abstinssent de recon-
« naître l'existence de circonstances atténuantes, parce que
« tout en jugeant que l'atténuation est possible dans une
« certaine mesure, ils pensaient cependant que cette atté-
« nuation ne doit pas aller jusqu'à réduire de moitié la
« peine prononcée par la loi ? »

M. le Rapporteur a combattu en ces termes l'amendement de M. Durand :

« La dérogation que constitue l'article 63 est favorable
« à la liberté de la presse et de la parole ; elle est de plus
« une règle de saine justice et d'impérieuse équité.

« Il faut distinguer en matière de répression les peines cri-
« minelles et les peines correctionnelles. Les premières sont
« graduées, échelonnées pour ainsi dire ; aussi, quand le
« jury a admis des circonstances atténuantes, la Cour est
« obligée de se conformer à cette graduation.

« Quand il s'agit, au contraire, de peines correction-
« nelles, il n'y a plus de degrés ; ces peines sont : pour
« l'emprisonnement, de 6 jours à 5 ans et à 10 ans en cas
« de récidive, pour l'amende, de 16 fr. à un chiffre plus
« élevé.

« Dans cette dernière hypothèse, si le jury a admis les
« circonstances atténuantes, il a voulu par cela même que
« la peine fût modérée, le juge n'a pas à tenir compte de
« cette partie du verdict, parce que la loi n'a pas marqué
« de degrés en matière correctionnelle.

« La peine est du minimum au maximum : le juge
« pourra, en conséquence, appliquer au prévenu même le
« maximum de la peine, sans tenir compte de la déclara-
« tion du jury, ce qui est souverainement inique. »

L'adoption de l'article 64 a ensuite eu lieu sans autre
discussion.

Ne pourra excéder la moitié. Cette disposition ne s'applique pas aux délits soumis à la compétence des tribu-
bunaux correctionnels.

Jurisprudence et doctrine. — Nous croyons devoir rappeler ici le principe posé par la Cour de cassation le 9 janvier 1846 :

Au cas de délit où la seule peine édictée est l'emprisonnement, si les juges, appliquant l'art. 463, substituent l'amende à l'empri- sonnement ils ne peuvent prononcer que le minimum de l'amende correctionnelle, soit 16 francs.

Art. 65.

L'action publique et l'action civile résultant des crimes, délits et contraventions prévus par la pré- sente loi se prescriront après trois mois révolus, à compter du jour où ils auront été commis, ou du jour du dernier acte de poursuite, s'il en a été fait.

Les prescriptions commencées à l'époque de la publication de la présente loi, et pour lesquelles il faudrait encore, suivant les lois existantes, plus de trois mois à compter de la même époque, seront, par ce laps de trois mois, définitivement accom- plies.

Législation antérieure. — Le décret du 17 février 1852 en prescrivant que les poursuites auraient lieu dans les formes et délais prescrits par le Code d'instruction cri- minelle soumettait, quant à la prescription, les délits de presse au droit commun, c'est-à-dire aux dispositions de l'article 638, Code Instr. crim.

L'article 4 de la loi du 15 avril 1871 reproduisait l'arti- cle 2 du décret du 22 mars 1848 portant que les prescrip- tions simultanées des actions publique et civile ne s'appliqueraient que dans les cas que la loi de 1881 énumère dans les articles 30 et 31.

Historique. — Commentaire. — Cet article n'a donné lieu à aucune discussion. Nous devons cependant rapporter la question suivante posée au rapporteur par M. Lorois : (Séance du 1er février).

M. LOROIS. « Messieurs, il y a deux natures de délits de « presse. Pour les uns, d'après l'article 23, on est pour- « suivi pour complicité d'actions qualifiées crimes ou délits. « Je voudrais demander à la Commission si, dans ce cas, « la prescription sera de trois mois, comme le porte l'arti- « cle 65, ou si le délit de presse, n'étant qu'une complicité, « ne se prescrira qu'avec le délit principal.

M. LE RAPPORTEUR. « Il ne reste plus que la prescrip- « tion de trois mois.

M. LOROIS. « De sorte que si, trois mois après le jour où « un délit de presse par complicité aurait été commis, il y « a poursuite pour le fait principal, le délit de presse ne « pourra plus être poursuivi pour complicité ; il sera pres- « crit. C'est bien entendu ?

M. LE RAPPORTEUR. « Parfaitement. »

L'action publique et l'action civile. Il résulte de ces ex- pressions qu'après le délai déterminé par cet article, l'auteur d'un délit ou même d'un crime prévu par la présente loi ne pourrait plus être poursuivi, ni par la voie criminelle, ni par la voie civile. Mais cette prescription ne s'applique pas à l'exécution du jugement qui reste soumis à la prescrip- tion de droit commun.

Trois mois révolus. Trois mois francs. On ne doit comp-

23

ter dans le calcul du délai ni le jour qui sert de point de départ au délai, ni le jour de l'échéance.

Le délai doit se compter de date à date. Ainsi un délit étant commis le 1er mars, le dernier jour pour commencer les poursuites serait le 1er juin.

Il résulte de la réponse du rapporteur à la question de M. Lorois, dont nous donnons le texte ci-dessus, que le délai pour la prescription serait le même dans le cas de provocation à un crime de droit commun prévu par les articles 23 et 24. Notons en passant que M. Lisbonne avait dit le contraire (page 145 de son rapport).

Ce délai ne courra pas en cas d'outrage envers les Chambres dans l'intervalle des sessions et des prorogations (Rapport de M. Lisbonne, page 144).

Par ce laps de trois mois. A compter du 30 juillet 1881, jour de la publication de la loi. Ainsi aucune poursuite ne pourra être commencée après le 31 octobre 1881, en vertu de la présente loi pour faits antérieurs au 30 juillet.

Il faut noter que le 1er ou le 2 novembre 1881, selon la réception de l'*Officiel* au chef-lieu d'arrondissement, conformément à l'art. 2 du décret du 11 novembre 1870, aucune poursuite, même civile ne pourrait être intentée pour délits de presse commis antérieurement au 30 juillet 1881, date de la publication de la loi. A cette époque en effet l'action civile sera éteinte par la prescription de l'art. 65.

Jurisprudence et doctrine. — Le délai de trois mois à compter du jour du délit ne comprend pas le jour où le délit a été commis (Arg. Nancy, 20 déc. 1852, D. 53, 2, 186. — Cass. 2 fév. 863, D. 63, 1, 241. — Cass. 10 janvier 1843, D. 43, 1, 87. — Paris 11 déc. 1846, D. 47, 2, 28).

— En matière criminelle, la prescription est d'ordre public.

— Elle peut être invoquée en tout état de cause, devant la Cour d'appel, devant la Cour de cassation (Lyon 10 août 48, D. 49, 2, 241).

— Elle doit être suppléée par les juges lorsque le prévenu ne l'invoque pas (Melun, D. 1802. — Parant, 338. — Grattier, 1, 530).

— Ce n'est que du jour de la publication, et non de celui du dépôt que court la prescription (Cass. 18 sept. 1820, D. 620).

: — Lorsqu'il s'agit d'une réimpression, la prescription ne court pas de la publication primitive, mais du jour de la réimpression (Cass. 13 déc. 55, D. 56, 1, 159).

— Cette prescription de trois mois se compte de quantième en quantième et non par le laps de trois fois trente jours (Arg. Colmar, 14 mai 1861, D. 61, 2, 223. — Nancy, 28 janvier 1846, D. 46, 2, 69).

Dispositions transitoires.

Art. 66.

Les gérants et propriétaires de journaux existant au jour de la promulgation de la présente loi seront tenus de se conformer, dans un délai de quinzaine, aux prescriptions édictées par les articles 7 et 8, sous peine de tomber sous l'application de l'article 9.

Législation antérieure.—Cet article ne correspond à aucune disposition légale assez intéressante pour que nous la rapportions.

Historique. — Commentaire. — L'article 66 a été adopté sans discussion.

Dans un délai de quinzaine. A compter de la promulgation de la loi.

ART. 67.

Le montant des cautionnements versés par les journaux ou écrits périodiques, actuellement soumis à cette obligation, sera remboursé à chacun d'eux, par le Trésor public, dans un délai de trois mois, à partir du jour de la promulgation de la présente loi, sans préjudice des retenues qui pourront être effectuées au profit de l'État et des particuliers, pour les condamnations à l'amende et les réparations civiles auxquelles il n'aura pas été autrement satisfait à l'époque du remboursement.

Législation antérieure. — Comme nous l'avons dit, sous l'article 5, l'article 1er du décret du 10 octobre 1870, avait supprimé le cautionnement ; l'article 2 était ainsi conçu : « Les journaux qui ont versé un cautionnement pourront le retirer suivant les formes prescrites par la loi après la cessation de la guerre actuelle. »

Historique. — Commentaire. — Devant la Chambre des députés cet article n'a donné lieu à aucune discussion La loi votée par la Chambre avait laissé en blanc le délai dans lequel serait effectué le remboursement. Le Sénat, sur l'avis conforme du Gouvernement, a fixé ce délai à trois mois.

A partir du jour de la promulgation. Est-ce à dire à partir du 29 juillet. Il semblerait résulter du texte de la loi que le remboursement devra être effectué avant le 29 octobre.

Cependant ce n'est pas dans ce sens qu'il faut interpréter la loi.

On sait, en effet, que les cautionnements n'étaient remboursés aux intéressés qu'après le délai de 3 mois écoulé; ce laps de temps permettait aux oppositions de se faire jour. Le texte de l'art. 67 ne prévoit pas le cas des oppositions, mais il est clair que les expressions employées par le législateur ont trahi sa pensée, qui était d'accorder un délai de trois mois non pas à l'État; mais aux créanciers ayant des oppositions à faire.

C'est ainsi que nous avions compris la volonté du législateur, et telle a été également l'opinion du ministre des finances : des remboursements ne pouvant être effectués avant le 29 octobre.

Une note parue au *Journal officiel* invite les propriétaires de cautionnements à faire une demande sur papier timbré à l'effet de les retirer, en joignant à cette pièce le récépissé délivré par le Trésor, De plus, les cautionnements ne seront restitués par le ministre des finances que sur la production d'un certificat de non-opposition délivré le 29 octobre par le greffe du tribunal de la Seine. En réalité, les cautionnements ne pourront donc pas être retirés avant le 1er novembre, date indiquée par nous dans notre première édition, avant la publication de cette note.

ART. 68.

Sont abrogés les édits, lois, décrets, ordonnances, arrêtés, règlements, déclarations générale-

ment quelconques, relatifs à l'imprimerie, à la li-
brairie, à la presse périodique ou non périodique,
au colportage, à l'affichage, à la vente sur la voie
publique et aux crimes et délits prévus par les lois
sur la presse et les autres moyens de publication,
sans que puissent revivre les dispositions abrogées,
par les lois antérieures.

Est également abrogé le second poragraphe de
l'article 31 de la loi du 10 août 1871 sur les Conseils
généraux, relatif à l'appréciation de leurs discus-
sions par les journaux.

Législation antérieure. — Il faudrait un volume
pour rappeler ici les nombreuses lois abrogées par cet
article et ce serait sortir du cadre forcément restreint de
notre travail. Nous sommes donc obligés de renvoyer à
des traités spéciaux pour toutes celles que nous n'avons pas
eu occasion de citer dans notre *Législation antérieure* ou
que nous n'avons pas jugé assez importantes pour les comprendre dans l'Appendice.

L'art. 31 de la loi du 10 août 1871 interdisait aux journaux d'apprécier une discussion du Conseil général sans
reproduire en même temps la portion du compte-rendu
officiel afférente à cette discussion sous peine d'une amende
de 50 fr. à 500 fr.

Historique. — Commentaire. — D'après le projet
de la Commission de la Chambre deux articles étaient d'a-
bord proposés ; l'article 1er qui, tout au moins en substance,
était conforme au texte ci-dessus, l'art. 2 ainsi conçu :

« Sont formellement exceptées de l'abrogation prononcée
« par l'article précédent les articles 1, 3 et 4 de la loi du
« 18 germinal an X (1), l'art. 36 de la loi du 21 germinal
« an XI, et l'art. 1er de la loi du 29 pluviôse an XIII (2),
« les art. 1 et 2 du décret du 7 germinal an XIII (3), les
« art, 1 et 2 du décret du 20 février 1809 (4), l'art. 4 de
« la loi du 21 mai 1836 (5), l'art. 9 de la loi du 24 mai
« 1834 et l'art. 6 de la loi du 7 juin 1848 (6), l'art. 2 de
« la loi du 27 juillet 1849 (7), les art. 7 et 8 de la loi du
« 27 juillet 1879 (8), l'art. 45 du décret du 2 février
« 1852 (9), le § 5 de l'art. 5 de la loi du 25 mai 1838 (10),
« les art. 201, 202, 203, 204, 205 et 206 du Code pé-
« nal (11), les art. 222, 223, 224, 225, 226 et 227 du
« même Code (12), les art. 260, 261, 262, 263, et 264 du
« même Code (13), les art. 419 et 420 du même Code (14),
« les lois et dispositions législatives relatives aux sociétés ci-

(1) Publication des bulles, rescrits, etc., etc.
(2) Annonces ou affiches de remèdes non autorisés.
(3) Impression de livres d'église.
(4) Impression des manuscrits de l'Etat.
(5) Distribution de billets de loteries interdites.
(6) Provocation à des attroupements.
(7) Provocation aux militaires pour les détourner de leurs devoirs.
(8) Provocation à un rassemblement sur la voie publique, ayant
pour objet la discussion, la rédaction ou l'apport de pétitions aux
Chambres.
(9) Outrages envers les bureaux électoraux.
(10) Action civile pour injure ou diffamation en justice de paix.
(11) De 201 à 206, attaques émanées des ministres des cultes.
(12) De 221 à 227, outrages envers les dépositaires de l'autorité
et de la force publique, dans l'exercice de leurs fonctions.
(13) De 260 à 264, entraves au libre exercice des cultes.
(14) Fausses nouvelles de nature à troubler les marchés publics.

« viles et commerciales, à la propriété industrielle, littéraire
« ou artistique, et aux droits du fisc, et les dispositions du
« Code d'instruction criminelle qui ne sont pas contraires
« aux prescriptions du chapitre V de la présente loi. »

L'article 1er modifié par la Commission elle-même est
devenu l'article 67. Quant à l'article 2, il a été retiré par la
Commission. Voici d'ailleurs comment M. le Rapporteur
s'est expliqué sur ce point : (Séance du 5 février).

« D'après le projet mis en délibération, deux articles
« vous étaient d'abord proposés, l'article 1er et l'article 2 ;
« l'article 1er édictant l'abrogation; l'article 2 énumérant
« des exceptions à l'abrogation elle-même. La tâche que la
« Chambre nous a confiée consistait à réviser et codifier
« les lois relatives à la liberté de la presse et autres moyens
« de publication. La révision et la codification impliquaient
« l'obligation de faire une loi unique et une loi com-
« plète. Il y avait par conséquent, nécessité absolue de ne
« pas adopter ici cette formule qui d'ordinaire termine les
« lois qui se succèdent en réglant un même point de législa-
« tion, et qui, pour la plupart du temps, est ainsi conçue :
« Sont abrogées les dispositions des lois antérieures con-
« traires à la présente loi. Comme nous devions faire une
« loi nouvelle, une seule loi, il n'était pas possible d'ac-
« cepter cette formule, qui rassure beaucoup plus le légis-
« lateur qu'elle ne satisfait le jurisconsulte. Nous ne pou-
« vions procéder de cette façon, sans nous exposer au re-
« proche de ne vous avoir pas compris.

« Il fallait donc abroger d'une façon absolue, radicale,
« toute la législation, c'est-à-dire toutes les lois relatives à
« la liberté de la presse ou de la parole, toutes les lois,
« sans en excepter aucune.

« Nous avons abrogé d'une façon intégrale, sans rien
« excepter ni réserver, toutes les codifications législa-
« tives, plus ou moins partielles, relatives aux crimes et
« aux délits commis par la presse ou autres moyens de pu-
« blication. C'est ce qu'exprimait avec une suffisante net-
« teté l'article 1er que vous avez réservé et qui, moyennant
« certaine variante, deviendra l'article 67 de la loi nouvelle.

« Telle est l'expression du principe d'abrogation. Ce
« principe est absolu; il ne fait grâce à rien. L'article 2
« que vous avez réservé, avait pour objet de déterminer ce
« que nous n'abrogions pas.

« Comme nous n'abrogeons que la législation relative à
« la presse et autres moyens de publication, mais entière-
« ment, — comme c'est à cette législation que nous de-
« vions exclusivement nous attacher, — l'article 2 deve-
« nait inutile.

« Cette disposition exceptait en effet de l'abrogation des
« lois, des arrêtés, des dispositions qui sont étrangers à la
« législation sur la presse. Nous avons considéré cette for-
« mule commme superflue.

« Elle n'était même pas sans inconvénients, en ce sens
« que si, dans l'énumération des textes non sujets à l'abro-
« gation, nous eussions fait quelque omission, il aurait
« semblé que les dispositions simplement omises rentraient
« implicitement dans le cadre des dispositions abrogées.
« C'était là un danger qu'il fallait éviter, et nous l'avons
« évité en généralisant d'une façon plus large la formule
« de l'article 1er, de manière à faire de l'article 2 une su-
« perfétation. »

Le second paragraphe a été adopté par la Chambre sur la
proposition de MM. Marcel Barthe et Gaslonde.

Sont abrogés. Il résulte des expressions même de M. Lisbonne, rapportées ci-dessus, que la nouvelle loi abroge d'une façon intégrale, absolue, radicale toute la législation, toutes les codifications législatives, c'est-à-dire toutes les lois relatives à la liberté de la presse, de la parole ou autres moyens de publication,

Nous publions plus loin un Appendice contenant les principaux délits qui n'ont pas été retenus par la loi nouvelle et qui par suite ne sont plus des délits.

Relatifs à l'imprimerie, à la librairie, etc. Il résulte également des expressions de M. Lisbonne rapportées ci-dessus, que la loi nouvelle laisse subsister les dispositions légales ayant trait à la presse, à la parole, ou autres moyens de publications qui se trouvent insérées dans des lois dont l'objet direct est étranger à la législation sur la presse.

En conséquence sont encore en vigueur les articles du Code pénal ou du Code de justice militaire, les lois et dispositions législatives relatives aux sociétés civiles et commerciales, à la propriété industrielle, littéraire ou artistique et aux droits du fisc. Nous donnons en Appendice à la fin de ce volume les principaux textes restant en vig   après la promulgation de la présente loi.

Jurisprudence et doctrine. — Les lois pénales ne revivent pas par le fait de l'abrogation des lois qui les avaient abrogées (Cass. 13 fév. 1886).

ART. 69.

La présente loi est applicable à l'Algérie et aux colonies.

Législation antérieure. — Jusqu'ici la presse algérienne avait été soumise à un régime encore plus sévère que celui sous lequel vivait la presse de la métropole.

Historique. — Commentaire. — Cette disposition a été introduite dans la loi sur l'initiative de plusieurs députés de l'Algérie et des colonies. Elle n'a donné lieu à aucune discussion ni à la Chambre ni au Sénat.

Cette disposition était nécessaire pour que la loi produisît son effet dans nos colonies. Il résultait en effet de la jurisprudence de la Cour de cassation que les lois ou ordonnances, décrets et actes législatifs ne sont exécutoires dans les pays conquis que s'ils y ont été expressément promulgués.

Depuis la promulgation de la loi du 29 juillet 1881, a paru (*Journal officiel* du 6 septembre) un décret rattachant les services algériens aux différents ministères. Par conséquent les lois et règlements français sont applicables désormais en Algérie sans promulgation spéciale et sans article de loi spécial.

ART. 70.

Amnistie est accordée pour tous les crimes et délits commis antérieurement au 16 février 1881, par la voie de la presse ou autres moyens de publication, sauf l'outrage aux bonnes mœurs puni par l'article 28 de la présente loi, et sans préjudice du droit des tiers.

Les amendes non perçues ne seront pas exigées.

Les amendes déjà perçues ne seront pas restituées,

à l'exception de celles qui ont été payées depuis le 16 février 1881.

Législation antérieure. — Il serait inutile de rappeler ici les principales amnisties dont a bénéficié la presse; disons seulement que la dernière porte la date du 6 juillet 1880.

Historique. — Commentaire. — Cette disposition a été adoptée sur la proposition de M. Villiers, député, qui avait déposé un amendement ainsi conçu :

« A dater de la promulgation de la présente loi, une
« amnistie est accordée à tous les délits politiques commis
« par la voie de la presse et réprimés en vertu de la légis-
« lation antérieure.

« Les amendes déjà perçues ne seront pas restituées ;
« les amendes non perçues ne seront pas exigées. »

La Commission, s'appropriant l'idée de l'amendement de M. Villiers, a rédigé un article additionnel ainsi conçu :

« Amnistie est accordée pour tous les crimes et délits
« commis par la voie de la presse ou autres moyens de
« publication, et non punis par la présente loi, sans préju-
« dice du droit des tiers.

« Les amendes déjà perçues ne seront pas restituées ; les
« amendes non perçues ne seront pas exigées. »

Les mots « antérieurement au 16 février 1881 » ont été introduits par la Chambre, sur la proposition de M. Ribot, qui a demandé que l'amnistie n'ait d'effet que jusqu'au jour du vote de l'article, afin que le gouvernement ne reste pas désarmé pendant le temps qui s'écoulera jusqu'à la ratification de la loi par le Sénat.

Les mots « non punis par la présente loi » qui figuraient

dans le projet de la Commission ont été retranchés par la Chambre, sur la proposition de MM. Lockroy et Clémenceau.

Les mots « sauf l'outrage aux bonnes mœurs » ont été ajoutés par la Chambre, sur la proposition de M. Villiers.

Au Sénat, M. Jules Simon a proposé, sans succès malheureusement, l'amendement suivant, qui proclamait une amnistie générale.

« Amnistie est accordée pour tous les crimes et délits
« commis par la voie de la presse ou autres moyens de
« publication, sans préjudice du droit des tiers. »

Les mots « à l'exception de celles payées, etc. » ont été ajoutés par le Sénat sur la proposition de sa Commission.

Voici comment s'explique sur ce point le rapport de M. Pelletan (page 24) :

« Le projet, adopté par la Chambre des députés, dispense
« les personnes condamnées pour crime ou délit de presse,
« de payer les amendes non perçues ; elle n'accorde pas la
« restitution des amendes payées.

« Nous vous proposons de maintenir cette distinction,
« mais avec une modification par laquelle nous avons jugé
« qu'il serait convenable de compléter une mesure de clé-
« mence : nous avons cru qu'il était équitable de rendre les
« amendes qui ont été payées depuis le 16 février 1881, date
« à laquelle le vote de la Chambre des députés arrête les
« effets de l'amnistie. Les condamnés ont, après le vote de la
« loi par la Chambre des députés, conçu le légitime espoir
« d'être affranchis de la peine pécuniaire ; il ne faut pas que
« cette attente soit détruite par un fait d'exécution postérieur.
« Ceux qui auraient obéi à la loi auraient, en quelque sorte,
« à regretter de s'être spontanément soumis aux ordres de la

« justice, ceux qui auraient différé de les suivre seraient
« mieux traités ; et nous croyons qu'il serait plus juste de
« leur faire, aux uns et aux autres, une situation égale. »

Quand la loi votée par le Sénat avec modification est
revenue devant la Chambre, M. Gatineau a proposé de
remplacer les mots « 16 février 1881 » par ceux-ci : « 20
juillet 1881 ».

« Il n'est pas admissible, dit-il, séance du 21 juillet, que
« les condamnations qui ont été prononcées en vertu d'arti-
« cles de loi qui n'existent plus ne soient pas effacées au
« moment où la loi nouvelle va entrer dans le domaine de
« la législation. »

M. Lelièvre, au nom de la Commission s'est opposé à
l'adoption de cette proposition dans les termes suivants :
(Séance du 21 juillet).

« Je viens, au nom de la Commission, prier la Chambre
« de repousser l'amendement de M. Gatineau. Nous avons
« discuté longtemps dans la Commission la question de sa-
« voir si nous apporterions des modifications au texte
« adopté par le Sénat, et nous avons discuté cette question
« surtout au point de vue des principes. Car nous devons
« déclarer qu'il y a eu de nombreux dissentiments parmi
« les membres de votre Commission, sur le point de sa-
« voir si nous accepterions, sans y faire de modifications,
« le texte qui nous était rapporté. Mais nous nous sommes
« inclinés, même en ce qui concerne les modifications
« portant sur les questions de principes, par cette raison,
« que nous avons cru être d'ordre supérieur : c'est que
« le temps ferait matériellement défaut pour que la loi
« pût être renvoyée au Sénat, et nous être transmise de
« nouveau. »

M. le baron Reille fait alors observer qu'il serait plus simple de faire une loi sur ce point spécial. L'amendement Gatineau est repoussé.

M. Lorois, député, a fait une proposition de loi reproduisant l'amendement de M. Gatineau, elle a été adoptée par les deux Chambres et promulguée; nous la donnons après le dernier article de la loi.

Amnistie. Voici la définition que donne de ce mot M. Legraverend, t. 2, p. 762 : « C'est un acte du souverain qui couvre du voile éternel de l'oubli certains crimes, certains délits spécialement désignés, et qui ne permet plus aux tribunaux d'exercer aucunes poursuites contre ceux qui s'en sont rendus coupables. » L'effet principal de l'amnistie est d'effacer le souvenir et l'effet des condamnations et des poursuites encourues. Elle place les choses en l'état où elles étaient avant l'accomplissement de l'acte auquel elle s'applique.

Antérieurement au 16 février 1881. La loi complémentaire du 29 juillet a remplacé les mots « 16 février 1881 » par ceux-ci « 21 juillet 1881 ».

Sans préjudice du droit des tiers. Il résulte de ces expressions que l'amnistie n'empêche pas les particuliers de poursuivre la répression des délits commis avant le 21 juillet 1881 par la voie de la presse ou autres modes de publication.

En cas de poursuites commencées avant la promulgation de la loi, pour des délits maintenus dans la loi nouvelle, l'affaire sera suivie comme si l'article n'existait pas, mais conformément à la procédure prescrite par la nouvelle loi, c'est-à-dire que si la loi nouvelle attribuait compétence à une autre juridiction que celle qui est saisie, celle-ci devrait se déclarer incompétente.

Dans les poursuites de cette nature le tribunal ne pourra condamner le prévenu qu'à des dommages-intérêts envers la partie civile. Si les poursuites ne sont commencées qu'après la promulgation de la loi d'amnistie, la demande devra être portée devant les tribunaux civils.

Voir en outre sous l'article 45 ce qui est dit concernant les poursuites commencées avant la loi nouvelle pour ce qui concerne les délits qu'elle a abrogés.

Jurisprudence et doctrine. — La partie lésée, qui postérieurement à une amnistie, actionne en dommages-intérêts l'auteur d'un fait auquel cette amnistie est applicable, ne peut saisir de son action que la juridiction civile et non la juridiction de répression (Trib. Blois, 14 janvier 1870. D. P. 70, 3, 76. — Cass. 22 déc. 1370, D. P. 71, 1, 192. — 19 mai 1848, D. P. 48, 1, 102. — Cass. 9 février 1849, D. 49, 1, 125. — Gannat, 13 août 1881, *Courrier des trib.*, 199. — Saint-Nazaire, 24 août 1881. *Courr. des trib.*, 206, — et de nombreuses décisions du tribunal de la Seine rendues depuis le 29 juillet... *Contra*, Seine, 20 février 1861, D. 62, 3, 7).

— Lorsque sur un pourvoi il est reconnu que c'est à tort que le prévenu a été condamné pour un fait mal qualifié et que le délit bien qualifié et pour lequel le prévenu devrait être renvoyé devant l'autorité judiciaire, est amnistié, la Cour de cassation doit se borner à déclarer que l'action publique est éteinte et qu'il n'y a lieu de statuer sur le pourvoi (Cass. 11 avril 78, D. 78, 1, 477).

L'amnistie des délits de presse s'applique aux délits de parole prévus par la loi du 29 juillet 1881 (C. de Paris, 4 et 11 novembre 1881, *Courr. des trib.*, n° 272).

ARTICLE UNIQUE DE LA LOI COMPLÉMENTAIRE
DU 29 JUILLET 1881.

L'amnistie prévue par la loi sur la liberté de la presse sera appliquée à tous les crimes et délits commis antérieurement au 21 juillet 1881.

Législation antérieure.— Cette loi abroge la disposition de l'article 70 de la nouvelle loi sur la presse qui arrêtait au 16 février 1881 les effets de l'amnistie.

Historique. — Commentaire. — Cette loi a été votée par la Chambre des députés sur la proposition de M. Lorois. Elle n'a donné lieu à aucune discussion, ni dans la Chambre, ni dans le Sénat.

APPENDICE.

I.

Comme plusieurs jurisconsultes ont envoyé à divers journaux des communications desquelles il résultait que la nouvelle loi n'abrogeait pas l'impôt sur le papier des journaux, nous reproduisons ici les deux circulaires envoyées à cet effet par le Ministre des finances. De cette façon l'interprétation que nous avons donnée sous l'article 5 ne pourra plus être contestée.

DIRECTION GÉNÉRALE
des
CONTRIBUTIONS
INDIRECTES.

Paris, le 30 juillet 1881.

Circulaire
N° 324.

L'article 5 de la loi sur la presse qui a été promulguée aujourd'hui au *Journal off   l*, déclare que tout journal ou écrit périodique peut être publié sans dépôt de cautionnement.

Cette disposition abroge l'article 2 de la loi du 6 juillet 1871 en vertu duquel la formalité du cautionnement avait été rétablie pour tous les journaux politiques, sans exception, et pour les journaux et écrits périodiques non politiques paraissant plus d'une fois par semaine. Par voie de conséquence, la surtaxe de 20 fr. 80 cent. par 100 kilog., dont était passible le papier employé à l'impression des journaux se trouve également abolie, puisque, aux termes de l'article 7 de la loi du 4 septembre 1871, elle n'était applicable qu'aux feuilles *assujetties au cautionnement.* La Régie doit donc cesser de percevoir ce droit à partir du jour où la nouvelle loi sur la presse est devenue exécutoire.

Il y a lieu de régler définitivement à cette date le compte des imprimeurs. Toutes les quantités de papier employées antérieurement seront comprises dans le décompte; celles restant seront laissées à la libre disposition des imprimeurs, à moins qu'elles ne soient placées sous le régime de l'entrepôt relativement au droit général de fabrication.

Si des contestations ou des réclamations s'élevaient au sujet des manquants que le règlement de clôture fera apparaître, les Directeurs auraient à consulter l'Administration, sous le timbre du 2e bureau de la 3e division.

Le Conseiller d'Etat, Directeur général,
Signé : ROUCOU.

DIRECTION GÉNÉRALE
des
DOUANES.

Paris, le 6 août 1881.

Circulaire
N° 1510.

Aux termes du dernier paragraphe de l'article 7 de la loi du 4 septembre 1871, le papier employé à l'impression des journaux et autres publications périodiques assujettis au cautionnement était soumis à un droit de 20 francs par 100 kilogrammes, lequel était passible des 4 p. 100 additionnels (art. 2 de la loi du 30 décembre 1873).

La loi du 29 juillet dernier (art. 5) sur la liberté de la presse ayant supprimé l'obligation du cautionnement, la taxe spéciale dont il s'agit se trouve abrogée. Il y aura lieu de cesser de la percevoir sur les journaux et autres publications périodiques importés de l'étranger.

La loi du 29 juillet, insérée au *Journal officiel* du 30, est exécutoire dans les délais déterminés par le décret du 5 novembre 1870.

Je prie les Directeurs d'informer de ces dispositions le service et le commerce.

Le Conseiller d'Etat, Directeur général,
Signé : AMBAUD.

II.

PRINCIPAUX DÉLITS ABROGÉS.

1. Attaque contre la liberté des cultes. — Attaque contre le principe de la propriété. — Attaque contre les droits de la famille (art. 3, décret 11 août 1848).

2. Attaque à la Constitution (décret 11 août 1848, art. 1, et loi du 29 décembre 1875, art. 1).

3. Attaque contre le respect dû aux lois et l'inviolabilité des droits qu'elles ont consacrés (art. 3, loi 27 juillet 1849). — Apologie de faits qualifiés crimes par la loi (id.).

4. Enlèvement ou dégradation des signes publics de l'autorité, opéré en haine ou au mépris de cette autorité (art. 6, décret 11 août 1848).

5. Excitation à la haine et au mépris du Gouvernement (art. 4, décret 11 août 1848).

6. Excitation à la haine et au mépris des citoyens les uns contre les autres (art. 7, décret 11 août 1848).

7. Exposition dans les lieux ou réunions publics, distri-

bution ou mise en vente de tous signes ou symboles propres à propager l'esprit de rébellion ou à troubler la paix publique (art. 6, décret 11 août 1848).

8. Infidélité dans le compte-rendu des séances des Chambres, ainsi que des audiences des Cours et tribunaux (art. 7, oi 25 mars 1822).

9. Interdiction de rendre compte des procès pour délits de presse (art. 17, décret 17 février 1852).

10. Interdiction d'apprécier les discussions des conseils généraux sans reproduction du compte-rendu afférent à cette discussion (art. 31, §§ 2 et 3, loi du 10 août 1871).

11. Outrage à la morale publique et religieuse (art. 8, loi 17 mai 1819).

12. Outrage aux religions reconnues par l'État (art. 1er, loi 25 mars 1822).

13. Outrage envers le Sénat et la Chambre des députés (art. 15, loi 25 mars 1852).

14. Outrage envers la République (art. 4, loi 11 août 1848, 29 décembre 1875).

15. Port public de signes extérieurs de ralliement non autorisés par la loi ou les règlements de police (art. 6, décret 11 août 1868).

16. Provocation à commettre un délit, non suivie d'effet (art. 2, loi 17 mai 1819).

17. Provocation à la désobéissance aux lois (art. 6, loi 17 mai 1819).

18. Publication de faits de la vie privée (art. 11, loi 11 mai 1868).

III.

PRINCIPAUX TEXTES MAINTENUS.

A. — *Dispositions concernant plus spécialement les imprimeurs.*

LOI DU 18 GERMINAL AN X

1. Art. 1er. — Aucune bulle, bref, rescrit, mandat, provision, signature servant de provision, ni autre expédition de la cour de Rome, même ne concernant que les particuliers, ne pourront être reçus, publiés, imprimés, ni autrement mis à exécution sans l'autorisation du Gouvernement.

2. Art. 3. — Les décrets de synodes étrangers, même ceux des conciles étrangers, ne pourront être publiés en France avant que le Gouvernement en ait examiné la forme, leur conformité avec les lois, droits et franchises de la République française, et tout ce qui, dans leur publication, pourrait altérer ou intéresser la tranquillité publique.

DÉCRET DU 7 GERMINAL AN XIII.

3. Art. 1er. — Les livres d'église, les heures et prières, ne pourront être imprimés ou réimprimés que d'après la permission donnée par les évêques diocésains, laquelle permission sera textuellement rapportée et imprimée en tête de chaque exemplaire.

4. Art. 2. — Les imprimeurs-libraires qui feraient imprimer, réimprimer des livres d'église, des heures ou prières, sans avoir obtenu cette permission, seront poursuivis conformément à la loi du 19 juillet 1793.

5. Art. 4. — (*Articles organiques des cultes protestants*). Aucune décision doctrinale ou dogmatique, aucun

formulaire, sous le titre de confession ou sous tout autr titre, ne pourront être publiés ou devenir la matière de l'enseignement, avant que le Gouvernement en ait autorisé la publication ou promulgation.

DÉCRET DU 20 FÉVRIER 1809.

6. Art. 1er. — Les manuscrits de nos archives de notre ministère des relations extérieures et ceux des bibliothèques impériales, départementales et communales ou des autres établissements publics, soit que ces manuscrits existent dans les dépôts auxquels ils appartiennent, soit qu'ils en aient été soustraits ou que leurs minutes n'y aient pas été déposées aux termes des anciens règlements, sont la propriété de l'État et ne peuvent être imprimés et publiés sans son autorisation.

LOI DU 21 GERMINAL AN XI.

7. Art. 36. — Toutes annonces ou affiches imprimées qui indiqueraient des remèdes secrets, sous quelque dénomination qu'ils soient présentés, sont sévèrement prohibées.

LOI DU 20 PLUVIOSE AN XIII.

8. Article unique. — Ceux qui contreviendront aux dispositions de l'article 36 de la loi du 21 germinal an XI, seront poursuivis par mesure de police correctionnelle et punis d'un amende de 25 fr. à 600 fr., et en outre, au cas de récidive, d'une détention de 3 jours à 10 jours.

B. — *Dispositions relatives aux cultes.*

b 1. Dispositions concernant plus spécialement les ministres des cultes.

CODE PÉNAL.

1. Art. 201. — Les ministres des cultes qui prononceront, dans l'exercice de leur ministère, et en assemblée publique, un discours contenant la critique ou censure du

Gouvernement, d'une loi, d'un décret, ou de tout autre acte de l'autorité publique, seront punis d'un emprisonnement de trois mois à deux ans.

2. Art. 202. — Si les discours prononcés en assemblée publique par un ministre du culte dans l'exercice de son ministère contiennent une provocation directe à la désobéissance aux lois ou autres actes de l'autorité, ou s'ils tendent à soulever ou armer une partie des citoyens contre les autres, le ministre du culte qui l'aura prononcé sera puni d'un emprisonnement de 2 à 5 ans, si la provocation n'a été suivie d'aucun effet, et du bannissement, si elle a donné lieu à la désobéissance, autre toutefois que celle qui aurait dégénéré en sédition ou révolte.

3. Art. 203. — Lorsque la provocation aura été suivie d'une sédition ou révolte dont la nature donnera lieu contre l'un ou plusieurs des coupables à une peine plus forte que celle du bannissement, cette peine quelle qu'elle soit, sera appliquée au ministre coupable de la provocation.

4. Art. 204. — Tout écrit contenant des instructions pastorales, en quelque forme que ce soit, et dans lequel un ministre du culte se sera ingéré de critiquer ou censurer soit le gouvernement, soit tout acte de l'autorité publique, emportera la peine du bannissement contre le ministre qui l'aura publié.

5. Art. 205. — Si l'écrit mentionné en l'article précédent contient une provocation directe à la désobéissance aux lois ou autres actes de l'autorité publique, ou s'il tend à soulever ou armer une partie des citoyens contre les autres, le ministre [du culte] qui l'aura publié sera puni de la détention.

6. Art. 206. — Lorsque la provocation contenue dans l'écrit pastoral aura été suivie d'une sédition ou révolte, dont la nature donnera lieu contre l'un ou plusieurs des coupables à une peine plus forte que celle de la déportation, cette peine, quelle qu'elle soit, sera appliquée au ministre coupable de la provocation.

(Voir pour certains autres délits concernant les ministres du culte, Appendice III, A, §§ 1, 2, 5. — Voir pour l'impression et la réimpression des livres d'église, Appendice A, §§ 3 et 4).

b ². *Entraves au libre exercice des cultes.*

CODE PÉNAL.

1. Art. 260. — Tout particulier qui, par des voies de fait ou des menaces, aura contraint ou empêché une ou plusieurs personnes d'exercer l'un des cultes autorisés, d'assister à l'exercice de ce culte, de célébrer certaines fêtes, d'observer certains jours de repos, et, en conséquence, d'ouvrir ou de fermer leurs ateliers ou boutiques, ou magasins, et de faire ou quitter certains travaux, sera puni, par ce seul fait, d'une amende de 16 à 200 fr. et d'un emprisonnement de 6 jours à 2 mois.

2. Art. 261. — Ceux qui auront empêché, retardé ou interrompu les exercices d'un culte par des troubles ou désordres causés dans le temple ou autre lieu destiné ou servant actuellement à ces exercices, seront punis d'une amende de 16 à 300 fr. et d'un emprisonnement de 6 jours à 3 mois.

3. Art. 262. — Toute personne qui aura, par paroles ou gestes, outragé les objets d'un culte dans les lieux destinés ou servant actuellement à son exercice, ou les ministres de ce culte pendant leurs fonctions, sera puni d'une amende de 16 à 500 fr. et d'un emprisonnement de 15 jours à 6 mois.

4. Art. 263. — Quiconque aura frappé le ministre d'un culte dans ses fonctions, sera puni de la dégradation civique.

5. Art. 264. — Les dispositions ci-dessus ne s'appliquent qu'aux troubles, outrages ou voies de fait, dont la nature ou les circonstances ne donneront pas lieu à des peines plus fortes, d'après les autres dispositions du Code.

C. — *Provocation à des rassemblements ou à des attroupements.*

LOI DU 24 MARS 1834.

1. Art. 9. — Seront punis de la détention..., ceux qui auront provoqué ou facilité le rassemblement des insurgés, soit par la distribution d'ordres ou de proclamations, soit par tout autre moyen d'appel.

LOI DU 7 JUIN 1848.

2. Art. 6. — Toute provocation directe à un attroupement armé ou non armé par des discours proférés publiquement et par des écrits ou des imprimés, affichés ou distribués, sera punie comme le crime et le délit selon les distinctions ci-dessus établies.

LOI DU 22 JUILLET 1879.

3. Art. 7. Toute provocation par des discours proférés publiquement ou par des écrits ou imprimés, affichés ou distribués, à un rassemblement sur la voie publique, ayant pour objet la discussion, la rédaction ou l'apport aux Chambres, ou à l'une d'elles, de pétitions, déclarations ou adresses, que la provocation ait été ou non suivie d'effet, sera punie des peines édictées par le paragraphe 1er de l'article 5 de la loi du 7 juin 1848.

D. — *Fausses nouvelles, menaces et outrages.*

Sur les marchés publics.

CODE PÉNAL.

1. Art. 419. — Tous ceux qui, par des faits faux ou calomnieux semés à dessein dans le public.... ou qui par des voies ou moyens frauduleux quelconques auront opéré la

hausse ou la baisse du prix des denrées ou marchandises on des papiers ou effets publics au-dessus ou au-dessous des prix qu'aurait déterminés la concurrence naturelle et libre du commerce, seront punis d'un emprisonnement d'un mois au moins, d'un an au plus et d'une amende de 500 fr. à 10,000 fr.

Les coupables pourront de plus être mis, par l'arrêt ou le jugement, sous la surveillance de la haute police pendant 2 ans au moins et 5 ans au plus.

2. Art. 420. — La peine sera d'un emprisonnement de 2 mois au moins et de 2 ans au plus, et d'une amende de 1,000 fr. à 20,000 fr., si ces manœuvres ont été pratiquées sur grains, grenailles, farines, substances farineuses, pain, vin ou toute autre boisson.

La mise en surveillance qui pourra être prononcée sera de 5 ans au moins et de 10 ans au plus.

En matière électorale.

DÉCRET DU 2 FÉVRIER 1852.

3. Art. 39. — Ceux qui par voies de fait, violences ou menaces contre un électeur, soit en lui faisant craindre de perdre son emploi ou d'exposer à un dommage sa personne, sa famille ou sa fortune, l'auront déterminé à s'abstenir de voter ou auront influencé son vote, seront punis d'un emprisonnement de 1 mois à 1 an, et d'une amende de 100 fr. à 1,000 fr.

4. Art. 40. — Ceux qui, à l'aide de fausses nouvelles, bruits calomnieux ou autres manœuvres frauduleuses, auront surpris ou détourné des suffrages, déterminé un ou plusieurs électeurs à s'abstenir de voter, seront punis d'un emprisonnement de 1 mois à 1 an, et d'une amende de 100 fr. à 2,000 fr.

5. Art. 45. — Les membres d'un collège électoral qui se seront rendus coupables, pendant la réunion, d'outrages ou de violences, soit envers le bureau, soit envers l'un de ses membres, ou qui, par voie de fait ou menaces, auront

retardé ou empêché les opérations électorales, seront punis d'un emprisonnement de 1 mois à 1 an et d'une amende de 100 fr. à 2,000 fr.

Si le scrutin a été violé, l'emprisonnement sera de 1 à 5 ans et l'amende de 1,000 à 5,000 fr.

E. — *Loi du 25 mai 1836 sur les loteries.*

1. Art. 4. — Ceux qui auront colporté ou distribué des billets, — ceux qui, par des avis, annonces, affiches, ou par tout autre moyen de publication, auront fait connaître l'existence de ces loteries, ou facilité l'émission des billets, seront punis des peines portées en l'art. 410 du Code pénal; — il pourra être fait application, s'il y a lieu, des deux dernières dispositions de l'article précédent.

IV.

Le Garde des sceaux, ministre de la justice, a adressé aux procureurs généraux près les Cours d'appel la circulaire suivante, relative à l'application de la loi sur la presse du 29 juillet 1881.

Paris, le 9 novembre 1881.

Monsieur le Procureur général,

La législation sur la presse a formé jusqu'ici un assemblage confus de lois de toutes les époques, d'origine et d'inspiration les plus diverses.

Les lois fondamentales de 1819 avaient défini méthodiquement les délits et réglé la procédure, mais elles avaient laissé en dehors de leurs prévisions toute la matière des instruments de publication : l'imprimerie et la librairie, le colportage, l'affichage, la vente sur la voie publique ; elles avaient été, d'ailleurs, bientôt elles-mêmes profondément modifiées. Depuis lors, les lois nouvelles se sont accumulées, elles se sont ajoutées les unes aux autres, subsistant toutes ensemble et ne s'abrogeant que dans leurs dispositions contraires. Nées, la plupart, des circonstances, elles ont presque toutes, sauf de rares retours à la liberté selon les régimes, étendu indéfiniment le domaine de la réglementation et de la répression.

L'opinion publique réclamait depuis longtemps, avec l'abrogation de cette législation surannée, une loi nouvelle et complète sur la matière. Il était réservé à notre dernière législature d'entreprendre et mener à fin cette œuvre considérable. La loi qui est sortie de ses délibérations a été définie d'un mot : c'est une loi de liberté, telle que la presse n'en a jamais eu en aucun temps. Elle a supprimé toutes les mesures préventives ; elle s'est conformée, dans la détermination des infractions en petit nombre qu'elle a retenues, aux règles du droit commun pour les incriminations pénales ; elle a rétabli dans son intégrité la juridiction du jury. Loin d'imposer à la presse un régime pénal exceptionnel, on peut dire qu'elle lui a fait, sous plusieurs rapports, une condition privilégiée. Elle déroge en sa faveur au droit commun en ce qui concerne la juridiction, la responsabilité pénale, la procédure, la saisie, la détention préventive, la récidive, les circonstances atténuantes, le cumul. L'expérience dira si cet ensemble de dispositions ne fait qu'apporter un tempérament utile aux rigueurs de la loi commune, sans préjudicier à l'exercice ferme et régulier de l'action publique.

Cette loi embrasse toute la matière de l'ancienne législation : l'imprimerie et la librairie, la presse périodique, l'affichage, le colportage et la vente sur la voie publique, les crimes et délits, la compétence et la procédure.

Imprimerie et librairie.

Le décret du 10 septembre 1870 du gouvernement de la Défense nationale avait déjà proclamé le principe de la liberté des professions d'imprimeur et de libraire; il les avait ainsi définitivement affranchies de la tutelle administrative qui avait jusqu'alors pesé si lourdement sur elles et, notamment de la nécessité de l'autorisation préalable qui leur était délivrée sous la forme du brevet. Il avait seulement exigé des personnes qui voulaient exercer ces professions une déclaration au ministère de l'intérieur. La loi nouvelle supprime cette formalité. Les articles 2 à 4 se bornent à assujettir les imprimeurs à l'accomplissement de deux obligations au moment de la publication de chaque imprimé : l'indication de leurs nom et domicile, et le dépôt.

Tout imprimé rendu public doit porter l'indication exacte du nom et du domicile de l'imprimeur (art. 2); la fausseté de la déclaration équivaudrait à la simple omission et serait punie comme elle (1).

Le dépôt est fait en deux ou trois exemplaires, selon qu'il s'agit d'imprimés ou de reproductions autres que les imprimés proprement dits, tels que musique, estampes, dessins, gravures, lithographies, etc. Le motif de cette distinction est dans la destination différente de ces ouvrages, qui doivent être conservés en plus ou moins grand nombre dans les collections nationales. Le ministre de l'instruction publique reçoit un exemplaire de chacun d'eux ; la Bibliothèque nationale, qui n'a qu'un exemplaire des imprimés et de la musique, en reçoit deux des estampes et autres ouvrages similaires, qui sont plus sujets à la détérioration ; le troisième exemplaire de la musique est destiné au Conservatoire.

Ce dépôt est fait, à Paris, au ministère de l'intérieur ; dans les départements, à la préfecture pour les chefs-lieux, à la sous-préfecture pour les chefs-lieux d'arrondissement, et, dans les autres villes, à la mairie. L'acte de dépôt mentionne le titre de l'imprimé et le chiffre du tirage.

Les dessins et autres ouvrages analogues sont publiés,

(1) L'imprimeur est seul responsable de l'accomplissement de la formalité du dépôt. L'absence de cette formalité ne saurait autoriser la saisie des écrits ou l'enlèvement des affiches (Circul. ministère de l'intérieur, 30 juillet 1881).

comme les imprimés, sans aucune autre formalité ; l'autorisation administrative, à laquelle ils étaient restés soumis
jusqu'ici, en vertu de l'article 22 du décret du 17 février 1852, disparaît avec la loi nouvelle (1).

Les imprimés destinés à des usages privés, qui sont désignés sous le nom d'*ouvrage de ville* ou *bilboquets*, sont
affranchis par les articles 2 et 3 de l'indication du nom et
du domicile de l'imprimeur et du dépôt, comme ils l'étaient
déjà du dépôt sous la législation précédente, par suite d'une
tolérance ancienne.

L'article 3 exempte encore du dépôt les bulletins de vote
et les circulaires commerciales et industrielles, parce que
ces imprimés ne sont pas conservés dans les collections publiques ; mais ils doivent porter, comme les autres, l'indication du nom et du domicile de l'imprimeur.

Le dépôt doit être fait au moment de la publication ; il
peut donc être concomitant ; mais il faut qu'il soit opéré à
l'instant même où le premier exemplaire est rendu public (2).

De la presse périodique. — Droit de publication. — Gérance, déclaration et dépôt au parquet.

La presse périodique a été placée pendant longtemps
sous les régimes discrétionnaires de la censure ou de l'autorisation préalable. Supprimée en 1819, après la censure,
l'autorisation préalable avait été rétablie en 1852, avec cet
ensemble de mesures préventives et répressives qui avaient
remis entièrement la presse entre les mains de l'administration. Elle a subsisté jusqu'en 1868. Depuis cette époque,
la presse est revenue au régime de 1819 à 1852, qui écar-

(1) La publication d'un portrait-charge ou autre pourrait donner
lieu à une action civile (art. 1382 et suiv., Code civil).
(2) Cependant, quand la différence de temps entre la publication
et le dépôt est extrêmement courte, on peut dire que la concomi-
tance a existé suivant l'esprit de la loi et qu'il y a été satisfait (Arg.
C. Besançon, 19 mars 1879, *Gaz. Trib.*, 23 mars 79. — V. arrêt de
Limoges, 24 juillet 62, *Journal du ministère public*, t. V, p. 197).

tait les mesures purement préventives en ne maintenant
que le cautionnement, la déclaration préalable et la gérance.
La loi nouvelle achève son émancipation en supprimant le
cautionnement ; il présentait une utilité incontestable pour
la garantie des condamnations judiciaires ; mais il constituait aussi une entrave pour la propagation de la presse, et
c'est ce caractère qui en a motivé la suppression.

Les seules obligations qui soient imposées à la presse
périodique sont celles de la gérance, de la déclaration préalable et du dépôt.

L'art. 6 organise la gérance. Le gérant doit être français, majeur, avoir la jouissance de ses droits civils et n'être
privé de ses droits civiques par aucune condamnation judiciaire. La législation antérieure exigeait du gérant les
conditions imposées par l'art. 980 du Code civil aux témoins
des testaments, qui doivent être du sexe masculin. Ces
conditions n'ont pas été reproduites ; les femmes peuvent
donc exercer aujourd'hui la gérance (1). Le rapporteur de la
loi au Sénat en a fait la remarque expresse. Le doute pouvait provenir de ce que les femmes n'ont pas la jouissance
des principaux droits civiques ; mais cette circonstance ne
les exclut pas de la gérance ; on devra seulement exiger
d'elles qu'elles n'aient subi aucune des condamnations qui
font perdre les droits civiques aux Français mâles et majeurs. C'est ce que la Cour de cassation avait déjà décidé
pour le colportage, par interprétation d'une disposition analogue de la loi du 9 mars 1878 (2).

La déclaration des journaux ou écrits périodiques, qui
était reçue jusqu'ici par l'autorité administrative, est faite
désormais, aux termes de l'art. 7, au parquet du procureur
de la République. Elle doit précéder la publication ; elle
contient le titre du journal ou de l'écrit et son mode de
publication, le nom et la demeure du gérant et l'indication
de l'imprimeur ; elle est rédigée sur timbre et signée par le

_____

(1) Nous avons dit de même dans notre commentaire malgré le
rapport de M. Lisbonne où il est dit : « La loi n'exige que certaines
conditions de nationalité, d'âge, de *sexe* et de capacité civile. »
(2) (V. Crim. cass. 11 juillet 1879, D. P., 1, 395).

gérant. Les mutations doivent être déclarées de même, dans les cinq jours.

Le parquet donne un récépissé de la déclaration. Il ne peut pas le refuser, alors même que cette déclaration lui paraîtrait irrégulière ou inexacte ; mais il doit contrôler ensuite avec soin les énonciations qu'elle contient ; leur fausseté constituerait une contravention, aussi bien que l'omission de la déclaration.

Si l'autorité administrative ne reçoit plus elle-même les déclarations, elle n'en est pas moins intéressée à les connaître, quand ce ne serait que pour assurer l'exécution de l'art. 10, qui prescrit le dépôt de deux exemplaires entre ses mains. La loi ne contient aucune prescription à cet égard, mais il vous appartient d'y suppléer. Vos substituts devront porter à la connaissance de MM. les préfets ou sous-préfets les déclarations et les mutations. Dans les villes où ces actes seraient trop nombreux pour que des copies en puissent être transmises régulièrement sans surcharger, outre mesure, le service des parquets, vos substituts se concerteront avec l'autorité administrative pour qu'elle puisse en prendre elle-même communication sur place.

Les personnes responsables des infractions résultant du défaut de gérance et de déclaration sont le propriétaire, le gérant et, à leur défaut, l'imprimeur. Si la publication irrégulière continue après une première condamnation, ces trois personnes deviennent solidairement responsables.

Le dépôt des journaux ou écrits périodiques est double ; il est à la fois judiciaire et administratif. Le premier est fait au parquet ou à la mairie dans les villes où il n'y a pas de tribunal. Le second est fait au ministère de l'intérieur, à Paris ; et, dans les départements, à la préfecture, à la sous-préfecture ou à la mairie (1). Il comprennent, l'un et l'autre, deux exemplaires signés du gérant. Dans les villes où il n'y a ni tribunal ni sous-préfecture, la mairie, centralisant les

(1) L'un des exemplaires doit être gardé par le préfet, l'autre adressé immédiatement au Ministre de l'intérieur par le premier courrier qui suit sa publication (Circul. ministère de l'intérieur, 1er août 1881).

deux dépôts, devra donc recevoir quatre exemplaires ; ces exemplaires, reçus par l'autorité municipale pour le compte de l'administration et des parquets, seront transmis par elle à leurs destinations respectives. Ces dépôts, comme celui des imprimés, doivent être faits, au plus tard, au moment de la publication.

Les deux dépôts dont il s'agit ici sont indépendants de celui du journal, en tant qu'imprimé, prescrit par l'art. 3, qui doit être cumulé avec eux. Ces dépôts ne sont pas imposés aux mêmes personnes ; et ils n'ont pas le même but. Le dépôt prévu à l'art. 3 est imposé aux imprimeurs pour tous les imprimés quelconques qui sortent de leurs presses pour être rendus publics, sans aucune exception autre que celle des ouvrages de ville ou bilboquets. Les journaux y demeurent donc assujettis. Ce dépôt a un but spécial bien défini par l'article même : il est destiné à enrichir nos collections nationales de tous les imprimés nouveaux qui méritent d'être conservés. Le dépôt administratif, prévu par l'art. 10, est mis, comme le dépôt judiciaire, non plus à la charge de l'imprimeur, mais à celle du gérant. Il a pour but de tenir l'administration au courant de la presse périodique, dont elle ne peut se désintéresser ; il est fait pour son usage et non en vue de la destination spéciale prévue par l'art. 3. Or, il importe au plus haut degré que cette destination soit remplie en ce qui concerne la presse périodique et que la collection complète des journaux puisse être conservée dans nos dépôts publics.

Une quatrième et dernière formalité est imposée à l'imprimeur par l'art. 11 : il doit imprimer le nom du gérant du journal au bas de tous les exemplaires.

Rectifications.

L'article 19 du décret du 17 février 1852 avait imposé aux journaux le régime des insertions officielles connues sous le nom de communiqués ; il obligeait les gérants à insérer tous les documents officiels, relations authentiques, renseignements, réponses et rectifications qui leur étaient adressés par l'autorité.

Un droit aussi étendu avait engendré de nombreux abus.
L'article 12 l'a restreint dans les limites légitimes du droit
de défense. Les dépositaires de l'autorité publique ne pourront, aux termes de cet article, adresser aux journaux et
autres écrits périodiques que des rectifications au sujet des
actes de leurs fonctions qui auraient été inexactement rapportés (1); elles sont gratuites ; mais elles ne doivent pas dépasser le double de l'article auquel elles répondent.

Cette disposition rend désormais impossibles toutes les
communications abusives ou vexatoires; mais elle laisse
en même temps aux représentants de l'autorité dont les
actes sont méconnus ou travestis toute la latitude nécessaire
pour les défendre en en rétablissant le véritable caractère.
Vous devez assurer en toute circonstance l'entier exercice
de ce droit, d'autant plus respectable que la loi nouvelle
accorde à la presse plus de franchise. Vos substituts et
vous-même pourrez avoir à en faire usage. Vous veillerez
à ce que ces rectifications soient insérées exactement, et
comme le prescrit l'article 12, en tête du plus prochain
numéro.

L'article 13 règle le droit de réponse des particuliers, tel
qu'il a été organisé par les lois antérieures. Il appartient
à toutes les personnes qui ont été nommées ou désignées
dans le journal ou écrit périodique (2). La réponse doit

(1) Sous le régime du décret de 1852 on décidait que le communiqué ne peut franchir la limite d'une réponse, d'une rectification ou
d'un renseignement pour proclamer des opinions et des doctrines
contraires aux principes du journal et de ses adhérents (Rennes,
9 juillet 79, *Gaz. Trib.* 18 juillet). *A fortiori* il doit en être de même
aujourd'hui que les dépositaires de l'autorité publique n'ont que le
droit de rectification.

(2) La personne nommée ou désignée est seule juge de l'étendue
de la réponse et il ne peut dépendre du journaliste de la restreindre ;
ce dernier ne pourrait refuser ou tronquer l'insertion que si elle
contenait un passage contraire aux lois ou à la morale, aux droits
des tiers ou à son honneur (Angoulême, 6 août 81, *Courr. Trib.*, 202).

Le rédacteur en chef et propriétaire d'un journal mais non gérant
n'est pas un tiers vis-à-vis de ce dernier. En conséquence, le gérant
ne peut se refuser à insérer la réponse d'une personne nommée sous
le prétexte que cette réponse contient un passage contraire aux

être insérée à la même place, et avec les mêmes caractères que l'article qui l'a provoquée; elle est gratuite, jusqu'à concurrence du double de cet article. Une seule modification aux dispositions antérieures a été introduite, pour
le règlement plus équitable du prix de l'excédant, lorsque
la réponse dépasse le double. La loi du 9 septembre 1835
portait, dans son article 17, que cet excédant serait payé
suivant le tarif des annonces; ce que l'on entendait du tarif des annonces du journal; il sera calculé, d'après l'article 13, aux prix des annonces judiciaires. L'insertion doit
avoir lieu dans les trois jours ou dans le plus prochain
numéro.

Journaux ou écrits périodiques étrangers.

D'après l'article 2 décret du 17 février 1852, les journaux
politiques ou d'économie sociale ne pouvaient circuler en
France qu'en vertu d'uné autorisation. La loi nouvelle
consacre le principe contraire. Désormais, la circulation
est libre, sauf les deux interdictions suivantes.
Une interdiction générale de circulation pourra être portée contre un journal, par une décision du conseil des ministres; la circulation d'un numéro pourra être interdite
par une décision de M. le ministre de l'intérieur. Il est à
remarquer, d'ailleurs, que cette réglementation spéciale
s'applique à tous les journaux ou écrits périodiques étrangers, de quelque matière qu'ils traitent, et non seulement,
aux journaux politiques ou d'économie sociale. La mise en
vente ou distribution de journaux interdits ne sera punie
qu'autant qu'elle sera faite sciemment, au mépris de l'interdiction.

droits ou à l'honneur du rédacteur en chef et propriétaire du journal
(Angoulême, 6 août 81, *Courr. Trib.*, 202).
   L'insertion dans les journaux des comptes-rendus officiels des
séances du Parlement n'ouvre pas aux personnes désignées dans
ces comptes-rendus le droit de réponse établi par l'article 13 (Arg.
Cass. 6 janvier 1843, D. 43, 1, 21).

Affichage.

La profession d'afficheur est entièrement libre ; elle n'est assujettie à l'accomplissement d'aucune formalité. La déclaration à l'autorité municipale, que l'article 2 de la loi du 10 décembre 1830 exigeait de ceux qui voulaient exercer, même temporairement, cette profession, est supprimée. La loi supprime également les interdictions portées par les lois antérieures relativement à certaines affiches et notamment à celles des écrits concernant des nouvelles politiques (article 1er, Loi du 10 décembre 1830).

Les articles 15 et suivants n'édictent qu'un petit nombre de dispositions pour protéger les affiches de l'autorité et les affiches électorales. L'article 15 reproduit les prescriptions édictées par le décret des 18-22 mai 1791, pour distinguer les affiches des lois et autres actes de l'autorité de celles des particuliers. Le maire désigne, par un arrêté, dans chaque commune, les lieux ou emplacements qui sont destinés à recevoir ces affiches ; il est interdit d'y placarder des affiches particulières. Les affiches de l'autorité peuvent seules être imprimées sur papier blanc. Les imprimeurs doivent donc se servir exclusivement, pour les affiches des particuliers, de papier de couleur (1) ; il résulte des termes dans lesquels l'article 15 est rédigé que l'infraction à cette disposition est à leur charge, comme elle l'était déjà sous la législation antérieure.

Les professions de foi, circulaires et affiches électorales peuvent être placardées sur tous les édifices publics, en dehors des places réservées pour les affiches de l'autorité (2). Les édifices consacrés aux cultes sont seuls exceptés.

(1) L'emploi d'un papier blanc pour une affiche électorale peut être une cause d'annulation (Conseil d'Etat, 31 juillet 1862).

(2) Lorsqu'aucun arrêté municipal n'a réservé la façade de la mairie pour l'affichage exclusif des actes de l'autorité publique, un candidat peut y faire apposer ses affiches, et le maire, en les faisant supprimer, tout en laissant un autre candidat placarder les siennes, commet un acte abusif. La juridiction de droit commun est compétente (Cour Angers, 12 janvier 81, *Courr. Trib.*, 20 janvier).

L'article 17 punit ceux qui enlèvent, déchirent, recouvrent ou altèrent par un procédé quelconque, de manière à les travestir ou à les rendre illisibles, les affiches de l'administration ou les affiches électorales régulièrement placardées (1). La peine varie selon que le fait a été commis par un particulier ou un fonctionnaire public; c'est une peine de simple police dans le premier cas, correctionnelle dans le second (2).

Il n'y aurait pas de contravention si les affiches lacérées ou travesties avaient été placardées, sans droit, et dans des lieux ou emplacements prohibés. Ainsi le fonctionnaire public n'encourt aucune peine lorsqu'il enlève les affiches électorales apposées sur les emplacements réservés à l'administration; il en est de même du particulier qui enlève des affiches apposées sur sa propriété sans son autorisation. Les particuliers sont libres d'accorder ou de refuser l'autorisation de placarder des affiches quelconques, électorales ou autres, sur leurs propriétés. Le même droit n'appartient pas aux simples locataires; une proposition qui avait été faite pour le leur accorder a été rejetée.

Colportage et vente sur la voie publique.

La loi affranchit les colporteurs et distributeurs de l'autorisation préalable; elle supprime le catalogue et le livret. Elle astreint les colporteurs et distributeurs à la seule déclaration de leurs nom, prénoms, profession, domicile, âge et lieu de naissance. Il leur en est délivré un récépissé qui doit être présenté à toute réquisition (3). La distribution et le colportage accidentels sont entièrement libres; ils sont

(1) Le fait de lacérer un manifeste affiché par un candidat engage la responsabilité de celui qui le commet (Cass. 10 août 1878).

(2) Le fait par un fonctionnaire de lacérer ou d'enlever des affiches électorales bien que puni de peines correctionnelles constitue une contravention non un délit (trib. de Saint-Jean-d'Angely, 16 décembre 1881. V. *Le Droit* du 2 janvier 1882).

(3) On ne peut, sous aucun prétexte, refuser au déclarant la délivrance immédiate du récépissé (Circ. ministère de l'intérieur, 1er août 1881).

exemptés de la formalité même de la déclaration (1). Il n'est pas nécessaire que le colporteur soit français et jouisse de ses droits civils et politiques ; ces conditions, exigées par le projet de loi primitif, ont été supprimées au cours de la discussion, avec l'obligation du catalogue et du livret.

Crimes et délits.

La loi nouvelle ne reconnaît qu'un petit nombre de délits. Elle est restée en deçà de la nomenclature classique de la loi de 1819. Les seuls crimes ou délits qu'elle a retenus, parmi ceux qui étaient prévus par toute la législation antérieure sur la presse, sont :

1° La provocation aux crimes ou délits suivie d'effet ; 2° la provocation, non suivie d'effet, aux crimes de meurtre, de pillage ou d'incendie, aux crimes contre la sûreté de l'Etat ; 3° les cris ou chants séditieux ; 4° la provocation aux militaires pour les détourner de leurs devoirs ; 5° l'offense au Président de la République ; 6° la publication de fausses nouvelles ayant troublé la paix publique ; 7° l'outrage aux bonnes mœurs ; 8° la diffamation et l'injure ; 9° l'offense et l'outrage envers les chefs d'Etats ou agents diplomatiques étrangers.

La loi a prévu encore certaines interdictions de publications ou de comptes-rendus ; mais les infractions qui en résultent, bien que punies de peines correctionnelles, ont plutôt un caractère contraventionnel.

Provocations aux crimes et délits.

La provocation aux crimes et délits n'a pas été maintenue dans les termes de la loi de 1819. Les articles 23 et 24 y ajoutent une condition : ils exigent, comme l'ancien article 102 du Code pénal, qu'elle ait été directe ; ils suppriment,

---

(1) Des distributions faites à l'occasion des élections ont principalement ce caractère (*Organisation des pouvoirs publics*, page 377, édition officielle).

en outre, la provocation par dessins, gravures, peintures et emblèmes.

Sous ces modifications, l'article 23, comme la loi de 1819, assimile à la complicité proprement dite la provocation à des crimes ou à des délits suivie d'effet, ou même à la tentative de crime lorsque cette tentative réunit les conditions de la tentative légale, c'est-à-dire lorsqu'elle n'a manqué son effet que par des circonstances indépendantes de la volonté de son auteur. La provocation à la tentative de simples délits, même dans les cas où cette tentative est assimilée par la loi au délit lui-même, n'est pas punie.

En ce qui concerne la provocation non suivie d'effet, la loi nouvelle s'est attachée au système du Code (ancien article 102), complété par la loi du 17 juillet 1791. Elle ne la punit qu'autant qu'il s'agit de crimes de meurtre, de pillage et d'incendie ou des crimes contre la sûreté de l'Etat prévus par les articles 75 à 101 du Code pénal.

L'article 25 punit la provocation aux militaires pour les détourner de leurs devoirs et de l'obéissance qu'ils doivent à leurs chefs dans tout ce qu'ils leur commandent pour l'exécution des lois et règlements militaires. C'est la reproduction de l'article 2 de la loi du 27 juillet 1849, avec une définition plus rigoureuse du délit. La loi de 1849 réservait les peines plus graves de la tentative d'embauchage ; cette réserve a été omise dans l'article 25 comme inutile ; mais il a été entendu que les textes des Codes de justice militaire relatifs à l'embauchage, subsistent en entier et qu'il n'était rien innové par la loi à cet égard.

L'article 24, 2e alinéa, punit les cris séditieux et les chants, que la jurisprudence leur assimilait déjà. La loi ne pouvait laisser ces actes impunis, lorsque le Code pénal réprime les simples bruits ou tapages injurieux ou nocturnes qui troublent la tranquillité publique.

Délits contre la chose publique.

Trois délits seulement ont été retenus dans cette catégorie : l'offense au Président de la République, les fausses nouvelles, l'outrage aux bonnes mœurs. Les outrages aux Chambres et l'outrage au gouvernement de la République, qui figuraient dans le projet primitif, ont été supprimés dans la discussion à cause de leur caractère politique. Les outrages au Président de la République sont qualifiés d'offenses. Cette dénomination comprend, comme l'outrage, la diffamation et l'injure ; elle a été conservée parce qu'elle était consacrée par la tradition législative et qu'elle a paru répondre, mieux que tout autre, à la situation exceptionnelle du chef de l'Etat. L'offense au Président de la République est punie lorsqu'elle est commise, non-seulement par l'un des moyens de publicité admis pour la provocation, discours, cris ou menaces, mais aussi par des dessins, gravures, peintures, emblèmes ou images.

En ce qui concerne les fausses nouvelles, l'art. 27 n'a pas reproduit les distinctions du décret de 1852 sur les fausses nouvelles simples, de mauvaise foi ou de nature à troubler la paix publique. Il ne les punit qu'autant qu'elles ont été publiées de mauvaise foi et qu'elles ont été un trouble réel à la paix publique. La loi ne définit pas ce trouble; ce sera aux tribunaux et à vous-même à l'apprécier dans chaque espèce particulière.

L'article 28 punit l'outrage aux bonnes mœurs commis par tous les moyens de publication, discours, cris, menaces, dessins, gravures, peintures, emblèmes ou images. Le législateur a voulu atteindre tout particulièrement ce délit, pour lequel il a dérogé au système d'abaissement des pénalités anciennes, qu'il a suivi partout ailleurs ; il a élevé le maximum des peines qui lui sont applicables à deux ans d'emprisonnement et à 2,000 fr. d'amende, au lieu d'un an et 500 fr. Il déroge encore aux principes qu'il a établis en matière de saisie, en autorisant exceptionnellement, dans le cas d'outrage aux bonnes mœurs par dessins ou figures, la saisie préventive des dessins, gravures, peintures, emblèmes ou images qui ont été exposés ou mis en vente.

Délits contre les personnes.

Les délits contre les personnes sont l'offense envers les chefs d'Etats étrangers, l'outrage envers les agents diplomatiques accrédités près le Gouvernement de la République, la diffamation ou l'injure envers les corps constitués, les fonctionnaires, les citoyens chargés d'un service ou mandat public, les jurés et les témoins et les simples particuliers.

La loi nouvelle a conservé la définition classique de la diffamation et de l'injure, de la loi de 1819. Elle apporte, néanmoins, deux modifications légères à cette loi, en ce qui concerne l'injure simple et celle qui renferme l'imputation d'un vice déterminé ; elle admet, en outre, l'excuse de la provocation pour l'injure, même publique.

L'article 30, qui prévoit la diffamation envers les Cours et tribunaux et les corps constitués, a reproduit l'énumération de la loi de 1822 ; il y a seulement ajouté, pour faire cesser des hésitations qui s'étaient produites dans la jurisprudence, les armées de terre et de mer ; il a supprimé le mot « autorités », comme inutile et faisant double emploi avec les corps constitués et les administrations publiques.

L'article 35 autorise la preuve des faits diffamatoires, non seulement contre les fonctionnaires publics, mais aussi contre les corps constitués, les armées de terre ou de mer, les administrations publiques et même contre les jurés et les témoins ; l'interdiction de la preuve est rigoureusement restreinte aux diffamations commises envers les particuliers. Cet article contient une autre innovation importante : la vérité des faits pourra être établie aussi contre les directeurs ou administrateurs de toute entreprise industrielle, commerciale ou financière faisant publiquement appel à l'épargne. L'intérêt public exige en effet que les personnes qui exercent ces fonctions ou un mandat de cette nature répondent de la sincérité et de la fidélité de leur gestion devant le public auquel elles font appel (1).

(1) La loi ne dit pas quelle sera la juridiction compétente pour

Si la preuve des faits diffamatoires est rapportée, le prévenu sera renvoyé des fins de la plainte (1). L'article 20 de la loi du 26 mai 1819 ajoutait : sans préjudice des peines prononcées contre toute injure qui ne sera t pas nécessairement dépendante des mêmes faits. » Cette disposition a été supprimée comme dangereuse et inutile. On a voulu éviter par là que le juge ne se crût autorisé parfois à disqualifier les faits pour arriver à prononcer une condamnation malgré la preuve faite; mais il a été reconnu que l'injure qui serait véritablement indépendante des faits diffamatoires continuerait à être poursuivie et punie comme constituant un délit distinct.

L'article 34 résout législativement la question controversée de la diffamation envers les morts. La Cour de cassation a décidé que la diffamation pouvait résulter des seules imputations dirigées contre la mémoire des morts; la Cour de Paris et d'autres Cours d'appel repoussaient cette doctrine. Quelques arrêts admettaient cependant un système mixte, aux termes duquel il y avait diffamation punissable, dans les imputations contre les morts, toutes les fois que les héritiers étaient personnellement atteints par ces imputations, alors même qu'elles n'auraient pas été dirigées intentionnellement contre eux.

La loi a rejeté ces deux systèmes, comme étant de nature à porter atteinte aux droits de l'histoire. Elle n'autorise les héritiers à poursuivre les imputations diffamatoires ou injurieuses dirigées contre leurs auteurs qu'autant que les diffamateurs auront eu l'intention de porter atteinte à leur propre considération. Elle repousse donc entièrement la diffamation envers les morts. La réserve qu'elle fait, au

connaître de la diffamation envers les directeurs ou administrateurs; la circulaire garde également le silence. Nous pensons que ce genre de délit devra être porté devant la Cour d'assises par cette raison que chaque fois que la loi admet la preuve elle donne compétence à cette juridiction. Quant à la pénalité c'est incontestablement celle de l'art. 32. (*Contrà* trib. de Nice, 2 décembre 1881, *Courr. trib.* 286, 287).

(1) Le président peut poser d'office comme résultant des débats une question relative à la preuve (V. *Courr. trib.* n°° 301 et 306).

profit des héritiers, ne consacre pas un droit nouveau; elle aurait été inutile à formuler s'il n'avait fallu écarter les solutions antérieures de la jurisprudence. L'action n'est, en effet, dans ce cas, que l'action personnelle de l'héritier diffamé.

L'article 34 accorde cependant, par une disposition nouvelle, aux héritiers qui ne sont pas diffamés personnellement, lorsqu'il s'agit d'écrits périodiques ou de journaux, une faculté qui sauvegarde leurs intérêts, tout en respectant les franchises de l'écrivain. Ils pourront user du droit de réponse, réglé par l'article 13, pour repousser les imputations dirigées contre la mémoire de leurs auteurs, alors même qu'ils n'auront été ni nommés ni désignés personnellement (1).

Publications interdites. — Immunités de la défense.

Les dispositions qui figurent sous cette rubrique ne font que reproduire, avec de légères modifications, certaines interdictions de publications et de comptes-rendus, édictées par les lois antérieures et notamment par celles du 17 mai 1819 (art. 21 à 23) et du 27 juillet 1849 (art. 5, 10 et 11).

Les articles 38 à 40 prononcent l'interdiction de publier les actes d'accusation et de procédure criminelle et correc-

---

(1) La circulaire ne relève pas l'erreur matérielle que contient le texte de la loi et que nous avons signalée dans notre commentaire. Cette erreur est pourtant évidente. Dalloz (1881, 4, 79, col. 3) propose la rectification suivante : « Les art. 31, 32 et 33. » Bien que cette rectification paraisse plus logique que celle que nous proposons, nous ne pouvons nous y rallier, parce que, en l'adoptant, nous serions impuissants à expliquer comment une semblable erreur a pu se produire. En adoptant au contraire notre rectification l'erreur s'explique naturellement par un changement de numérotage dans les articles.

« Par suite du changement introduit dans le numérotage des « articles après le vote d'ensemble de la loi (V. séance du Sénat et « de la Chambre du 25 juillet 1881) il y aurait lieu de viser les « art. 29, 30, 31, 32 et 33. » (*Organisation des pouvoirs publics*, p. 383. édition officielle).

Nous maintenons néanmoins nos explications.

tionnelle avant qu'ils aient été lus en audience publique ; de rendre compte des procès en diffamation où la preuve n'est pas autorisée, ainsi que des délibérations intérieures des jurys, des Cours et des tribunaux, et d'ouvrir ou annoncer publiquement des souscriptions ayant pour objet d'indemniser des condamnations judiciaires, criminelles ou correctionnelles.

L'article 39 autorise encore les tribunaux à interdire le compte-rendu des procès dans toute affaire civile. Il n'étend pas cette interdiction aux matières criminelle ou correctionnelle, comme le faisait l'article 17, paragraphe 2 du décret du 17 février 1852 ; mais cette disposition ne porte pas atteinte au droit qui appartient toujours aux tribunaux d'ordonner le huis-clos dans tous les cas où la publicité constituerait un danger pour l'ordre et les mœurs, conformément à l'article 81, toujours en vigueur, de la constitution du 4 novembre 1848.

L'article 41 consacre à nouveau l'immunité des débats parlementaires et des débats judiciaires. Il affranchit de toute poursuite, et notamment de toute action en diffamation, outrage ou injure, les comptes-rendus des débats parlementaires ou judiciaires, et, à plus forte raison, les discours prononcés devant les Chambres, les rapports et autres pièces annexes des débats parlementaires, ainsi que les discours prononcés et les écrits produits devant les tribunaux. Mais il ne couvre de cette immunité que les comptes-rendus de bonne foi. Les comptes-rendus infidèles et de mauvaise foi ne peuvent en bénéficier à aucun titre. L'infidélité et la mauvaise foi ne tombent plus à elles seules sous le coup de la loi ; et l'article 7 de la loi du 25 mars 1822, qui en faisait un délit spécial, est entièrement abrogé. Mais une action pourra toujours être dirigée contre les auteurs des comptes-rendus infidèles faits de mauvaise foi, dans le cas où ils contiendraient des imputations diffamatoires ou injurieuses ou quelqu'autre délit caractérisé.

Les poursuites qui seront dirigées contre eux seront d'ailleurs portées devant les tribunaux compétents, selon les règles ordinaires. La connaissance de ces affaires ne sera pas réservée aux corps des débats desquels il aura été rendu compte ; cette compétence exceptionnelle, que l'article 16 de la loi du 25 mars 1822 avait organisée pour la connaissance du délit spécial de compte-rendu infidèle, n'existe plus ; on avait proposé, au cours de la discussion, de la rétablir pour le jugement des comptes-rendus diffamatoires ou injurieux, afin que le tribunal saisi fût mieux à même d'apprécier l'excuse de la bonne foi que le prévenu ne manquera pas d'opposer aux poursuites ; mais cette proposition a été rejetée.

Des poursuites et de la répression. — Des personnes responsables.

Les délits de presse exigent le concours de plusieurs agents. Les articles 42 à 44 indiquent quelles sont les personnes qui pourront en être déclarées responsables. Ils apportent sous plusieurs rapports des dérogations notables aux règles du droit commun qui étaient suivies jusqu'ici ; mais il est à remarquer qu'ils ne disposent que pour les délits commis par la voie de la presse. Ils ne s'appliquent ni aux délits de paroles, qui, ne comportant habituellement qu'un agent, devaient rester soumis aux règles ordinaires, ni aux contraventions prévues dans les chapitres I à III, pour chacune desquelles le législateur a désigné par une mention expresse les personnes responsables.

L'article 42 indique quels sont, parmi les agents qui ont concouru au délit, ceux qui doivent être considérés comme auteurs principaux, et l'ordre dans lequel ils seront poursuivis. Ce sont : 1° le publicateur, gérant ou éditeur ; 2° à défaut de publicateur connu, l'auteur ; 3° à défaut d'auteur, l'imprimeur ; 4° à défaut d'imprimeur, les vendeurs, distributeurs ou afficheurs.

L'article 43 règle la complicité. Il n'est rien innové en ce qui concerne les auteurs à cet égard ; ils sont toujours considérés comme complices, et ils doivent être poursuivis à ce titre, avec les gérants ou les éditeurs, lorsque ceux-ci sont en cause comme auteurs principaux (1).

En ce qui concerne les imprimeurs, au contraire, la loi contient une innovation considérable. Elle les affranchit de toute complicité à raison du fait de l'impression des écrits délictueux, sauf dans le cas de provocation à un attroupement, prévu par l'article 6 de la loi du 7 juin 1848 ; ils ne peuvent être retenus comme complices qu'à raison des faits étrangers à l'impression, pourvu que ces faits rentrent dans les conditions de la complicité légale prévues par l'article 60 du Code pénal. La rédaction primitive de l'article 43 étendait cette exception aux vendeurs, distributeurs ou afficheurs pour les faits de vente, de distribution et d'affichage. Mais cette mention a été supprimée. Il en résulte que ces agents du délit, lorsqu'ils ne seront pas poursuivis comme auteurs principaux, pourront l'être comme complices, conformément au droit commun, dans le cas où ils auront vendu, distribué ou affiché les écrits délictueux en connaissance de cause. C'est là d'ailleurs la disposition que l'article 22, qu'il faut combiner ici avec l'article 43, édicte formellement en ce qui concerne les colporteurs et distributeurs.

L'article 44 consacre une autre innovation. Il déclare les propriétaires des journaux responsables des condamnations pécuniaires au profit des tiers.

La jurisprudence hésitait à admettre, sauf dans certains cas exceptionnels, que le fait du gérant engageât la responsabilité des propriétaires du journal. D'après la disposition nouvelle de l'article 44, le gérant devra être réputé, en principe, le préposé des propriétaires, qui deviendront, en conséquence responsables de son fait, dans les termes du droit commun. Cette responsabilité est d'ailleurs restreinte aux condamnations civiles : elle ne s'étend pas aux amendes. La propriété des journaux peut se constituer de bien des manières ; les propriétaires responsables seront ceux auxquels la loi civile ou commerciale reconnaîtra cette qualité.

(1) La citation doit à peine de nullité viser l'article 43, et de plus l'article 42 s'il y a un complice en cause (trib. Seine, 29 décembre 1881 (*Conrr. trib.* n° 311).

Les jugements de condamnations détermineront toutes les responsabilités; ils devront en outre, fixer, conformément à la loi, la durée de la contrainte par corps. Il importe que les extraits délivrés aux comptables chargés du recouvrement portent toutes les mentions nécessaires pour l'exécution. Vous veillerez en conséquence, à ce que les greffiers mentionnent exactement, sur tous ces extraits, les personnes responsables, avec l'indication de la solidarité, lorsqu'elle aura lieu, ainsi que la durée de la contrainte.

Juridiction.

Les crimes et délits de presse sont déférés à la Cour d'assises. C'était déjà la règle posée par la loi du 16 mai 1819; c'était aussi celle de la loi du 15 avril 1871. La loi du 29 décembre 1875 l'avait maintenue; mais elle disparaissait sous les exceptions nombreuses qui déféraient aux tribunaux correctionnels les délits les plus nombreux et les plus habituels. Les seules infractions qui échappent aujourd'hui à la juridiction de la Cour d'assises sont les petites contraventions punies de simple police et un certain nombre d'infractions, la plupart matérielles, dont la connaissance a été attribuée au tribunal correctionnel.

Le tribunal de simple police connaît des contraventions qui suivent :

1° Omission du nom et du domicile de l'imprimeur, (art. 2);

2° Affichage sur les lieux réservés aux affiches des actes de l'autorité publique (art. 15);

3° Impression d'affiches sur papier blanc (art. 15);

4° Lacération ou altération d'affiches administratives (art. 17, § 1er);

5° Lacération ou altération d'affiches électorales (art. 17, § 3);

6° Omission ou fausseté de la déclaration du colportage (art. 21);

7° Défaut de présentation du récépissé (art. 21);

8° Injures non publiques (art. 33, § 3).

Les infractions déférées aux tribunaux correctionnels sont les suivantes :

1º Omission du dépôt des imprimés (art. 3, 4 et 9) ;

2º Défaut de gérance (art. 6, 7 et 9) ;

3º Omission ou irrégularité de la déclaration des journaux ou écrits périodiques (art. 7, 8 et 9) ;

4º Omission ou irrégularité de la déclaration des mutations (art. 7 et 9) ;

5º Omission du dépôt des journaux ou écrits périodiques (art. 10) ;

6º Omission de l'impression du nom du gérant au bas des exemplaires (art. 11) ;

7º Défaut ou irrégularité de l'insertion des rectifications des dispositions de l'autorité publique (art. 12) ;

8º Défaut ou irrégularité de l'insertion des réponses des particuliers (art. 13) ;

9º Mise en vente ou distribution des journaux étrangers dont la circulation est interdite (art. 14) ;

10º Lacération ou altération d'affiches administratives par un fonctionnaire public (art. 17, § 2) ;

11º Lacération ou altération d'affiches électorales par un fonctionnaire public (art. 17, § 4) ;

12º Outrages aux bonnes mœurs par dessins, gravures, peintures, emblèmes ou images obscènes (art. 28, § 2) ;

13º Diffamations envers les particuliers (art. 32) ;

14º Injures envers les particuliers (art. 33, § 2) ;

15º Publication des actes de procédure criminelle et correctionnelle avant qu'ils aient été lus en audience publique (art. 38) ;

16º Comptes-rendus des procès en diffamation où la preuve n'est pas autorisée (art. 39) ;

17º Comptes-rendus interdits par les tribunaux (art. 39) ;

18º Comptes-rendus des délibérations des jurys, des Cours et tribunaux (art. 39) ;

19º Ouverture ou annonce publique de souscriptions pour indemniser des condamnations criminelles ou correctionnelles (art. 40)

27

Compétence.

La loi ne s'explique pas sur la compétence ; c'est donc celle du droit commun. La loi de 1819 avait établi, dans son article 12, que les poursuites à la requête du ministère public seraient faites au lieu du dépôt des écrits poursuivis ou de la résidence du prévenu ; l'article 8 de la loi du 29 décembre 1875 avait reproduit expressément, pour les crimes ou délits déférés aux Cours d'assises, la compétence du lieu du dépôt.

Ces dispositions n'ont pas été reproduites par la loi nouvelle. La compétence demeure donc celle de l'article 63 du Code d'instruction criminelle. La juridiction compétente est, avec celle de la résidence de l'inculpé, celle du lieu du délit, c'est-à-dire de tous les lieux dans lesquels l'ouvrage délictueux a été publié.

L'action civile pourra toujours être portée devant la juridiction criminelle ou correctionnelle avec l'action publique ; mais elle pourra aussi être exercée séparément, conformément à l'article 3 du Code d'instruction criminelle. L'article 46 contient cependant une exception à cette règle : l'action civile résultant des délits de diffamation, dans les cas où la preuve des faits diffamatoires est autorisée, ne peut être poursuivie séparément de l'action publique, sauf dans le cas de décès de l'auteur du fait incriminé, ou d'amnistie. Cette disposition n'est que la reproduction des articles 2 de la loi du 22 mars 1848 et 4 de la loi du 15 avril 1871. Elle a pour but d'empêcher que les corps constitués, les fonctionnaires publics et les autres personnes à l'égard desquelles la preuve est admise, dans un intérêt public, ne cherchent à s'y soustraire en substituant aux poursuites criminelles dans lesquelles cette preuve devrait être administrée une simple demande en dommages-intérêts devant les tribunaux civils (1).

(1) Il conviendrait d'étendre cette interdiction à la diffamation envers les directeurs ou administrateurs des sociétés financières. Les raisons exposées ci-dessus sont les mêmes pour motiver cette inter-

Procédure. — Plainte préalable.

Les crimes et délits commis par la voie de la presse et es autres moyens de publication sont poursuivis d'office par le ministère public ou par les parties lésées. Le droit du ministère public est subordonné, en général, à la nécessité d'une plainte préalable de la partie lésée, en matière de diffamation et d'injure, d'offense et d'outrage, tant envers les corps constitués et les personnes publiques qu'envers les particuliers.

La loi du 29 décembre 1875 autorisait la poursuite d'office pour diffamation et injure envers les tribunaux et les corps constitués. La loi nouvelle revient au système de la loi du 26 mai 1819, qui exigeait une délibération de l'assemblée générale de ces corps; dans le cas où le corps n'aura pas d'assemblée générale, la poursuite aura lieu sur la plainte de son chef ou du ministre duquel ce corps relève.

Dans les cas de diffamation ou d'injure envers les fonctionnaires publics, les dépositaires ou agents de l'autorité publique, les ministres des cultes, les citoyens chargés d'un service ou d'un mandat public, la plainte de la partie lésée pourra être suppléée par celle du ministre dont elle relève; les fonctionnaires des divers ordres ne sont pas seuls intéressés à la poursuite, et leur chef hiérarchique doit pouvoir la provoquer lorsqu'il la juge nécessaire. Dans le cas d'offense ou d'outrage envers les chefs d'Etats et les agents diplomatiques étrangers, la plainte est portée sous la forme d'une demande au ministère des affaires étrangères, qui la transmet au ministre de la justice.

diction. Si la circulaire ne dit pas formellement que cette interdiction s'étend aux actions intentées par les directeurs ou administrateurs elle le laisse du moins entrevoir. En effet au lieu de reproduire les termes de la loi, M. le Garde des sceaux dit : « L'action civile... *dans le cas où la preuve des faits diffamatoires est autorisée* ne peut être poursuivie séparément de l'action publique. » Or, c'est précisément le cas de la diffamation envers les directeurs ou administrateurs.

Il n'y a que deux exceptions à cette nécessité de la plainte préalable, pour le chef de l'Etat et les ministres. La première s'imposait ; la seconde résulte de la réserve contenue dans le paragraphe 3 de l'article 49, qui n'exige la plainte que des dépositaires de l'autorité publique « autres que les ministres ». La règle est générale en ce qui concerne les particuliers : la poursuite pour diffamation ou injure ne pourra avoir lieu, aux termes de l'article 60, que sur la plainte de la personne diffamée ou injuriée.

Procédure devant la Cour d'assises.

La loi du 15 avril 1871, qui avait restitué aux Cours d'assises la connaissance des délits de presse, avait remis en vigueur les articles de la loi du 27 juillet 1849, relatifs à la procédure que la jurisprudence complétait avec ceux de la loi du 17 mai 1819 concernant le même objet. La loi nouvelle emprunte ses principales dispositions à ces deux lois ; mais elle contient aussi plusieurs dispositions nouvelles. Cette procédure ne peut plus être combinée qu'avec les dispositions du Code d'instruction criminelle, dans les articles auxquels la loi nouvelle ne déroge pas soit expressément, soit tacitement.

Deux voies sont ouvertes au ministère public pour l'exercice des poursuites devant la Cour d'assises : la voie ordinaire de l'information et celle de la citation directe.

Une information préalable était le plus souvent nécessaire, sous la législation antérieure, pour arriver à la saisie préventive des imprimés délictueux; mais cette saisie n'est plus autorisée aujourd'hui, sauf dans un cas, et la voie de la citation directe pourra être prise, dès le début, dans la plupart des cas qui requerront célérité.

Le droit de saisie est réglé par l'article 49. La saisie préventive, ou saisie-sequestre, de l'édition ou du tirage de l'imprimé délictueux, est supprimée. L'article 7 de la loi du 17 mai 1819, qui consacrait ce droit en le réglementant, est entièrement abrogé

L'article 49 de la loi nouvelle n'autorise d'autre saisie

que celle de quatre exemplaires, et encore ne peut-elle avoir lieu que lorsque l'imprimé délictueux n'a pas été déposé. Cette saisie n'a rien de commun avec la saisie-seques-tre ; elle n'a pour but que de mettre la justice en possession du corps du délit.

La saisie-sequestre n'est maintenue que dans un cas : c'est celui de l'outrage aux mœurs, lorsqu'il est commis par dessins, gravures, peintures, emblèmes ou images obscènes, dans les termes du paragraphe 2 de l'article 28. Tous les exemplaires exposés, distribués ou mis en vente peuvent alors être saisis préventivement.

La loi a prohibé la saisie préventive parce qu'elle cause, quelle que soit la célérité de la procédure, un préjudice irréparable ; mais elle n'a pas entendu laisser libre la cir-culation d'imprimés reconnus délictueux. — L'arrêt de condamnation pourra donc ordonner la saisie et même la destruction de tous les exemplaires qui seraient mis en vente. Il pourra d'ailleurs, lorsque la destruction totale ne sera pas nécessaire, se borner à prescrire la suppression des seules parties délictueuses.

Avec la protection des écrits, la loi assure la protection des personnes. L'article 49 interdit la détention préventive pour tous les prévenus des délits de presse ou de parole, pourvu qu'ils soient domiciliés ; les prévenus de crimes y demeurent seuls soumis (1).

Le droit de poursuivre devant la Cour d'assises n'appar-tient pas seulement au ministère public ; il est conféré, dans certains cas, à la partie lésée, à laquelle l'article 47 accorde le droit de citation directe. C'est là une dérogation au droit commun et même à toute la législation antérieure sur la pres-se ; elle se justifie aisément ; les délits de presse sont déférés, par faveur, à la juridiction de la Cour d'assises ; mais ils

(1) Il n'y a de crimes en matière de presse que dans certains cas prévus par l'art. 23. Ce n'est pas en effet la juridiction qui sert à donner la qualification à l'infraction à la loi mais la pénalité. La circulaire dit d'ailleurs quelques lignes plus bas « les délits de presse sont déférés par faveur à la Cour d'assises ; mais ils n'en constituent pas moins de simples délits. »

n'en constituent pas moins de simples délits, et il n'y avait pas de motifs de priver le plaignant du droit de saisir lui-même la justice comme en matière correctionnelle. Cette faculté est attribuée expressément aux fonctionnaires publics et aux dépositaires ou agents de l'autorité publique autres que les ministres, aux ministres du culte, aux citoyens chargés d'un services ou d'un mandat public, aux jurés et aux témoins, et enfin aux chefs d'États et agents diplomatiques étrangers (1). Il ne pouvait être question de la conférer au chef de l'Etat, dont la dignité doit toujours être protégée par l'autorité publique.

Le plaignant qui veut exercer l'action directe devant la Cour d'assises doit adresser une requête au magistrat désigné pour présider cette Cour. Le président fixe sur cette requête les jours et heures auxquels l'affaire sera appelée, en tenant compte des délais impartis par la loi entre la citation et la comparution. Il peut se faire qu'il soit saisi à une époque trop tardive pour qu'il puisse indiquer un jour utile et que la session doive être close, par suite de l'épuisement des affaires portées au rôle, avant l'expiration des délais prescrits pour la citation. Le président se bornera à constater l'impossibilité dans laquelle il se trouve de donner jour au plaignant, par suite de la tardivité de sa requête et le renverra à se pourvoir ainsi qu'il avisera. Le plaignant n'aura qu'à attendre les prochaines assises, à moins qu'il ne préfère user du droit qui lui appartient de saisir toutes autres assises compétentes, c'est-à-dire celles de tous les autres lieux dans lesquels l'imprimé poursuivi aura été publié.

Il aura aussi la faculté de se pourvoir auprès du premier président pour provoquer une convocation d'assises extra-

(1) Nous avons expliqué dans notre commentaire l'erreur matérielle du § 6 de l'art. 47; la circulaire consacre notre explication puisqu'elle admet avec nous que les chefs d'Etats et les agents diplomatiques étrangers peuvent citer directement le diffamateur. La loi dit en effet que « la poursuite aura lieu soit *à leur requête*, soit d'office, sur leur demande. » Il ne peut selon nous subsister aucun doute. En fait, il est préférable qu'ils s'adressent au ministre des affaires étrangères.

ordinaires; mais il ne devrait être déféré à cette requête
que dans des cas tout à fait exceptionnels. La loi n'a pas
voulu priver le plaignant devant la Cour d'assises de la
faculté de citation qu'il avait devant le tribunal correctionnel ; mais il serait excessif, pour lui procurer l'exercice
souvent téméraire de ce droit, d'imposer légèrement aux
jurés la fatigue et au Trésor les frais de la tenue d'assises
extraordinaires.

La loi n'impose pas au ministère public l'obligation d'a-
dresser une requête au président pour la fixation du jour
auquel seront portées à l'audience les affaires poursuivies
à sa requête. Les rapports de ces magistrats entre eux rendaient cette formalité inutile. Il suffira donc que le ministère public se concerte, à cet effet, avec le président.

La citation donnée au prévenu doit définir avec exac-
titude l'objet de la poursuite, de manière à le mettre en
mesure de préparer tous les éléments de sa défense; elle
doit contenir, aux termes de l'article 50, l'indication précise
des écrits ou autres imprimés, placards, dessins, gravures,
peintures, médailles ou emblèmes, et des discours incriminés, avec la qualification des faits et l'indication des textes(1).

___

(1) Ce qui ne veut pas dire qu'à l'audience on ne pourra pas, soit
dans l'intérêt de la défense, soit dans l'intérêt de l'accusation, lire
d'autres articles du même journal ou du même auteur que ceux
visés pour démontrer les tendances, les habitudes, etc., du prévenu.
Ceci veut seulement dire que les faits articulés pourront seuls faire
l'objet de la délibération du jury.

La circulaire ne dit pas ce qu'il faut entendre par ces mots l'indication des textes. Un arrêt de la Cour de la Seine du 26 décembre
1881 décide qu'il suffit de donner le numéro de l'article de la loi
visé (V. Courr. trib., 307 et 308), dans le même sens, trib. de la
Seine, 29 décembre 1881, Courr. trib., n° 311.

Le même jugement du 29 décembre 1881 décide que la citation
doit indiquer (lisez viser) à peine de nullité tous les textes qui définissent le délit ou qui caractérisent la situation respective des prévenus et la part de responsabilité qui leur incombe, soit comme
auteur principal, soit comme complice. En d'autres termes, dans
le cas de diffamation envers un particulier, par exemple, il faut viser
les articles 29. 32 et 42 pour l'auteur principal et les articles 29, 32
et 43 pour le complice.

La nullité résultant du défaut d'indication ou d'ordre public (Compiègne, 22 nov. 1881. V. Le Droit des 1er, 10 et 22 décembre 1881).

C'est la reproduction presque textuelle de l'article 6 de la loi de la loi de 1876.

Si la citation est à la requête du plaignant, elle doit en outre, porter copie de l'ordonnance du président d'assises, pour la fixation du jour; elle doit contenir aussi une élection de domicile dans la ville où siège la Cour d'assises.

Le délai entre la citation et la comparution en Cour d'assises est, en règle générale, de cinq jours francs, outre un jour par cinq myriamètres; il est étendu à douze jours en matière de diffamation. Cette prolongation du délai est nécessitée par les notifications qui doivent être nécessairement échangées pour la preuve, dans les cas où elle est admise.

Le prévenu qui veut être admis à administrer la preuve des faits diffamatoires doit faire signifier, dans les cinq jours de la notification de la citation, au ministère public ou au plaignant les faits dont il entend prouver la vérité, la copie, des pièces et les noms, professions et demeures de ses témoins; il doit faire, comme le plaignant, élection de domicile près la Cour d'assises(1). Dans les cinq jours suivants le ministère public ou le plaignant doivent faire signifier de leur côté la copie des pièces et des noms, professions et et demeures des témoins avec lesquels ils entendent faire la preuve contraire (2). Ces dispositions sont empruntées aux articles 21 et 22 de la loi du 27 mai 1819.

Lorsque le ministère public prend la voie de l'information, il doit articuler et qualifier les faits, avec l'indication des textes, dans son réquisitoire introductif (art. 48). L'affaire doit suivre son cours selon les règles ordinaires.

(1) La déchéance encourue à défaut de signification dans les délais légaux est d'ordre public (C. d'assises de la Seine, 15 novembre 1881, *Gazette du Palais et du notariat*, n° 19, p. 63. Cass. 1er avril 1881, Sirey, 81, 1, 232. *Contra*, C. d'assises de la Sarthe, 27 novembre 1849, *J. Pal.*, 50, 2, 260. V. également *Courr. trib.*, nos 302 et 303.

(2) Dans ce cas nous pensons qu'il ne peut être lu aucune pièce non signifiée. Nous pensons également que le président ne pourrait, en vertu de son pouvoir discrétionnaire, entendre un témoin non dénoncé (*Courr. trib.* nos 302, 303 et 306).

et être portée devant la chambre des mises en accusation.

Une jurisprudence ancienne, formée sous l'empire des lois de 1819 et 1849, et confirmée sous celles de 1871 et 1875 avait décidé qu'il n'était pas nécessaire de rédiger un acte d'accusation, sauf pour le cas de crime, et qu'il n'y avait pas lieu de remplir, dans le cas de simples délits, les formalités établies par les articles 241 et 242 touchant la rédaction et la notification de cet acte. Cette décision doit encore être suivie aujourd'hui. Tous les articles qui supposent la détention préventive sont nécessairement inapplicables aux prévenus des délits de presse et de parole ; il en est ainsi notamment de l'interrogatoire prescrit par l'article 293 et en général de tous les articles du Code d'instruction criminelle (1) qui ne peuvent d'après l'ensemble des dispositions de ce Code, trouver leur application qu'à l'égard des individus accusés de crimes et placés dans les liens d'une ordonnance de prise de corps (2).

L'arrêt de renvoi devra être notifié, et la citation à comparaître devant la Cour d'assises devra être donnée en vertu de cet arrêt. Il conviendra d'ailleurs de se conformer, pour cette citation, aux prescriptions générales de l'article 50.

Les dispositions des articles 51 à 53, relatifs aux délais de la citation et aux formes de la preuve, devront évidemment être observées, en cas de renvoi, en vertu de l'arrêt de la chambre d'accusation, aussi bien que dans le cas de citation directe.

Les articles 54 et suivants ont pour but de déjouer les moyens dilatoires que le prévenu pourrait être tenté d'opposer à une poursuite dans laquelle la célérité est requise, en abusant des incidents ou du droit de faire défaut. Ces dispositions ne font d'ailleurs que reproduire, sauf quel-

_____

(1) La circulaire ne tranche pas la question de savoir si le prévenu doit être nécessairement assisté d'un défenseur. Nous avons dit que nous pensions que non.

(2) La liste des jurés doit, à peine de nullité, être notifiée au prévenu ; il y a également nullité si des récusations ont été exercées par la partie civile (Crim. cass. 8 décembre 1881, *Gaz. trib.*, 16 décembre).

ques modifications, les dispositions des lois antérieures.

Dès que le prévenu a assisté à l'appel des jurés, l'instance est liée contradictoirement avec lui; il ne peut plus faire défaut, quand même il se serait retiré pendant le tirage au sort. L'arrêt rendu avec le concours du jury sera définitif.

Les demandes en renvoi et tous les incidents sur la procédure devront être présentés avant l'appel des jurés.

L'article 56 applique à l'arrêt par défaut qui est rendu sans l'assistance des jurés les règles posées par l'article 187 pour les condamnations par défaut prononcées par les tribunaux correctionnels (1).

Si le prévenu ne comparaît pas, son opposition est réputée non avenue, et l'arrêt par défaut devient définitif.

L'article 58 consacre une dérogation importante à l'article 358 du Code d'instruction criminelle, aux termes duquel l'accusé acquitté peut être condamné à des dommages-intérêts envers la partie civile. La Cour n'aura pas cette faculté en matière de délits de presse; elle ne pourra, statuer que sur les dommages-intérêts réclamés par le prévenu, qui devra être renvoyé de la plainte sans dommages ni dépens.

L'art. 59 règle la formation des Cours d'assises extraordinaires qu'il pourrait y avoir lieu de convoquer exceptionnellement pour le jugement de poursuites urgentes après la clôture de la session ordinaire. C'est la reproduction textuelle de l'article 22 de la loi de 1849. Ces Cours seront formées par une ordonnance du premier président. Le président des dernières assises les présidera de droit. Le ministère public ne devra évidemment provoquer la for-

(1) Dans les cas où la preuve du fait diffamatoire est admise, le condamné qui fait opposition à l'arrêt de défaut n'est pas déchu du droit de faire la preuve, mais il doit, dans les cinq jours de son opposition, signifier au ministère public et à la partie civile les faits dont il entend prouver la vérité et les autres indications exigées par l'art. 52, § 2. Il ne doit pas attendre une citation indiquant jour. (C. d'assises de la Seine, 15 novembre 1881, *Gazette du Palais et du notariat*, n° 10 p. 63. *Courr. trib.* n° 263).

mation de ces assises que dans les cas d'absolue nécessité ;
il aura d'ailleurs d'autant moins l'occasion d'y recourir
qu'il a, comme le plaignant, la faculté d'exercer ses poursuites devant toutes les Cours compétentes à raison du lieu
du délit ; et qu'à défaut de celle du domicile, il pourra parfois porter l'affaire dans telle autre où s'ouvrirait une session prochaine, sans préjudice sérieux pour les personnes.

Police correctionnelle et simple police.

La poursuite a lieu conformément au Code d'instruction
criminelle. L'article 60 contient néanmoins quelques dispositions nouvelles. Le délai de la citation est réduit à vingt-
quatre heures, dans le cas de diffamation ou d'injure
pendant la période électorale envers un candidat à une
fonction élective. L'article étend à la matière correctionnelle
l'obligation de préciser et qualifier les faits incriminés (1)
dans la citation et les réquisitions à fin d'instruction. Enfin,
il déroge à la règle d'après laquelle l'action publique, une
fois mise en mouvement par la partie lésée, ne peut plus
être arrêtée par le désistement de la partie civile, ni même
du ministère public. Le désistement du plaignant arrêtera
la poursuite commencée.

Pourvois en cassation.

L'article 61 dispense le prévenu et la partie civile qui se
sont pourvus en cassation de la consignation de l'amende,
et le prévenu de la mise en état que la jurisprudence lui
imposait. L'article 62 fixe les délais dans lesquels le pourvoi
doit être formé et l'affaire jugée (2).

Récidives, circonstances atténuantes, prescription.

La loi de 1819 avait rendu facultative, en matière de

(1) Il faut ajouter et indiquer les textes. Voir la note, p. 319.
(2) Le recours en cassation contre les arrêts préparatoires et d'instruction n'est ouvert qu'après l'arrêt définitif (Cour d'assises de la
Seine, 20 décembre 1881, *Courr. trib.* n° 308).

presse, l'aggravation des peines résultant de l'état de récidive. L'article 63 la supprime entièrement.

Le deuxième paragraphe applique aux crimes et délits prévus par la loi les dispositions de l'article 365 du Code d'instruction criminelle, qui prohibent le cumul des peines.

L'article 64 reproduit la disposition de l'article 23 de la loi du 27 juillet 1849 qui réglait l'effet de la déclaration des circonstances atténuantes en faveur des prévenus : la peine prononcée ne pourra excéder la moitié de la peine édictée par la loi ; cette graduation des peines a paru être la conséquence nécessaire de l'attribution des délits de presse au jury.

Dans le dernier état de la législation, la prescription en matière de délits de presse était celle du droit commun ; d'après la législation du 1819, l'action publique se prescrivait par 6 mois et l'action civile par 3 ans. La loi nouvelle assigne la même durée à l'action publique et l'action civile, et la limite à 3 mois (1).

La loi contient encore quelques dispositions transitoires qu'il est inutile de rappeler.

Abrogation de la législation antérieure.

La nouvelle loi abroge toute la législation antérieure sur la presse, édits, lois, décrets, ordonnances, arrêtés, règlements, déclarations quelconques, relatifs à l'imprimerie, la librairie, la presse périodique et non périodique, le colportage, l'affichage, la vente sur la voie publique, et aux crimes et délits prévus par les lois sur la presse et les autres moyens de publication (art. 68). Voici la liste des principaux délits abrogés :

1º Attaques contre la Constitution, le principe de la souveraineté du peuple et du suffrage universel (art. 1er du décret du 11 août 1840) ;

(1) Une plainte adressée au parquet n'est pas un acte de poursuite et n'a pas pour effet d'interrompre la prescription si le plaignant ne s'est pas porté partie civile en se constituant devant le juge d'instruction (Trib. Saint-Jean-d'Angely, le 16 décembre 1881) V. *Le Droit*, 2 janvier 1882.

2° Attaques contre le respect dû aux lois et à l'inviolabilité des droits qu'elles ont consacrés (art. 3 du décret du 27 juillet 1849) ;

3° Attaques contre la liberté des cultes, le principe de la propriété et les droits de la famille (art. 3 du décret du 11 août 1848) ;

4° Provocations à la désobéissance aux lois (art. 6 de la loi du 17 mai 1819) ;

5° Excitation à la haine et au mépris du gouvernement (art. 4 du décret du 11 août 1848) ;

6° Excitation à la haine et au mépris des citoyens (art. 7 du décret du 11 août 1848) ;

7° Enlèvement ou dégradation des signes publics de l'autorité en haine ou au mépris de cette autorité (art. 6 du décret du 11 août 1848) ;

8° Port public de signes de ralliement non autorisés (même article) ;

9° Exposition publique, distribution ou mise en vente de signes ou symboles séditieux (même article) ;

10° Apologie de faits qualifiés crimes ou délits (art. 3 de la loi du 27 juillet 1849) ;

11° Provocation aux crimes ou délits non suivie d'effet, en dehors des cas réservés par les articles 24 et 25 (art. 2 de la loi du 17 mai 1819) ;

12° Outrage à la morale publique et religieuse (art. 8 de la loi du 17 mai 1819) ;

13° Outrage à une religion reconnue par l'État (art. 1er de la loi du 25 mars 1822) ;

14° Offense envers les Chambres (art. 11 de la loi du 17 mai 1819 et 2 du décret du 11 août 1848) ;

15° Infidélité et mauvaise foi dans les comptes-rendus des séances des Chambres et des tribunaux (art. 16 de la loi du 25 mars 1822) ;

16° Appréciation des discussions des conseils généraux sans la reproduction des comptes-rendus y afférant (art. 31, §§ 2 et 3 de la loi du 10 août 1871) ;

17° Publication d'articles politique ou d'économie sociale émanant d'individus condamnés à une peine afflictive

28

ou infamante (art. 21 du décret du 17 février 1852);

18° Publication de faits relatifs à la vie privée (art. 11 de la loi du 11 mai 1868).

En résumé, tous les crimes ou délits prévus par les lois spéciales dites de presse qui n'ont pas trouvé place dans la loi actuelle sont abrogés, sans acception.

Mais les lois de presse ne contiennent pas tous les délits de publication ; il en est en petit nombre qui sont prévus par des lois spéciales.

Ces délits n'entrent pas dans les prévisions de la présente loi et doivent être considérés comme maintenus, à moins qu'ils ne se relient à ceux qui ont été abrogés, d'une manière si étroite qu'ils ne puissent en être séparés. C'est ce que l'article 68 exprime très-clairement, l'orsqu'il vise limitativement les crimes et délits *prévus par les lois sur la presse et les autres moyens de publication*. La loi nous donne, d'ailleurs, elle-même, deux exemples de cette distinction essentielle. Elle rappelle incidemment, à l'article 43, comme étant toujours en vigueur, l'article 6 de la loi du 7 juin 1848 qui punit les provocations publiques à des attroupements par des discours ou des imprimés, parce qu'il s'agit là d'une loi qui, n'ayant nullement la presse pour objet, demeure en vigueur dans toutes ses dispositions. De même, l'article 68 abroge, par une disposition spéciale, l'article 31 de la loi du 10 août 1871 qui interdit aux journaux d'apprécier la discussion des conseils généraux sans reproduire en même temps la portion du compte-rendu y afférente, parce que cette disposition, figurant dans une loi sur les conseils généraux, ne rentrait pas dans l'abrogation générale édictée par cet article.

Le projet de loi présenté primitivement à la Chambre des députés contenait, dans son article 2, une énumération de certains délits qui étaient expressément réservés. Cette énumération a été supprimée, comme inutile et dangereuse ; elle aurait pu faire considérer comme abrogées des dispositions de lois spéciales qu'il ne serait nullement entré dans la pensée du législateur de supprimer.

Parmi les dispositions qui doivent être incontestablement

considérées comme maintenues, figurent, en première
ligne, les délits prévus par les articles 222 à 227, 201 à
206, 260 à 264, 419 à 420 du Code pénal ; ils étaient d'ailleurs tous visés dans l'énumération du projet primitif,

Les articles 222 à 227 sont relatifs aux outrages par
paroles, par écrits ou dessins non rendus publics, envers
les dépositaires de l'autorité et de la force publique. Le
doute pouvait d'autant moins exister en ce qui concerne
ces délits que la publicité n'est pas un de leurs éléments
constitutifs, et qu'ils ont toujours trouvé une application
distincte de celle des outrages prévus par la législation
antérieure sur la presse.

Les articles 201 à 206 sont relatifs aux critiques, censures ou provocations dirigées par parole ou par écrit, par
les ministres des cultes, contre l'autorité publique. Ces
délits, qui constituent bien des délits de publication, sont
néanmoins maintenus ; ils sont entièrement étrangers à la
matière de la presse et sont classés sous la rubrique des
abus d'autorité ; ils ont été d'ailleurs expressément réservés, au cours de la discussion, comme ils l'étaient dans
l'article 2 du projet.

Il en est de même des articles 260 à 264, qui prévoient
les entraves apportées par les particuliers au libre exercice
des cultes et les outrages contre les objets de ces cultes ; —
des articles 419 et 420 qui punissent les fausses nouvelles
à l'aide desquelles on a opéré la hausse ou la baisse des
marchandises ou effets publics ; — les délits spéciaux prévus par les lois électorales, outrages envers les bureaux
électoraux ou un de leurs membres ; fausses nouvelles
ayant surpris ou détourné des suffrages ou déterminé des
abstentions (art. 45 et 40 du décret du 2 février 1852) ; —
des annonces ou affiches de remèdes secrets (art. 36 de la
du 21 germinal an XI) ; — de la distribution de billets de
loteries non autorisées (art. 4 de la loi du 25 mai 1836).

Les délits ainsi maintenus comme se rattachant à des lois
spéciales échappent entièrement aux prévisions de la loi
nouvelle et demeurent, en conséquence, soumis aux juridictions de droit commun.

L'abrogation générale de l'article 68 ne porte pas davantage atteinte aux lois qui régissent la propriété littéraire,
artistique ou industrielle, non plus qu'aux nombreuses dispositions des lois fiscales concernant l'imprimerie et la
presse.

Telle est, monsieur le procureur-général, l'économie général de la loi qui est aujourd'hui le Code unique de la
presse.

Le Gouvernement en avait, en quelque sorte, devancé
l'application en répudiant depuis la plupart des délits qu'elle
a abrogés.

Vous n'exerciez de poursuites de presse que lorsqu'elles
vous paraissaient réclamées par un sérieux intérêt public.
Vous observerez la même réserve.

La loi a affranchi de toutes les mesures préventives l'imprimerie et la presse; elle n'a maintenu que quelques
formalités dont le but unique est d'assurer la responsabilité
des écrits délictueux, soit au regard de l'action publique,
soit au regard des tiers. Ces formalités sont en assez petit
nombre, elles sont assez peu coûteuses, assez faciles à remplir pour qu'elles doivent être exécutées rigoureusement.
Vous tiendrez la main à leur entier accomplissement. Vous
pourrez adresser officieusement aux contrevenants, lorsque
vous le jugerez convenable, un avertissement préalable;
mais vous n'hésiterez pas ensuite à les déférer aux tribunaux.

Vous poursuivrez rigoureusement toutes les contraventions de simple police et même toutes les infractions qui,
bien que déférées aux tribunaux correctionnels, ont surtout
un caractère contraventionnel.

En ce qui concerne les délits proprement dits, vous aurez
à apprécier, dans chaque cas particulier, l'intention, le préjudice, l'intérêt public en jeu. Vous m'en référerez, comme
par le passé, chaque fois que l'affaire l'exigera, sauf à
commencer les poursuites dans le cas d'urgence.

Vous pèserez les poursuites avec calme et maturité;
mais lorsqu'elles seront résolues, vous devrez les conduire
avec la plus grande célérité possible. Vous prendrez la voie

rapide de la citation directe toutes les fois qu'une information préalable ne sera pas nécessaire.

Vous continuerez, au surplus, à me consulter dans tous les cas douteux, soit quant à l'opportunité, soit quant aux questions de procédure ou de compétence.

Je ne puis que vous recommander, dans cette épreuve d'une loi nouvelle, la conciliation des, devoirs de modération et de prudence, dont vous vous êtes inspiré jusqu'ici, avec la protection qui est due aux grands intérêts dont vous avez la garde.

Recevez, monsieur le procureur-général, l'assurance de de ma considération très distinguée.

> *Le Garde des Sceaux, Ministre de la justice,*
> Jules GAZOT.

V.

Paris, le 28 décembre 1881.

Monsieur le Préfet,

L'exécution de la loi sur la presse, du 29 juillet 1881, entraîne, dans le service d'inspection de la librairie venant de l'étranger, des modifications sur lesquelles j'appelle votre attention.

L'article 68 de cette loi, dans chacune de ses dispositions, abroge entièrement tous les édits, lois, décrets, ordonnances arrêtés relatifs à l'imprimerie et à la librairie.

Il abroge, en conséquence, le décret du 5 février 1818, et notamment l'article 36 de ce décret, qui donnait au directeur général de la librairie le pouvoir d'accorder ou de refuser l'importation des livres venant de l'étranger.

Il n'existe dans la nouvelle loi aucune disposition analogue.

Les conséquences de l'abrogation ci-dessus sont les suivantes :

1° Toutes les interdictions prononcées par décisions ministérielles en vertu de la législation antérieure sont et demeurent levées et non avenues ;

2° La librairie étrangère, quelle que soit sa nature, quel que soit le caractère licencieux et obscène que présente les livres et les estampes importés, ne peut sous aucun prétexte, être retenue à la frontière.

La librairie de cette provenance est soumise désormais au principe du droit commun ; l'autorité judiciaire peut seule, aux termes de l'article 28 de la loi du 29 juillet 1881, faire procéder à la saisie des dessins, gravures, peintures, emblèmes ou images obscènes provenant de l'étranger, quand ils seront exposés aux regards du public, mis en vente, colportés ou distribué.

Dans cette situation, vous vous bornerez à signaler immédiatement à mon ministère et au parquet le plus voisin du lieu de destination, le passage à la frontière des ouvrages délictueux, afin d'assurer la constatation des premiers faits d'exposition ou de vente, et de mettre les autorités compétentes en mesure d'opérer les saisies autorisées par la loi.

En terminant, je vous prie de recommander de la manière la plus pressante à MM. les inspecteurs vérificateurs la sauvegarde des intérêts de la propriété artistique et littéraire.

Ils se préoccuperont principalement de la recherche des contrefaçons, et, dans le cas où ils en découvriraient, ils auraient à m'en référer et des instructions leur seraient immédiatement données par votre intermédiaire.

Recevez, monsieur le Préfet, l'assurance de ma considération distinguée.

Le directeur du cabinet et de la sûreté générale,

Signé : CAZELLES.

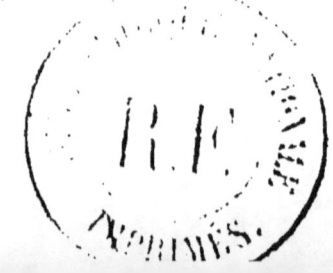

AUTEURS CITÉS DANS L'OUVRAGE.

CHASSAN............ — *Traité des délits et contraventions de la parole, de l'écriture et de la presse, par M. Chassan, 2ᵉ édition, 1846.*

CHAUVEAU et F.-HÉLIE. — *Théorie du Code pénal, t. V, page 88.*

DALLOZ............. — *Répertoire de législation, recueil périodique.*

DE BERNY........... — *Concordance des lois sur la presse.*

DE GRATTIER........ — *Commentaires sur les lois de la presse.*

GRELLET-DUMAZEAU... — *Traité de la diffamation.*

MANGIN .... — *Traité de l'action publique.*

PARANT .... — *Lois de la presse.*

RAUTER .... — *Traité théorique et pratique du droit criminel.*

ROLLAND de VILLARGUES.— *Codes des lois de la presse.*

ROUSSET............ — *Code général des lois sur la presse.*

TABLE DES MATIÈRES.

(Les numéros renvoient aux pages).

Annonces légales. La Chambre avait adopté l'article suivant :

« Les annonces judiciaires et légales pourront être insérées, au
« choix des parties, dans l'un des journaux publiés en langue
« française dans le département.

« Néanmoins toutes les annonces judiciaires relatives à une
« même procédure de vente seront insérées dans le même jour-
« nal, à peine de nullité.

« Les frais d'insertion des jugements autorisés par les tribu-
« naux seront remboursés par la partie condamnée à la partie
« plaignante d'après le tarif des annonces judiciaires, s'il n'en a
« pas été autrement ordonné. »

Le Sénat, sur la proposition de la Commission a repoussé cet
article, « attendu que la question des annonces judiciaires et légales est une question de procédure beaucoup plus qu'une question de presse, » et a renvoyé l'étude de cette matière à la loi
spéciale que prépare le Ministre de la justice.

Par suite du défaut de la nouvelle loi de s'occuper des annonces
légales et de l'abrogation du décret du 17 février 1852, cette matière est régie par le décret du 28 décembre 1870, ainsi conçu :

« Provisoirement et jusqu'à ce qu'il en ait été autrement dé-
« cidé, les annonces judiciaires et légales, pourront être insérées,
« au choix des parties, dans l'un des journaux publiés en langue
« française dans le département. Néanmoins toutes les annonces
« judiciaires relatives à une même procédure de vente seront in-
« sérées dans le même journal. »

Prix : Actuellement 0 fr. 25 la ligne.

29

Paris, Imp. F. PICHON. — A. COTILLON & Cie, 30, rue de l'Arbalète, & 24, rue Soufflot.